BOMBARDEMENT

ET

Occupation de la Ville de Lille

PAR LES

ALLEMANDS

1914  **1918**

par

Just ARNOUX ⚜ I, ✠, O ⚔, Ⓜ

1919

—

Imprimerie A. DEVOS
204, Rue Solférino
LILLE

BOMBARDEMENT

de la ville et Occupation de Lille

1914 • par les Allemands • 1918

OUVRAGE ORNÉ DE PLUSIEURS ILLUSTRATIONS

PAR

Just ARNOUX

IMPRIMERIE A. DEVOS
20A, RUE SOLFÉRINO, LILLE

M. Ch. DELESALLE

MAIRE DE LA VILLE DE LILLE

CHEVALIER DE LA LÉGION D'HONNEUR

(Voir page 197)

PRÉFACE

———

> De même que le courage est la première
> des vertus civiques, le travail est la
> plus belle et la plus noble des distrac-
> tions de l'homme...

*Aussi, durant ces longs mois de morne captivité et de désœuvre-
ment partiel forcé, me suis-je imposé le labeur quotidien et périlleux de composer cet ouvrage.*

*Dans cet opuscule (car tel fut, au début, le titre réservé au
compte-rendu d'un siège, auquel notre crédulité trop naïve, hélas !
assignait une durée de quelques mois à peine), j'ai tenu à donner
le récit anecdotique et humoristique détaillé, pris au jour le jour,
de tout ce qui a été vu, lu, entendu, raconté, récité, publié, communiqué et affiché pendant ces 1.468 jours d'occupation de la ville.*

*J'ai voulu faire connaître ainsi à tous ceux à qui ont été épar-
gnées ces années d'angoisse, d'affolement et d'horreur, le bilan de
nos tristesses, de nos misères et de nos désastres.*

*Quant à ceux qui, comme nous, en ont été les témoins et les vic-
times, ils reliront avec intérêt cet exposé de la vie lilloise pendant
l'investissement.*

*Ça leur rappellera les tragiques et inoubliables heures vécues
dans Lille, du 4 octobre 1914 au 17 octobre 1918.*

*Ce récit, dont l'élaboration en dehors d'un service administratif
ininterrompu, fut l'objet de mes soins patients et assidus, je le
lègue, à titre de souvenir profondément affectueux, à mes chers
enfants, dont aucun n'était présent ici, particulièrement à mon
fils, avocat au Barreau de Lille, lieutenant de chasseurs, mobilisé
primitivement à l'Etat-Major de l'Armée d'Alsace (1).*

———

(1) Depuis 1916, Capitaine au 26ᵉ Bataillon de Chasseurs,
Croix de Guerre (4 citations)
Chevalier de la Légion d'Honneur.

Je le dédie à mes parents, à mon dévoué personnel, à tous mes bons amis de Lille et notamment aux membres de notre belle Société amicale, dite Société de Vingt :

LA MUTUELLE D'EPARGNE
33, place Sébastopol

Et il m'était réservé, hélas ! la douleur d'ajouter :

A la mémoire de mon cher gendre, M. Raoul Leroy, docteur en droit, sergent mobilisé au 16e chasseurs à pied, tombé glorieusement au champ d'honneur en novembre 1914 et dont je n'apprends la mort que le 18 mars 1915.

Sans aucune présomption, j'ai néanmoins la conviction que ce modeste ouvrage, appelé à me survivre, marquera la place de mon souvenir et que, comme toute œuvre vouée à la cause commune, il produira ce salutaire et bienfaisant effet moral que lui prêtent mes conclusions.

Je les ai écrites, ces conclusions, la vue bien fatiguée et considérablement affaiblie.

Ce n'est pas sur le champ de bataille que je l'aurai perdue, mais bien sur cet autre front de combat que fut pour moi, le travail dans la solitude et la souffrance, sous le joug et le péril allemands.

Gloire pour gloire, la plus utile, la plus féconde est peut-être... la nôtre !

JUST **ARNOUX**,

Caissier de la Caisse Nle d'Epargne du Département du Nord
Officier de l'Instruction Publique – Officier de l'Ordre de Tunis
Chevalier du Mérite Agricole – Médaillé de la Mutualité
Médaillé du Ministère du Travail

PROLOGUE

Au nom des nombreux amis de notre Cercle, je tiens à adresser ici à mon cher Editeur, M. Devos, à qui le titre de « bienfaiteur honoraire » s'ajoute à celui de membre actif, nos remerciements bien sincères.

Par la spontanéité de l'offre gracieuse qu'il a bien voulu faire d'imprimer ce journal, alors qu'au début, pas plus que nous, il n'avait prévu qu'il s'agirait de l'édition de tout un volume, il a réellement témoigné de sa sollicitude envers ses compatriotes mobilisés, envers nos chers camarades absents.

Il n'est pas douteux qu'il s'est acquis aussi, par avance, la reconnaissance de tous les lecteurs de cet ouvrage, dans lequel, sans autre souci que d'être vrái, j'ai réuni, par une action intéressante, consciencieuse et morale, des tableaux épars.

Ces tableaux, émaillés de dessins et de vues, rendent les faits et les souvenirs plus attachants.

J'espère donc et je souhaite que ce volume, dont l'édition très soignée révèle un profond souci de l'art d'imprimer, soit de ceux que le public accueille et que le succès ratifie.

J. A.

BOMBARDEMENT ET OCCUPATION
DE LILLE PAR LES ALLEMANDS

Les tristes événements qui se sont déroulés dans notre ville prennent date le samedi 3 octobre 1914.

Ce jour-là, un parlementaire allemand se présente à la Mairie de Lille pour demander s'il y a des troupes françaises dans la Ville. Il est reçu par M. Brackers-d'Hugo, adjoint, qui lui répond que Lille est ville ouverte.

Le lendemain dimanche 4 octobre, vers onze heures du matin, une fusillade nourrie se fait entendre tout à coup du côté de Fives.

Les uhlans d'une patrouille stationnée rue de Lannoy venaient d'entrer dans Fives, suivis de fantassins qui, en poussant des clameurs, des hurlements sauvages, semant la terreur, saccagent et incendient subitement les maisons situées aux abords de la nouvelle mairie, poste de police, douane de Fives.

En quelques instants ,huit maisons prenaient feu. Et les braves citoyens qui, en risquant leur vie, essayent d'enrayer l'incendie et de porter les premiers secours, en sont empêchés par les uhlans qui les menacent et crèvent les tuyaux d'eau avec leurs lances.

Au même moment, par la ligne de Baisieux-Tournai, arrivait sur la voie, près du Pont Supérieur, un train blindé contenant quatre à cinq cents Allemands, paraît-il, qui tentaient de s'introduire ainsi par surprise dans la gare de Lille.

Mais le coup était manqué. Prévenue à temps, la gare avait pu faire aiguiller ce train du côté du pont. Les Allemands, décontenancés, en descendent, dévalent à travers les talus et s'abritent sous le pont.

Ce fut bientôt une fusillade, puis une canonnade dans les rues de Fives.

Quelques maisons furent complètement transpercées, éventrées, notamment l'estaminet *Au Chasseur d'Afrique*, situé au coin des rues Pierre-Legrand et Guillaume-Werniers.

Aux abords du Pont Supérieur, une vingtaine d'Allemands et parmi eux un officier des hussards de la mort, furent tués et ramassés à droite du talus avoisinant les hangars de garage des trains de la Compagnie. La petite buvette du *Robinson*, située en avant du pont, a été littéralement criblée de balles. Les Allemands s'y étaient introduits ,mais ils en furent bientôt délogés par le 17e bataillon de chasseurs à pied de Baccarat, qui, en repos à Lille, se trouvait en ville non loin de la gare et put donner aussitôt riposte à l'ennemi.

Les pylônes du tramway, les barres de fer du parapet du pont sont troués par les balles en nombreux endroits. En arrière du petit estaminet, les pierres de taille d'un chantier sont éraflées et derrière l'une d'elles apparaît une large tache de sang.

La pierre indique à présent, par l'inscription qui y figure, que ce fut le sergent-major Barreaux, de la 1re compagnie du 17e bataillon de chasseurs, qui y trouva la mort. C'est également ce jour-là que le lieutenant des sapeurs-pompiers lillois, M. Lebrun, fut tué.

Honneur à la mémoire de ces deux braves, dont nous sommes heureux de pouvoir donner les noms.

Le lundi matin, des Allemands, séparés du groupe qu'ils n'avaient pu rejoindre à temps pour se replier sur Tournai (Belgique),après cette attaque imprévue et meurtrière, sont trouvés cachés dans la cheminée de la maison allemande Koppel, rue de Belle-Vue ; d'autres sont capturés un peu partout aux alentours, dans les usines, derrière des chaudières.

Quelques-uns, fourvoyés du côté du nouveau boulevard, au Croisé-Laroche et à la Madeleine, furent poursuivis ; une dizaine furent tués aux environs du pensionnat Saint-Maur.

L'après-midi, commence sur Fives le défilé des curieux. La buvette du *Robinson* n'eut jamais autant de visiteurs.

Les journées suivantes, mardi, mercredi et jeudi, sont relativement calmes, les nouvelles deviennent plus rares et insignifiantes, l'isolement commence pour nous.

On pressent que Lille s'encercle de troupes françaises qui arrivent un peu pêle-mêle : trois bataillons de territoriaux, un escadron de chasseurs à cheval, deux escadrons de goumiers, une batterie d'artillerie, etc... Le vendredi, un événement vient faire redoubler les craintes que l'on commence à éprouver.

Un aéroplane militaire allemand, un « Taub », qui survole Lille à une grande hauteur (car on l'entend longtemps sans l'apercevoir), se montre tout à coup venant du côté de la porte des Postes et, dans un mouvement de descente rapide, se plaçant bien en face de la rue Inkermann, il fonce sur l'Hôtel des Postes, qu'assurément il vise, pour détruire les dernières communications télégraphiques existantes.

La bombe, lancée une seconde trop tôt, tombe sur l'*Hôtel de Bretagne*, à cinquante mètres de la Poste, effondre la toiture et cause aux maisons voisines de nombreux bris de carreaux. En face, un ouvrier peintre est gravement blessé par un éclat de la bombe. La situation devient alarmante et on se demande ce qu'il adviendra si Lille résiste et refuse aux Allemands l'entrée de la ville.

On craint, tout au moins, qu'une grande bataille ne soit livrée non loin des portes, car, dès le 3 octobre, le détachement qui a reçu l'ordre de couvrir la place de Lille, a pris successivement ses avant-postes à Emmerin, l'Arbrisseau, Faches-Thumesnil, Lesquin, Saint-Maurice et Mons-et-Barœul.

Privé de toutes nouvelles, on en est réduit aux conjectures les plus diverses, et on attend... «*Dans le silence qui convient aux grandes douleurs* », suivant l'expression si sage et si souvent rappelée à la population par le citoyen distingué, par l'éminent patriote, M. le Maire de la ville de Lille.

Vers midi, de la part du gouvernement militaire replié à Boulogne-sur-Mer, ordre est donné à toute une population d'émigrés qui inonde les rues depuis trois semaines, d'avoir à se diriger d'urgence par la porte de Béthune, sur Merville, où un train les conduira à Gravelines. En vérité, on débarrasse Lille de tous les évacués de l'arrondissement de Valenciennes, ainsi que des hommes mobilisables de la ville de dix-huit à quarante-huit ans.

On se réserve, sans doute, de les diriger par embarquement sur diverses destinations, car, en y comprenant ceux qui arrivent de Roubaix, Tourcoing et environs, c'est une véritable armée de 80 à 100.000 civils, qui partent ainsi dans le désarroi et l'affolement renouvelés du premier départ de septembre sur Armentières... Ces milliers d'évacués, trop tardivement, hélas ! et la plupart sans ressources, que sont-ils devenus ? Ont-ils réussi tous à franchir à temps et sans péril les lignes ennemies ? Quand serons-nous fixés sur leur sort ? Telle est encore la question qui va préoccuper un grand nombre de familles lilloises et d'une partie du département, si cruellement éprouvées déjà.

Samedi 10. — L'anxiété de ceux qui restent est grande, car on s'attend à des événements graves, mais dont on est loin de soupçonner les terribles et bien prochaines conséquences.

. A neuf heures du matin, une patrouille allemande comptant, paraît-il, trois officiers et une trentaine de cavaliers, en partie des uhlans coiffés de leur fameux chapska, entre sans encombre dans la ville, pénètre jusqu'à la Grand'Place et se retire.

Elle vient sans doute s'assurer si Lille est encore ville ouverte et si une division de cavalerie (environ 10.000 hommes), peut y trouver asile le soir même.

Vers trois heures et demie du soir, cette même patrouille revient, mais des chasseurs à cheval, qui se trouvent place Saint-Martin, sont prévenus et viennent aussitôt se placer rue des Sept-Agaches. Ils sont prêts à faire feu sur le groupe.

L'officier qui le dirige ,tout d'abord surpris, puis affolé comme un gibier traqué, d'un geste bref, entraîne vivement son escorte vers la mairie et se présente à la municipalité.

On ne tarde pas à connaître le résultat de l'entrevue. L'officier allemand reparaît. Il marche, revolver au poing, derrière M. le Maire et quelques conseillers requis pour conduire l'escorte auprès de l'autorité militaire à la Citadelle.

Mais elle n'avait pas sitôt débouché sur la Place, que la fusillade de nos soldats, embusqués rue Neuve, fauchait sept Allemands dont l'officier qui reçut plusieurs balles dans la tête. Ce fut alors un sauve-qui-peut général. Les civils purent s'enfuir et se mettre en sûreté. Il est quatre heures et demie, les hostilités sont commencées.

Le 8e territorial est à son poste de combat. Les chasseurs à cheval sillonnent les fortifications. Des goumiers, qui font sensation, sont postés çà et là. Le mot d'ordre, qui fait traînée de poudre, est de rentrer chez soi et de se garer dans ses caves. Un peu après cinq heures, place de la République, où sont venus rapidement se poster des goumiers, des douaniers et des gendarmes, on entend une deuxième fusillade qui commence à terroriser la ville.

Elle est dirigée contre les derniers cavaliers de l'escorte qui, après s'être éclipsés et cachés dans nos rues devenues subitement désertes, s'enfuient par le boulevard. Quelques-uns de ces éclaireurs allemands sont faits prisonniers aux abords du boulevard Vauban.

La fusillade est bientôt suivie des premiers coups de canon.

Le bombardement réel, qu'aucun avis préalable n'a fait pressentir, prend date. Il dure jusque vers sept heures trente du soir.

Nous pouvons apprendre dans la soirée que les nombreux évacués de ce jour, qui n'avaient pu partir la veille, ont été cernés et arrêtés à Fromelles, vers dix heures du matin, par les Allemands, qui ont tiré sur eux : c'est une débâcle. Il y a des tués, des blessés et le reste est fait prisonnier.

Le dernier train, parti de la gare de Lille à trois heures cinquante, composé exclusivement d'employés du chemin de fer et d'employés des postes, les uns avec leurs femmes et leurs enfants (environ 250 personnes), aurait subi le même sort près de Wavrin.

Ces faits sont d'un triste présage.

Bien avisés sont ceux qui, ayant dû rebrousser chemin le vendredi soir, ne sont plus repartis ce matin et ont pris la résolution de rester chez eux, où ils n'ont d'ailleurs été inquiétés en aucune façon.

Mais parmi tous ces hommes, combien y a-t-il de mobilisables qui sont consciencieusement en règle avec leurs obligations militaires ? Grave question à laquelle il faudra sûrement et individuellement répondre plus tard.

DIMANCHE 11 OCTOBRE. — Le premier mouvement de la population est de courir ,dès le matin, constater en ville les premiers dégâts, qui se résument à sept ou huit obus explosés : un Grand'Place, au *Cornet d'Or* ; un au monument Testelin ; un autre a effondré en partie la façade de l'estaminet *Au Saumon*, place des Halles, coin de la rue des Stations ; un quatrième, qui a blessé grièvement une femme, est tombé sur les rails du tramway, rue Gambetta, face à la rue Mercier ; un cinquième à la Manufacture des tabacs ; un autre rue Meurein, etc...

Devant la préfecture, le cheval d'un soldat français, la jambe broyée par un projectile, est étendu dans une mare de sang. Fait grave : un enfant de douze ans a été atteint mortellement d'un éclat d'obus, rue Gambetta, 15 bis.

A peine ces constatations sont-elles faites que le bombardement reprend de neuf heures vingt à dix heures trente. Puis, plus rien...

Mais cette heure-là vient de préluder d'une façon douloureusement tragique ; une femme est tuée dans sa cour, rue Boucher-de-Perthes.

La journée s'achève ensuite dans le silence.

A huit heures du soir, troisième reprise plus intense, plus violente durant quatre heures trente.

Ici encore une victime : rue du Molinel, un jeune enfant de quatre ans et demi, à son coucher, est frappé à mort.

A minuit et demi, nouvelle accalmie jusqu'à trois heures du matin. A trois heures, reprise jusqu'à cinq heures, soit au total déjà dix heures de bombardement qui ne sont encore, hélas ! qu'une sanglante préface.

Nous sommes au matin du lundi 12, qui va être la journée la plus terrible qu'ait jamais subie une ville non évacuée, bombardée comme l'a été Lille, presque à l'entrée de toutes ses portes.

De six heures du matin jusqu'à dix heures du soir, sans autre répit que quelques minutes par intervalles, la mitraille fait rage, les obus pleuvent : c'est effrayant ! Par moments, au milieu de ce grondement terrifiant, de ce hurlement infernal du canon, vient crépiter aux oreilles une fusillade.

On devine qu'à certains endroits les combattants se rapprochent. Quel sort se joue ainsi au-dessus de nos têtes ? Le sifflement sinistre et ininterrompu des obus qui sillonnent l'air en tous sens, vous glace d'effroi et vient compléter l'angoisse mortelle qui vous étreint. Car on comprend que, dans cet ouragan de fer et de feu, le danger est partout et que, même tapi sous une voûte de cave obscure, on n'est pas dans une sécurité complète.

Et l'on ne peut songer sans frémir aux malheureux qui, dans un pareil moment, unique dans l'existence, n'ont qu'un refuge illusoire.

Mais voici pire encore : de l'intérieur lugubre des sous-sols, nous entendons dans la rue des pas précipités, des sanglots.

Ce sont ceux des malheureux qui, déjà chassés par l'incendie, fuient éperdus, sonnant aux portes, cherchant sous les obus un autre refuge. C'est ainsi que dans certaines maisons de commerce, dans les brasseries, où l'on sait qu'il y a de vastes caves, femmes, enfants, vieillards, malades, infirmes, soldats blessés et jusqu'à des prêtres, vont se réfugier, s'entassant là par centaines.

Personne ne songerait d'ailleurs à interdire l'entrée à des malheureux que la terreur affole et qui cherchent un abri. Et de tout ce monde emprisonné, serré, etouffant de chaleur et de soif, épuisés, les uns succombant au sommeil ne tardent pas à dormir sur le pavé des caves ; d'autres, plus résistants, réconfortent la foule et l'exhortent au calme.

Ils restent en prières ceux qui ne perdent pas de vue qu'une bombe peut, à tout instant, provoquer l'ensevelissement de ce millier de réfugiés.

A cette heure tragique, leur exemple est suivi par tous et il est visible que tous adressent mentalement d'ardentes invocations.

Une crainte terrible n'affole-t-elle pas ceux qui songent que Lille pourrait, en quelques heures, devenir la « Pompéï des Flandres ».

Peu à peu, en effet, le ciel se colore d'affreuses lueurs, le sol tremble à chaque instant sous une détonation formidable, suivie immédiatement d'une pluie de pierres provenant de murailles écroulées, de cheminées abattues et de vitres brisées. Et chaque fois que ces bruits épouvantables frappent l'air, en communiquant au sol comme une secousse volcanique, on éprouve cette effrayante sensation que la maison qui vous abrite s'effondre sur vous. Hélas ! c'était déjà, à cette heure-là, pour une partie des habitants, l'affreuse réalité. Qu'on en juge :

Quand, vers six heures et demie du soir, à la faveur d'une courte accalmie, il nous est permis de remonter des caves pour jeter un furtif coup d'œil dans les rues sombres et presque désertes, nous percevons des rumeurs d'affolement, des gémissements plaintifs.

Nous voyons déjà sur plusieurs points des incendies intenses : rue de Wazemmes, rue Gambetta, rue de Béthune, rue de l'Hôpital-Militaire, rue des Pyramides, place Jacquart, tout flambe ! Lille n'est plus qu'une nappe de feu.

Mais le sacrifice n'est pas suffisant. A sept heures du soir le canon reprend sa voix terrible et va poursuivre implacablement, au milieu des flammes, son œuvre de dévastation.

Il nous faut de nouveau reprendre place dans nos caves et achever nos vingt-six heures de dangereux autant qu'atroce emprisonnement.

Vers cette heure-là, presque isolément, par petits groupes, les premiers Allemands franchissent la porte de Douai et, suivant leur satanique expression, « en guise de feu triomphal », incendient instantanément à l'aide de grenades la place Fernig.

D'autres font leur entrée par les portes de Valenciennes et de Louis XIV. Pour terminer (probablement au moment où l'ennemi en colonnes compactes met le pied dans la ville), c'est une fusillade formidable au Faubourg des Postes. Une hécatombe a lieu, et le lendemain on peut y voir quantité de morts.

La majeure partie était des Allemands que leur service d'ambulance ne prit pas la peine d'enterrer ce jour-là, ni même le lendemain.

Disons que, dans cette journée à jamais mémorable, on a compté jusqu'à trente-deux coups de canon à la minute, d'autres ont chronométré 143, 168 et jusqu'à 187 à l'heure.

Ce dernier nombre est celui qui se rapproche le plus du chiffre exact, puisque, de l'aveu même des Allemands, ils ont lancé sur la ville 4,800 obus, dont plus de 60 incendiaires, ce qui, en vingt-six heures, donne la moyenne de 184 à l'heure !

N'omettons pas de dire qu'une lueur d'espoir était venue cependant illuminer cette sombre journée. Un monoplan français, bravant la mitraille et les coups de feu qui faissaient rage autour de lui, vint atterrir indemne sur l'Esplanade. Apportait-il l'espoir de la délivrance prochaine ?... Hélas ! non, mais du moins un réconfort sous forme de la dépêche suivante :

« Commandant Pardieu, commandant détachement mixte de
» Lille, tenez dans la ville jusqu'au bout. Attaque allemande se
» produira vraisemblablement par le sud. Toute l'armée se porte
» à votre secours. La cavalerie peut être à Lille dès ce soir. Je
» vous nomme lieutenant-colonel, vous confère la croix de la Lé-
» gion d'honneur et trois médailles militaires à décerner à votre
» choix. Envoyez nouvelles par pigeon voyageur.

» Signé : Général de MAUDHUY. »

La confiance renaît chez nos soldats qui déjà croient entendre le pas des chevaux de notre cavalerie. Mais hélas ! la nuit revient tragique, illuminée par l'incendie. Bientôt, un long appel de trompettes et un immense « hourrah » se font entendre. Le « Die Wacht am Rhein », lent, presque majestueux, s'élève solennel dans les lueurs rouges.

C'en est fait ! l'heure de la délivrance a sonné, la ville s'est rendue : Lille est tombée glorieusement !...

Nous sommes au mardi 13 octobre, six heures du matin.

Le drapeau blanc flotte sur la tour de l'Eglise du Sacré-Cœur.

L'ouragan d'acier a terminé son œuvre. Et pourtant une batterie a continué à envoyer des obus après cette reddition de la ville. Batterie oubliée et non prévenue, paraît-il. Telle est, du moins, la version qu'a fournie l'officier allemand qui la commandait.

Environ quatre cents de nos pauvres soldats appartenant aux 7e et 8e territorial, 41e d'artillerie, chasseurs à cheval, goumiers, succombant de fatigue après les affres de cette nuit mortelle, ayant épuisé toutes leurs munitions, sont faits prisonniers. Mais plus nombreux sont ceux qui, à l'aide de vêtements civils et par divers moyens, peuvent échapper à la captivité et ne pas tomber entre les mains de l'ennemi.

Sept petits chevaux arabes, avec leurs hautes selles de goumiers, gisent mutilés le long des remparts, à proximité du boulevard Louis XIV.

Des selles, des burnous, des turbans, des dolmans d'officiers, des vêtements de soldats, des fusils brisés, abandonnés volontairement par les nôtres, sont ramassés par les Allemands qui, pendant huit jours, s'en font un trophée. Ils les exposent sur la place des Halles pour laisser croire à une capture faite à leur entrée. Le public ne s'y trompe pas.

Il est bien évident que Lille, qui n'avait qu'un semblant de troupes (mettons au maximum 2.500 hommes), ne pouvait, en aucun cas, s'opposer à l'entrée de l'ennemi. Mais, quelques centaines d'hommes, qui avaient été répartis par compagnie sur chacune des portes de la ville, avaient mission, sinon de la protéger utilement, tout au moins de la défendre le plus longtemps possible et d'en retarder ainsi l'invasion.

On fit immédiatement barricader les portes par des réseaux de fils de fer et des voitures vides.

A la porte de Dunkerque, comprise avec celles de Béthune et de Canteleu dans le secteur du bataillon Caron (5e et 7e territorial), l'installation était à peine terminée, qu'une auto, filant à grande vitesse, essayait de pénétrer dans la ville. Les quatre officiers allemands qui la montaient, dont le prince de Hohenlohe, furent tués et l'auto resta entre les mains de nos soldats.

Par un incessant et savant mouvement des troupes qui étaient autour de Lille avant le bombardement, de même que, pendant le feu, par le déplacement d'une porte à l'autre de ce que nous appellerons la batterie « fantôme », c'est-à-dire des trois seuls canons dont on disposait (le quatrième gardant la voie ferrée et tonnant de ce côté), on avait pu faire croire aux Allemands que la ville était défendue par 25,000 hommes. Ils ont été cruellement mortifiés et vexés quand ils ont appris qu'il avait suffi d'une poignée de braves pour tenir en échec, aussi longtemps, une armée allemande d'environ 60,000 hommes, secondés par une puissante artillerie.

Au lieu de 25,000 hommes, le général allemand ne trouva dans la ville que quelques centaines de territoriaux d'infanterie, quelques cavaliers et trois canons inutilisables. Bien que dépités et blâmant le geste, inutile, croyait-il, de la défense de Lille, il ne put pourtant retenir un mouvement d'admiration pour nos troupes.

Nous apprendrons par la suite ce que ce retard aura pu avoir de favorable à nos armes sur un autre point.

Le colonel Clemençon, dont la mission était de rassembler et de diriger sur Lille les territoriaux des 7e et 8e bataillons, est mortellement blessé le samedi aux environs d'Ennetières et d'Englos, par une patrouille allemande embusquée. Ayant les deux jambes brisées, il est ramené à l'Ecole Saint-Joseph, où il subit l'amputation et meurt avec deux de ses soldats dans la terrible nuit du bombardement.

Les corps de ces braves reposent dans le parc de cet établissement. Inclinons-nous profondément et pleins d'admiration devant leur vaillance et plus particulièrement devant celle de cet officier supérieur, qui, après s'être inquiété constamment du sort de ses hommes, avant d'expirer, exhale dans une plainte ce seul et suprême regret :

» Qu'il eût été beau et doux pour moi de mourir à la tête de » mon régiment ; mais périr ainsi dans une embuscade, c'est dur. »

Disons que c'est en grande partie au 8e territorial qu'a incombé le soin de cette défense sur nos remparts.

Rendons justice à ces soldats qui se sont acquittés de leur devoir avec un intrépide courage, faisant ainsi oublier, par leur héroïsme, la défaillance qu'on leur avait reprochée ailleurs.

Aux portes d'Arras, de Douai, de Valenciennes, sur les fortifications où ils sont tombés, des inhumations provisoires sont faites à ces derniers combattants des deux camps.

Hommage ici aux femmes de modestes ouvriers, femmes du peuple, qui sont venues fleurir ces tombes à profusion.

Au nombre des Français se trouve le citoyen Salez, âgé de cinquante-cinq ans, qui, après avoir dans la nuit sous le feu de l'ennemi, évacué plusieurs blessés sur l'hôpital, s'est joint aux soldats français, porte d'Arras et meurt avec eux, victime de son héroïque patriotisme.

A la porte de Douai, on voit deux tombes surmontées de deux casques allemands, trois autres à la porte de Valenciennes.

A celle de Canteleu, entre deux gros arbres, sur les remparts, un emplacement d'environ trois mètres carrés, entouré de pavés cimentés, figure un petit cimetière d'où a été aussitôt exhumé et emporté un baron allemand et où sont restés sept soldats.

A Fives, au Mont-de-Terre, beaucoup d'Allemands sont enterrés.

On voit une tombe isolée en plein milieu d'un jardin, près de la rue des Pavillons.

Mais revenons au mardi matin et, après avoir déblayé couloirs et trottoirs d'un amas de verre qui obstrue nos portes, pénétrons dans la ville.

Partout nous marchons sur un tapis de verre pilé.

On ne peut mieux comparer les éclats, les paillettes qui émaillent les rues et rendent le pavé étincelant dans la nuit, qu'à la couche de confettis un soir de mi-carême.

De la place Richebé jusqu'à la gare, Lille n'est plus qu'un brasier ardent que les Allemands, entrant en automobiles et sillonnant la rue à toute vitesse, viennent froidement contempler.

A chaque instant, des pans de mur, lézardés par l'action des obus et du feu, s'effondrent avec un bruit sourd dans ce brasier, d'où ils font jaillir des myriades d'étincelles.

Ici se place un détail qui ajoute l'horreur à la férocité, à la sauvagerie teutonnes. L'autorité allemande fit aussitôt couper les eaux de la ville, dont les clefs ne furent rendues, par le général allemand, qu'à une heure après-midi. Ce n'est qu'à partir de ce moment et quand tout est en partie détruit, qu'on peut préserver çà et là quelques immeubles voisins de ceux qui brûlent. Dans son ensemble, le spectacle est terrifiant.

Des maisons prennent feu de côté et d'autre, alors que sur ces divers points on pensait tout danger écarté.

Il est hors de doute que les incendiaires ont encore agi bien après le bombardement.

Nos pompiers, malgré le double danger qu'ils courent, se mettent à l'œuvre avec dévouement. Mais que peuvent-ils devant ce fléau dévastateur ? Rendons hommage à leur courage et au labeur périlleux qu'ils ont accompli durant plusieurs jours. Déplorons ici la perte du brave capitaine, M. Aerts, mort en héros au champ d'honneur, dans cette nuit tragique.

Il a fallu avoir recours à la dynamite pour faire sauter quelques maisons et circonscrire le fléau. Et pendant ce temps-là, des sinistrés s'enfuient avec quelques hardes qu'ils ont pu sauver ; des femmes pleurent à chaque coin de rue. La tristesse et l'épouvante glacent les gens qui sont encore blêmes de peur. On lit sur tous les visages l'effroi et le désespoir.

Cette proximité, ce premier contact avec l'ennemi qui circule à nos côtés, qui nous frôle dans des autos lancées à toute vitesse, qui débouche par toutes les portes à la fois, ici avec fifres et tambours, là en chantant, ailleurs avec musique en tête, porte à son comble l'émotion poignante, qu'à ce spectacle, peut ressentir une âme française.

De notre côté, nous ne sommes pas sans songer dans quelle inquiétude, à la nouvelle de ce désastre, vont se trouver nos fils, nos parents, nos proches, nos amis qui résident loin de Lille ou qui l'ont évacuée depuis peu. Leur retour ici pourra seul leur donner une bien faible idée de ce que nous avons *vu, subi, éprouvé et souffert.*

Non moins cruelle aussi cette pensée que sous ce monstrueux amoncellement de décombres on va découvrir des cadavres.

Une première constatation en est faite au boulevard des Ecoles, où onze personnes ont été ensevelies sous un éboulement, et rue du Barbier-Maes, où trois autres ont été retirées mortes d'une cave.

Laissons aux jours qui suivent leur cours le soin de nous renseigner plus tard et souhaitons sincèrement que l'énumération des disparus ne soit pas trop longue.

Les Allemands, dès la première heure, prennent possession de l'Hôtel des postes et télégraphes.

Qu'il me soit permis, à ce sujet, un léger retour en arrière. A deux reprises différentes, tout le personnel des P. T. T., moins *un* (le hasard d'un prompt blocus a voulu que je fusse *celui-là !*)

s'était replié comme celui de tous les autres services public; et celui des chemins de fer, suivant les ordres de la mobilisation (1).

Toutes les communications furent suspendues, mais au moins les correspondances, les valeurs, les documents importants de comptabilité avaient été évacués et sauvés.

Ce fut le 24 août au soir qu'un train emporta pêle-mêle les fonctionnaires de tous grades, employés des deux sexes, facteurs, courriers, etc..., chiens, perroquets et oiseaux en cage !

On conçoit dès lors quelles véritables aventures de Rocambole furent les pérégrinations de ce train-brouette, nouvelle Arche de Noé, convoyant tout ce monde de Lille à Dunkerque, pour le ramener à Lille, par Amiens, trente heures plus tard, affamé, harassé et fourbu.

Mais le comble, c'est que la nuit du retour est à peine commencée, que surgit l'annonce d'un nouveau départ pour le lendemain, première heure, en gare de la Madeleine.

C'est peine inutile de rechercher d'où viennent les ordres.

A ce moment-là, s'inspirant de la prudence du vieil adage : *Verba volant scripta manent*, ils naissaient anonymes !

---

(1) Je dois noter qu'ainsi bloqué dans Lille, mon service, après douze jours d'interruption, continua à fonctionner et sauva de la gêne et de la détresse des centaines d'évacués de l'arrondissement de Valenciennes.

Plus de 140 sacs de documents que je devais escorter sur Paris le 25 au matin, comme l'avaient été par un dernier train, à minuit, ceux de notre comptabilité en double, furent cachés à deux reprises, puis réouverts et finalement mis en service.

Pendant un mois, du 10 septembre au 10 octobre, plus de 13.000 remboursements furent autorisés et expédiés. Environ 4.000 restèrent en souffrance et ne purent être payés avant le bombardement (2).

(2) Voir aux pages .. et ... autre organisation d'importante utilité pratique de notre service de la C. N. E.

En plein investissement, il fonctionne et peut consentir, en prêts minimes et échelonnés, des avances pour un chiffre considérable.

Bref, le personnel masculin, averti à temps, peut profiter d'un premier train sur Calais ; quant aux retardataires, ils restent en gare une grande partie de la journée, dans la vaine attente d'un deuxième train, pendant que d'autres se font conduire, comme ils peuvent, partie sur Dunkerque, partie sur Béthune, dans le but de rejoindre le train qu'on sait dirigé sur Rouen.

En effet, pour une partie des agents, c'est Niort, par Boulogne, Dieppe, Rouen, Chartres, Saumur, qui fut le point terminus de ce deuxième exode.

L'autre moitié, dans un train venu d'Amiens, agrémente, par de plus sinueux et curieux méandres (Rouen, le Havre, Trouville, Lisieux, Alençon, etc.), son voyage sur la même destination.

Finalement, certains postiers durent gagner le chef-lieu des Deux-Sèvres par un voyage en mer, aussi épique que cruel, de Dunkerque à la gare maritime de La Palice-Rochelle.

Une éclipse aussi subite, aussi radicale des services postaux, télégraphiques, téléphoniques et du chemin de fer, émut la population. Il faut convenir que cet état de choses aurait pu se prolonger moins longtemps. Les chambres de commerce réclamèrent et la presse critiqua à son tour.

Dans ces conditions, les pouvoirs publics intervinrent.

Après sanction donnée dans plusieurs départements, en la personne des directeurs mis en disponibilité (1), ils interdirent à tout fonctionnaire de quitter désormais son poste, sans en avoir reçu l'ordre de l'autorité militaire elle-même.

Ceci dit, pour en tirer cette conclusion que les Allemands ont pu, dès le mardi matin, s'emparer de tout ce que contenait l'Hôtel des postes et les autres bureaux succursales de la ville.

Les guichets étant restés ouverts même le dimanche 11 octobre, reçurent, comme les jours précédents, où déjà les trains ne partaient plus, une quantité de correspondances et surtout d'objets recommandés, lainages, flanelles, chandails, chaussettes, etc., la plupart tricotés par les mères, les sœurs ou les fiancées de nos braves soldats.

------

(1) Et ce fut malheureusement le cas pour le département du Nord. Mais nous avons la ferme conviction que la mesure, ressentie avec douleur par tout le personnel, est de celle dont l'heure de juste réparation ne peut tarder à sonner.

Le public, qui s'était plaint si amèrement, a pu voir charger par voitures tous ces objets, qui furent dès lors emportés par les soldats ennemis.

A trois heures du soir apparaît la première affiche donnant la liste des otages : le préfet, deux députés, le maire, les adjoints et huit conseillers municipaux. Elle règle ensuite les conditions dans lesquelles la vie normale de la cité doit reprendre dans le calme et le respect des injonctions allemandes.

On peut circuler librement et les provisions du dehors peuvent arriver en ville. Affiche, en apparence, assez conciliante.

Le lendemain 15, autre son de cloche : une deuxième affiche, d'un nouveau colonel, chef d'étape, est aussi menaçante que l'autre était anodine : c'est la peine de mort à chaque ligne. Il nous a été donné de voir ce que signifiait la faculté d'amener des provisions en ville. C'était pour les accaparer à toutes les portes, dès la première heure et les prendre pour eux.

A partir de ce moment, le pain, le lait et la viande ne se trouvent déjà plus nulle part.

Les légumes et les pommes de terre, même sur pied, sont ramassés par Allemands dans des autos qui filent, s'entrecroisent dans tous les sens, courent d'une porte à l'autre de la ville, sans qu'on puisse préciser sur quelle destination réelle elles se dirigent.

Dimanche 18. — Cette journée est consacrée par les habitants à un pèlerinage sur les décombres fumantes de la cité. Nous pouvons prendre sur le vif, au milieu des ruines, bien des tableaux saisisssants. Rue des Pyramides, un pan de maison écroulé laisse apercevoir aux étages deux lits non défaits suspendus presque dans le vide ; ailleurs, des cuisinières restées à l'entrée des cheminées s'y maintiennent comme par un miracle d'équilibre. Rue de Tournai, c'est tout l'intérieur d'un logement du deuxième étage qui est à nu, les objets mobiliers sont en place. Cela fait l'effet d'une boîte dont on a enlevé un des côtés. Boulevard de Belfort, la cheminée d'une usine porte les traces de vingt et un obus, mais elle reste debout. Boulevard Montebello, une maison incendiée ressemble à une cage. Seuls les quatre murs restent. Au rez-de-chaussée, on remarque encore intacte la cuisinière sur laquelle repose une cafetière, dont on s'est sans doute servi dans la nuit pour donner un réconfort aux réfugiés de la cave.

Par-ci par-là, des plafonds effondrés laissent voir des meubles tombés ou suspendus, des cadres penchés, le tout sous un amoncellement de plâtras. Plus loin, tous les objets sont intacts sur la cheminée d'une chambre éventrée, une montre est encore suspendue au mur. Rue du Molinel, une pompe à incendie est restée écrasée sous les décombres.

Par endroits, on voit une flamme bleuâtre sortir d'une cave.

C'est le gaz qui brûle par un tuyau crevé, ou bien c'est une flamme beaucoup plus apparente qui brille à un deuxième étage, faisant, dans la nuit, sur ces ruines, l'office d'une gigantesque veilleuse.

Une fumée âcre s'en dégage et se répand dans toute la ville.

Autre part, c'est l'eau qui inonde les caves ou qui jaillit des conduites qui n'ont pu être fermées à temps. Brochant sur le tout, les fils télégraphiques et téléphoniques mélangés à ceux des tramways, pendent lamentablement de tous côtés, puis par place, s'entrecroisant à terre avec les tuyaux du gaz et les ferrailles des devantures, ils forment d'inextricables barrières.

Il faut voir l'émiettement du fronton extérieur de la porte des Postes et de ses abords, pour comprendre à quelle quantité de projectiles elle a servi de cible.

Quant à l'étendue de leur dispersion en ville, notons que, place Sébastopol, dans un rayon d'environ soixante mètres de pourtour, il n'est pas tombé moins de vingt-six obus, dont trois rue des Pyramides incendient quatre maisons, du n° 42 au n° 50, et causent l'effondrement partiel de deux autres, n° 38 et n° 24.

Un seul obus, un des derniers, s'est abattu dans la rue Colbrant : ça été pour la *Caisse Nationale d'Epargne*. Je le mentionne d'autant plus volontiers que j'ai eu le privilège d'en subir la formidable explosion au-dessus de ma tête, lorsqu'il a fracassé le bec de gaz qui est à ma porte, au n° 9. Et si mes réfugiés et moi nous sommes indemnes, c'est grâce à ce que la pluie de mitraille de l'obus, au lieu de se déverser par les soupiraux dans ma cave, où nous sommes, est violemment projetée en rafales, deux mètres plus loin, dans celle de mes bureaux, au n° 11. De ce fait, l'obus n'a causé que des dégâts matériels extérieurs : châssis et volets hachés par les schrapnels, murs criblés et éraflés, vitres pulvérisées sur les deux façades, rue et jardins.

Dans le même rayon, rue Ratisbonne n° 6, la maison (celle d'une famille amie), n'eût pas été plus lamentable à voir si elle eût été incendiée. Voici, entre tant d'autrse, l'aspect qu'elle présentait le mardi matin 13 octobre.

Deux obus, un de 155 et un de 77, sont entrés au premier étage par la fenêtre donnant sur le balcon, lequel est en partie défoncé et tordu. Ils ont effondré les planchers et les plafonds, faisant d'énormes trous béants par où pendent les lames des parquets, et d'où sont tombés les plâtres qui emplissent le salon du rez-de-chaussée.

On aperçoit encore à sa place le fauteuil de dentiste recouvert de moëllons et de poussières.

Les volets, les châssis, les chambranles des portes, tout ce qui est boiserie est décollé de la façade et, réduit en miettes, jonche le sol. On en remarque d'énormes fragments projetés rue Gambetta, à vingt mètres de là.

Quant aux stores, aux tentures, aux rideaux des deux étages, une partie flotte en lambeaux accrochés aux branches des arbres d'en face, le reste pend déchiqueté le long des murs.

Que dire de l'intérieur ? Celui qui ne l'a pas vu ne peut se faire la moindre idée des ravages curieux et de la destruction instantanée que cause, dans un immeuble, l'explosion de ces effrayants projectiles. Après l'avoir visité, je ne puis qu'en résumer ainsi le tableau : murs lézardés, penchés, branlants ; parquets, gîtages, caveaux voûtés ou non, troués en maints endroits et en tous sens, émiettements en bribes, les unes infinitésimales, de tous les meubles, de la literie et aussi du linge, même plié et rangé dans des armoires ou des placards ; objets divers brisés et transportés d'une pièce dans une autre, et, à côté, de plus menus et plus fragiles, déplacés également, mais restés intacts...

Au milieu de cette cohue du public avide de constater ces terribles dégâts, les Allemands s'agitent. C'est une arrivée incessante d'autos remplies d'officiers. La plupart très jeunes, arrogants et pédants, souriant au désastre, assurément fiers de leur œuvre. Ils font de nombreuses emplettes, demandant toujours, dans leurs achats variés, ce qu'il y a de plus cher et exigeant l'ouverture des magasins qui avaient cru devoir fermer.

Les uns payent et sont corrects. D'autres pillent, chapardent et s'en vont s'ils n'ont pas devant eux quelqu'un d'énergique. Mais c'est surtout l'accaparement des comestibles qui fait l'objet de leurs convoitises. Ils emportent de véritables cargaisons. C'est ainsi qu'à l'*Epicerie Lilloise*, pour ne citer que ce que nous avons vu à différentes reprises, ils chargent six à dix autos à la fois bondées de marchandises de toutes sortes, sans oublier les caisses de chartreuse et des milliers de bouteilles de champagne dont ils raffolent. Le simple soldat n'en demande-t-il pas couramment au café ? Dans l'ensemble, ces troupes qui passent nous font l'effet de hordes de pillards.

Dans leurs convois de ravitaillement, vous voyez pêle-mêle, cheval de guerre, cheval de labour, cheval et voiture de maître, cabriolets, tombereaux, camions, mulets avec voiture à échelles, en un mot, la rafle de tout. Dans leurs autos, ils ont de beaux chiens et jusqu'à des oiseaux en cage qu'ils ont volés, de la literie, des meubles et des objets d'art.

Dans la gare de Fives, on peut voir les chevaux des officiers allemands recouverts de magnifiques couvertures de laine, de courtepointes en soie, de riches pelisses portant encore les marques et étiquettes des magasins où ils les ont dérobées. Ce ne sont plus là des soldats en guerre, ce sont des brigands en expédition.

Durant cette journée, Lille est survolée par plusieurs aéros de nationalités différentes. Le bruit se répand que, malgré tout, les nouvelles dont nous sommes si privés depuis douze jours sont bonnes et que, grâce aux troupes françaises et anglaises qui sont aux environs, nous ne serons pas abandonnés. Mais quand et de quelle façon quitteront-ils la ville ? Que se passera-t-il encore à ce moment ? Une fusillade dans les rues n'est-elle pas à redouter ?

On va se coucher avec cette nouvelle et affolante crainte.

Personne, dans de telles conditions, ne peut trouver un peu de repos et de soulagement dans le sommeil. Et tandis que ces événements se passent, nous n'avons pas cessé d'entendre le bruit du canon dans les directions invariables de Béthune-la Bassée-Armentières. De là aussi nous attendons le résultat de cette interminable lutte qu'on appelle ici le combat de la Bassée, mais qui, en raison de son étendue, se dénommera sans doute bataille de la Lys.

Lundi 19. — De six heures à huit heures du matin, c'est un défilé important de cavalerie allemande venant de la porte de Douai, traversant la ville et sortant par la porte de Gand. D'autres troupes défilent boulevard Vauban. La ville en est pleine et présente, à partir de midi, une animation extraordinaire. Des chariots de munitions, des autos encombrent toutes les places et le boulevard des Ecoles.

Un « Taub » survole la ville. Bientôt, à quatre heures quinze, on aperçoit un autre aéro. On devine que c'est un français à la canonnade dont il est l'objet de la part des Allemands. Dans la direction du sud, deux avions sont visibles et, pour tous les spectateurs dont nous sommes, de la place de la Répulique, il semble qu'on assiste à un duel entre eux.

Mais ce n'est pas exact. L'aéro français est seul traqué, et les nuages compacts de fumée qui s'échappent des bombes cherchant à l'atteindre, donnent cette illusion d'un combat aérien. On distingue clairement quinze grosses taches noirâtres, escortant l'aéro, qui s'élève et revient de nouveau, aussi tranquillement que courageusement, compléter son inspection des lieux.

Mais la vie économique, qui a ses exigences, devient la préoccupation du moment. Les magasins se vident et on voit se multiplier cette affiche peu rassurante : « Fermé pour cause de manque de marchandises ».

Mardi 20. — Journée assez terne due à la diminution sensible du nombre des Allemands en ville.

On peut lire une troisième affiche, digne complément de la précédente : « Ordre de mettre toutes les horloges à l'heure allemande, d'enlever de partout et même des autos de la Croix-Rouge, les fanions français, de détruire tous les pigeons, voyageurs ou non, dans les vingt-quatre heures ; quatorze otages complémentaires y sont désignés. » On voit aussi, affiché par eux, ce qu'ils intitulent : « Dernières nouvelles de la guerre : Pertes énormes éprouvées par les Russes ; les Allemands aux portes de Varsovie ; navires anglais coulés, etc... » La teneur même de ces annonces en souligne les grotesques mensonges.

Mercredi 21. — Animation toujours moins grande et, si ce n'était une promenade de ménagères qui courent aux provisions, lesquelles se font rares de tous côtés, il y aurait peu de monde dans les rues. Les boulangeries seules sont envahies, on n'y entre que par deux pour recevoir un pain brûlant sortant du four.

Cependant les événements militaires dominent tout. On voudrait savoir, on désirerait apprendre quelque chose qui puisse raffermir le courage et le moral de la population.

On dit bien, mais que ne dit-on pas dans ces moments-ci ?

Et, à ce sujet, méfions-nous de ce *on* impersonnel derrière lequel s'abritent les pessimistes, les alarmistes qui critiquent tout, même ce qui est du domaine purement militaire, sans souci de ce proverbe : *Ne sutor supra crepidam !*

Ne les écoutons que pour oublier instantanément les nouvelles qu'ils colportent, quand bien même elles seraient vraies, toute vérité en ce moment n'étant pas bonne à dire et à propager. Sans nous montrer d'un optimisme exagéré, préférons ceux qui se plaisent à nous donner une bonne nouvelle, qui la précisent, en indiquent la source et nous réconfortent, ceux qui, en un mot, et nous sommes de ceux-là, font à l'armée l'honneur d'avoir confiance en elle et dans la destinée du pays.

Nous n'aurons jamais trop de courage et d'espoir au cœur dans les moments pénibles et inoubliables que nous traversons.

Le bruit se répand donc que les Allemands ont perdu une grande bataille à Cassel, à Menin, et que leurs routes sur la Belgique deviennent désormais bien problématiques.

Nous apprenons qu'un grand personnage, un prince allemand, a été tué. A la Madeleine, on a vu tout un état-major entourant un cercueil princier chargé de fleurs.

Naturellement, jusqu'ici, personne n'a pu sonder le mystère... Attendons, nous l'apprendrons bientôt.

On voit les Allemands courir à toutes les portes, en revenir, y repartir de nouveau. Cela ressemble assez à une panique, à une grande inquiétude, tout au moins.

Le canon ne cesse pas de toute la nuit, il est devenu notre confident, il nous berce à notre coucher et nous sert de réveille-matin.

Nous commençons à le trouver trop fidèle, car nous songeons que ces milliers d'obus, dont nous connaissons aujourd'hui la force de dévastation, s'ils fauchent les rangs serrés de nos barbares ennemis, n'épargnent pas non plus nos bons petits Français.

JEUDI 22. — De grand matin, passage de trois régiments de cavalerie allemande, très jeunes soldats et troupes fraîches, à part quelques escadrons en arrière dont les chevaux sont extrêmement fatigués et marchent péniblement.

. Notre inlassable canon 75 ne cesse pas et s'entend à la même distance que la veille. Nous en comprenons mieux la persistance quand circule, vers midi, cette dépêche qu'on se passe de mains en mains, et qu'on recopie hâtivement et avec joie :

« Allemands battus, armée coupée. Deux à trois cents mille
» hommes battent en retraite sur ligne Fournes, Béthune, la
» Bassée ; 250 canons français bombardent depuis vingt-quatre
» heures. Drapeau blanc hissé par les Allemands demandant
» l'armistice. Français refusent, carnage continue. Prince de
» Hesse tué à Cassel. Félicitations du président de la République
» à la ville de Lille. Elle sera reconstruite par souscription na-
» tionale. »

Dans la matinée sont arrivés à pied à Fénelon de nombreux blessés allemands.

Ils sont presque tous touchés à la tête. Harassés, pleins de boue et de sang, ils produisent une impression pénible et ins- pirent malgré tout une pitié que nous ne leur devons pas, mais que nos sentiments d'humanité leur accordent, sans espoir de réciprocité.

A quatre heures du soir défilent encore dans la ville 70 voi- tures de ravitaillement, se dirigeant sur Saint-André, porte res- tant ouverte pour permettre aux fuyards de gagner Halluin et la Belgique.

Et pendant toute cette journée la bataille voisine fait fureur et le canon dont nous sommes assourdis continue, en effet, le carnage.

Vendredi 23. — La nuit nous a apporté quelques heures de ré- pit. On a pu en profiter, sinon pour dormir, du moins pour cal- mer un peu notre énervement. C'est encore au bruit de la poudre et à celui du ronflement bruyant du moteur d'un « Taub », qui sonde déjà l'horizon, que nous nous éveillons.

L'agitation est toujours grande. L'ennemi continue à déva- liser tous les magasins, en premier lieu les épiceries d'où il emporte toutes les réserves, tandis que les pauvres Lillois ont peine à trouver un pain de deux livres, qu'ils doivent attendre pendant une heure à la porte des boulangers. On cherche vaine- ment une boucherie ou une charcuterie ouverte.

Samedi 24. — La nuit qui vient de s'écouler a été partagée entre le bruit assez rapproché d'une formidable lutte de canons, de une heure à trois heures du matin, et un silence glacial qui y succède.

Depuis quelques jours on a commencé à déblayer les rues obstruées. Toute la journée c'est un défilé de tombereaux. On peut dire que l'on procède à la toilette funèbre de la ville, qui aura repris bientôt un aspect tout différent. C'est pourquoi je dis ici, qu'aucun absent de Lille ne pourra s'imaginer le tableau que présentait la rue Faidherbe, par exemple, lorsque, placé devant le nouveau Théâtre, on avait devant soi, comme deux gigantesques portiques, les hautes murailles fumantes et noircies, carcasses informes des beaux immeubles que furent le *Café Jean* et la *Pharmacie de France*.

Fait à noter et qui tient du prodige : A deux pas de là, les deux plus beaux joyaux d'architecture de la ville, la Bourse et le Nouveau Théâtre sont épargnés et vierges de toute souillure allemande.

DIMANCHE 25. — Ce matin la canonnade a repris au loin et se maintient sans trop de vigueur jusqu'au soir.

Du renfort, sous forme de nouvelles et jeunes troupes allemandes, débarque dans Lille. Nous prenons connaissance de la dépêche suivante, fumisterie d'un goût douteux qui leure les uns, mais écœure le plus grand nombre :

« Les Français à Metz (quatre forts pris). Von Kluck capitule » près Compiègne avec 90,000 hommes. Les Français occupent » Maubeuge, moins le fort de Louvroil prêt à tomber. Les Belges » ouvrent les réservoirs à pétrole d'Anvers. Les Allemands sont » noyés ou brûlés. Français victorieux à Denain. Les Allemands » sont à Lille, Douai, Avesnes. La Turquie déclare la guerre à » La France. La flotte franco-anglaise bombarde Constantinople. » Le général Pau arrive avec du renfort. »

De ces communiqués qui circulent ainsi sans authenticité prouvée et, c'est à remarquer, avec des nouvelles manifestement exagérées, il faut en prendre, mais beaucoup en laisser. Je les cite uniquement pour mémoire. Mais je ne passerai pas sous silence le nouveau placard que l'autortié allemande vient de faire afficher. Où pourrait-on trouver ailleurs un plus beau spécimen de cynisme germanique ? Je le livre ici dans toute sa saveur tudesque. Il y est spécifié que si, dans les trois jours (du 24 au 27 octobre), tous les vivres qui pourraient encore se trouver dans les caves des *maisons incendiées* ne sont pas enlevés, ils deviendront la propriété des Allemands.

Là-dessus, et sans commentaires, nous clôturons notre résumé de la semaine.

Lundi 26. — Naissance de ma petite-fille, Antoinette, dont je suis tout heureux d'être le parrain.

Tous ces chers bébés, nés pendant les premiers mois de guerre, sont les bienvenus. Ne viennent-ils pas créer une occupation et une diversion salutaires pour les jeunes mères dont le mari est en campagne en même temps qu'ils sont pour nous, grands-parents, une joie et une consolation dans notre pénible isolement.

Il est dix heures du matin, le temps est splendide. On attend les laitiers qui, n'ayant plus ni chevaux ni voitures, arrivent à pied à cette heure-là. Toutes les boucheries et charcuteries sont fermées.

S'il en reste une qui a pu se réapprovisionner, elle est littéralement envahie. On ne trouve plus que de la viande de mouton très renchérie. Le beurre atteint les prix de 6, 7 et 8 francs le kilo.

Le prix de la viande aussi devient exhorbitant. Mais il ne faut pas s'en étonner outre mesure, quand on sait qu'à 20 ou 30 kilomètres à la ronde, autour de Lille, c'est la dévastation et la ruine encore plus complètes qu'en ville.

Des hameaux, des villages ont été incendiés ou rasés. Wez-Macquart, Ennetières, Le Mesnil, Radinghem, Fournes-en-Weppes et d'autres encore, n'existent plus que partiellement et à l'état de ruines.

A Fournes, les Allemands avaient eu le temps de faire des tranchées soigneusement dissimulées dans les replis d'un terrain propice. Et, pour mieux tromper l'ennemi, bien en arrière de leur camp, ils faisaient des feux de paille sur une longueur d'environ deux kilomètres. Or, à la première attaque, soit que les Anglais aient supposé que le village devait servir de forteresse aux Prussiens, soit, ce qui est plus vraisemblable, que leur tir ait été mal réglé sur les tranchées, leurs obus tombaient sur Fournes, et c'est ainsi que le bel établissement d'institution Gombert fut en partie bombardé et incendié.

Quoiqu'il en soit, l'artillerie anglaise eut enfin raison des batteries ennemies.

La campagne ne possède plus rien. Chevaux et voitures, vaches, moutons, porcs et volailles enlevés. Les blés nouveaux sont battus sur place par les Allemands qui prennent le grain.

Dans les fermes qu'ils n'ont pas incendiées, ils brisent jusqu'au
instruments aratoires, coupent ou scient les arbres fruitiers...
est superflu d'ajouter que les châteaux, les maisons bourgoeise
principalement celles non habitées, sont l'objet d'une mise à sa
complète : mobilier, literie ,linge, argenterie, tout est volé. E
lorsque les Allemands quittent ces lieux témoins de leurs orgi
et de leurs actes innomables, c'est qu'il n'y reste plus rien, rien

Et c'est avec cette expression : « C'est la guerre », qu'ils o
l'audace de justifier cet ignoble vandalisme digne d'un autre âg

Une première bande Pollet a terrorisé le Nord, la deuxième
ruine.

C'est sans doute aussi parce que « c'est la guerre » que les off
ciers eux-mêmes, sans dignité comme sans pudeur, assiégent co
tinuellement les bureaux de la mairie et, avec cette arrogan
bien allemande, s'y font délivrer des bons de réquisition pour d
objets tels que : pianos, fusils de chasse, fourrures et colliers d
dames, cannes à pêche, poupées, etc., abrégeons, l'énumératio
en serait trop longue.

Ce n'est pas non plus un simple soldat allemand ou autrichie
qui s'est trouvé offusqué par les mots : *Eylau, Iéna, Valmy ,Au
terlitz, Fleurus, Jemmapes, Ratisbonne*, etc..., gravés dans l
médaillons de notre pont sur la Deûle, dit : « Pont Napoléon ».

Tous ces noms ont été rayés, effacés par les Boches, éviden
ment sur l'ordre d'un chef jaloux et imbécile.

Nous les réimprimerons à leur place, ô Prussiens ! ces non
de victoires bien françaises et même nous y ajouterons celles-ci

1914 : Bataille de la Marne, bataille de l'Aisne, bataille de
Lys, bataille du Nord et des Flandres, etc., à la fois aussi rete
tissantes, aussi glorieuses pour notre honneur national, qu'hum
liantes pour votre incommensurable orgueil...

Ah ! Messieurs les Méridionaux, habitants du Sud-Est, comm
du Sud-Ouest ; vous qui n'aurez connu l'invasion que par l
récits des journaux que vous lisez paisiblement entre deux pa
ties de « manille » ; vous qui ne connaissez le Nord que sous deu
aspects :

1° Par le chiffre formidable des impôts qu'il paye à l'Etat ;

2° Par le prix constamment fort auquel, de longue date, vous l
livrez vos vins bons ou mauvais, nous vous conseillons de ven
plus tard visiter personnellement votre clientèle.

Vous pourrez alors comparer à celle de vos départements d

midi, la contribution de guerre qu'aura payée en *vies humaines*, *en pertes matérielles, industrielles et agricoles se chiffrant par milliards, en privations, en souffrances physiques et morales de toutes sortes, le Nord en ruines !*

Oui, vous toutes, villes épargnées (ouest, centre, midi), vous n'oublierez pas quel impérieux devoir de solidarité la guerre vous a imposé à l'égard des villes-sœurs de la région envahie !

De nombreux camions automobiles allemands sortent à vide à une vitesse vertigineuse et vont chercher au dehors leurs blessés. Des groupes de ceux-ci, pansés sommairement sont ramenés à pied, les bras en écharpe, les mains enveloppées, le nez enlevé, la tête entourée de linges sanguinolents ; tel est l'affreux tableau journalier. Aux portes, les mendiants, auxquels il faut ajouter les sinistrés, sont de plus en plus nombreux ; sur les ruines, des ouvriers recherchent l'emplacement des caves et procèdent, non sans danger, au sauvetage de tout ce qui peut en être retiré ; les bureaux de tabac pillés et mis à sac, sont remplacés par une nuée de fraudeurs qui étalent en pleine rue leur marchandise : cafés, tabacs, allumettes, etc..., comme en un jour de braderie : Voilà la physionomie de la ville.

MARDI 27. — De grand matin, canonnade très violente et rapprochée. Les Allemands sont partis nombreux dans la nuit.

On apprend la mort de deux généraux. L'un s'est suicidé à l'Hôtel de l'Europe, l'autre est décédé à l'Hôpital de la Charité.

MERCREDI 28. — Ce matin, c'est encore la chasse à un avion français qui, dès 8 heures, attire notre attention.

Les persistantes évolutions des « taub » semblent nous annoncer quelque chose. En effet, à partir de 10 heures, c'est un défilé ininterrompu de troupes allemandes : infanterie, artillerie, canons, munitions. Les hommes sont fatigués et se traînent péniblement. Un vague et lugubre chant de marche ordonné, mais sans entrain, ne relève pas leur courage.

Nous assistons avec une certaine satisfaction au passage de ces troupes sales, brouettées plutôt que conduites, qui tournent le dos à Paris. Il n'en est pas moins vrai, qu'arrivés à Lille, leurs hommes, leurés comme toujours, se croyaient dans la capitale de la France et voulaient absolument qu'on leur montrât la Tour Eiffel.

Certains d'entre nous la leur ont bien montrée, mais à vol d'oiseau, sur la carte (250 kilomètres).

> *Prenez patience, lourds Pruscos,*
> *Rentrez à Aix-la-Chapelle*
> *D'ici peu nos fiers Turcos,*
> *Vous f'ront voir la Tour Eiffel.*

> *Ils entreront en Allemagne*
> *Sans trop de difficultés*
> *Et y sableront le Champagne*
> *Que vous y avez emporté.*

> *Ils reviendront de Stettin*
> *Avec lauriers aux fusils*
> *Et rapport'ront tout l'butin*
> *Vandales ! que vous avez pris.*

Résumons : Le canon s'est tu, les Allemands ont défilé par milliers, s'efforçant de conserver un semblant d'ordre et toujours surveillés par leurs « taub ». Cela nous donne bien l'impression de la retraite. Nous commençons à nous dérider un peu et à nous moquer à notre tour de ces soi-disant invincibles Alboches.

Jeudi 29. — Le canon nous a enfin fait grâce, il a tonné durant la nuit mais au loin.

La journée s'annonce comme les précédentes, toujours belle. Le temps est superbe.

Je n'en dirai pas autant du chant des Allemands qu'on entend dès le grand matin. Ces sons rauques, rudes et saccadés comme le pas rythmé de leurs lourdes bottes, inspirent beaucoup moins l'enthousiasme qu'une espèce de terreur que ne peut dissiper leur éternel refrain « Gloria Patria », pas plus que leur stupéfiant « pas de parade » que nous n'avons pu regarder sans pouffer de rire.

Le défilé interminable des fractions de corps d'armée allemande qui quittent notre ville, s'allonge démesurément sur les routes de nos faubourgs. Et lorsque nous voyons s'éloigner de nous ce formidable alignement d'hommes, de chevaux, de canons et de munitions, nous qui avons nos fils, nos proches sous les armes,

RUE FAIDHERBE, VERS LA GARE ET PLACE DU VIEUX-MARCHÉ-AUX-POULETS
VUE DE L'ANCIENNE BOURSE

IMITATION DE BONS DE MONNAIE DE LA VILLE SOUS FORME DE RÉCLAME (*Voir page* 96)

nous ressentons au cœur, à l'égard des vaillantes troupes françaises et alliées qui ont su repousser toute cette force brutale, la plus consolante fierté, la plus immense joie.

Les aviateurs des « taub » qui tous les jours évoluent autour de Lille et, il faut l'avouer, avec une régularité et une sûreté surprenantes, peuvent seuls distinguer où commence et où se termine ce gigantesque serpent grisâtre que doit présenter pour eux, sur le sol, l'armée de leur pays en déroute.

VENDREDI 30. — Les troupes moins denses s'en vont peu à peu.

La gendarmerie allemande et une partie du service de la « Croix-Rouge » (dont ils usent et surtout abusent), décampent à leur tour.

Les voitures de subsistances encore installées autour de nos squares, sur les places ou bien cramponnées aux remparts, se remplissent à la faveur d'un pillage en règle, tant à Lille qu'à Roubaix, Tourcoing et autres localités industrielles.

Ce sont les toiles, les lins, les étoupes, les cuirs, en un mot, les matières premières de toute espèce, qu'ils enlèvent dans des voitures de tout calibre, de toute provenance. Comme caravane de pirates, c'est réussi !

En queue d'un convoi, la roulotte dérobée à un marchand forain est d'un pittoresque qui produit son effet.

Ces êtres là, sans souci du ridicule, se couvrent d'une honte, d'une réprobation que ne limite pas la pointe de leurs casques.

Mais voici encore une affiche dont le besoin ne se fait nullement sentir. Elle apparaît sous la forme d'un immense placard qu'on ne prend plus la peine de lire en son entier.

Il y est parlé de la révision du nombre des otages, des modifications relatives à leur présence à la « kommandantur », des obligations des hommes mobilisables, etc...

Aux mots : « *Sera fusillé* » et « *sous peine de mort* », on a substitué le terme plus adouci « *sera sévèrement puni* ».

Citons encore cette phrase :

« Pour éviter l'emploi de mesures plus graves qui pourraient endommager davantage « *la superbe ville de Lille* » et ses « *florissants faubourgs* », j'invite la population, je la prends sous mon entière protection, etc... »

On pourrait croire qu'on va lire en signature : X..., élève de rhétorique au lycée, mais non, c'est signé : Von Heinrich, général d'artillerie, 1er kommandant. (Une Excellence, s. v. p. !)

Aujourd'hui , les marchands de comestibles se sont un peu réapprovisionnés, on voit réapparaître le beurre, on vient en offrir à domicile, mais à trois francs la livre. La Norvège paraît avoir eu pitié des Lillois. Elle a expédié des bâteaux d'œufs conservés qu'on trouve en abondance place des Halles à 10 centimes et demi la pièce. Mais combien de pauvres gens n'ont pas mangé de viande depuis plus de trois semaines !

Le fait suivant a son éloquence : « Un cheval tombé mort, rue Gombert, n'est pas sitôt dételé et abandonné d'une heure par les Allemands, qu'on le retrouve disséqué sur place, amputé d'une cuisse et d'une épaule.

Samedi 31. — Journée des « taub », journée calme. Une inspection aérienne si méticuleuse jointe au mouvement bruyant des autos, lequel se manifeste vers le soir, nous laisse supposer que le canon, après une accalmie de 24 heures, va reprendre de plus belle.

Et toujours anxieux, nous attendons ce que nous réserve l'aube du dimanche de la quatrième semaine d'occupation.

Fait à noter : Ce soir, les Allemands, ne sachant sans doute plus quoi enlever à l'Hôtel des Postes, démontent les cabines téléphoniques et les chargent sur leurs voitures.

A bientôt, sans doute, l'enlèvement du « Dôme central » !

Ce dôme central nous l'offrons,
Nous qui sommes dans le malheur,
A Guillaume, le fanfaron,
En guise de casque d'honneur !

Mais au fait, le voici ! En effet, on affirme que le Kaiser en personne, qui aurait déjeuné dans la mairie de Linselles, est aujourd'hui de passage à Lille se rendant à Douai. Et chacun de proclamer qu'il l'a vu, celui-ci dans une automobile de couleur ivoire, celui-là dans une auto de couleur foncée. Bref, il aurait visité nos ruines sur lesquelles, d'après les racontars, il aurait été photographié. Quelle aubaine pour les cinémas de Berlin !

L'Hôtel de l'Europe aurait, durant une nuit, donné asile au monarque. Le mouvement inaccoutumé des taub, celui des autos d'officiers, nous font supposer que la nouvelle est vraisemblable.

D'ailleurs, s'il en est ainsi, elle sera confirmée dans le cours de ce récit. Passons...

Dimanche 1er Novembre. — Temps toujours splendide. Véritable journée de printemps. De bon matin, le canon gronde sourdement dans la direction de Lens et Béthune. La bataille de la Lys reste toujours engagée.

Signalons aujourd'hui la mort d'une des premières victimes des Allemands à Lille. Le peintre Castillon qui fut atteint le 9 octobre, rue Inkermann, par un éclat de la bombe lancée sur l'Hôtel de Bretagne, vient de succomber.

L'animation règne dans la ville. Et n'y eût-il que le continuel va-et-vient des autos de la Croix-Rouge, ramenant de nombreux blessés allemands, que cela exciterait la curiosité.

D'ailleurs, par un de ces bluffs (ils les pratiquent tous), par une de ces mises en scène dont ils ont le triste monopole, les Allemands se chargent de nous distraire en promenant un groupe de soldats français et d'anglais, parmi lesquels 4 ou 5 Hindoux, qu'ils ont faits prisonniers.

En les faisant ainsi, de temps en temps, parcourir la ville d'un point à un autre, ils comptent les faire passer pour de nouveaux captifs. La crédulité populaire ne se laisse même plus prendre à ce manège. Combien ils feraient mieux de soigner d'une façon plus humaine leurs blessés qui arrivent ici tellement nombreux, qu'il n'y a bientôt plus de place nulle part pour les recueillir. La plupart, quoique grièvement blessés, sont dérobés aux soins qui soulageraient leurs souffrances. Ils sont pansés hâtivement et embarqués dans des trains où, grelottant de fièvre et transis de froid, ils succomberont infailliblement.

Pour terminer ce jour de Toussaint, disons qu'il y a trois mois, on sortait volontiers de chez soi pour admirer les aviateurs français de passage sur notre ville ; à présent, on rentre pour ne plus entendre, pour ne plus voir les évolutions des « taub ». Cela devient indiscontinu du matin au soir et nous en sommes plus que rassassiés.

Lundi 2 Novembre. — Aujourd'hui, jour des « Morts » que fêtent traditionnellement Paris et la France entière par un pieux pèlerinage dans les cimetières. C'est le moment pour nous, Français, de nous inspirer de ce devoir de piété nationale pour saluer ici, dans une muette prière, nos soldats et ceux des armées alliées qui, dans cette terrible guerre, tombent chaque jour au champ d'honneur. S'ils ne peuvent avoir pour dernière demeure qu'un coin dévasté du sol de notre pays, ils auront du moins, dans la pensée émue et immortelle qui élévera nos cœurs vers eux, mérité pour linceul le drapeau de la Patrie.

Les Lillois ont visité aujourdhui le cimetière du Sud, où les sépultures des soldats français, anglais et allemands, sont l'objet d'une attristante curiosité.

Toutes ces tombes portent une croix avec l'inscription des noms.

Celles de nos soldats et alliés, qui sont les moins nombreuses, sont couvertes de fleurs, celles des Allemands restent nues. L'emplacement qui leur est réservé devra être bientôt agrandi, car il se comble rapidement par l'arrivée de nouveaux convois provenant de nos hôpitaux où ils décèdent par vingtaine tous les jours.

MARDI 3 NOVEMBRE. — Combat intense de jour et de nuit, canonnade suivie, évolutions continuelles de « taub » qui survolent jusqu'à la dernière minute du jour, mitrailleuses et fusils faisant rage contre les aéros français ou anglais qui, avec hardiesse, s'aventurent sur notre pauvre ville investie, isolée et fermée à toutes les nouvelles extérieures : Voilà, en somme, le spectacle que nous offrent ces trois premiers jours de novembre.

MERCREDI 4 NOVEMBRE. — Journée calme comparée aux précédentes, moins toutefois sur le front où l'action paraît s'affermir et battre son plein.

Profitons de ce répit pour esquisser un coin de vie lilloise pendant l'occupation.

Excepté les hôtels d'Europe, Belle-Vue, Royal, Moderne, qui restent ouverts jusqu'à minuit, tous les cafés ferment à huit heures. Nous rentrons donc vers 7 h. ½. Pour nous, Lillois, la vie cesse à cette heure là et la nuit n'appartient plus qu'aux autos et aux patrouilles allemandes.

Notons que le grand Café Belle-Vue a été aussitôt accaparé par les officiers et consigné aux civils.

Dans ce cénacle germanisé temporairement, on ne peut plus

entrer qu'en montrant, non pas « patte blanche », mais « manteau gris perle ».

C'est à croire, tellement ils sont nombreux, que tous ces arlequins macrocéphales galonnés ne font rien et ne vont jamais sur le front de combat. Ici, ceux qui ne dégustent pas le bock et le cigare au cercle, voyagent ou paradent en automobiles.

C'est le stock luxueux des embusqués et des guerriers... payants !

Quant au simple soldat allemand, qu'il soit l'imberbe de 15 ans ½ ou le grisonnant hirsute de 60 ans, on s'imagine aisément quelle existence est la sienne : Tout d'abord, il *mange* ; quand il ne mange pas, il *fume* ; quand il fume, il *boit* ; quand il boit, il *s'énivre* ; quand il est ivre, il est passé à la *schlague*, ensuite il va au *feu !*

S'il a le bonheur de n'être pas « kapout », il pourra encore, ô suprême bonheur ! manger, boire, fumer, s'énivrer et se voir schlagué par ses bourreaux plutôt que ses chefs.

Quant à nous autres, camarades lillois prisonniers dans notre ville, nous n'en continuons pas moins depuis 2 mois, à nous rendre au lieu habituel de nos réunions. Nous prenons plaisir à resserrer, plus que jamais, les liens de camaraderie qui nous unissent. Nous n'oublions pas les absents de notre groupe, comme eux-mêmes bien sûrement, pensent à nous. Entre amis, nous commentons les événements du jour ; nous échangeons les impressions du moment et nous nous confions presqu'avec msytère (car il faut s'observer), les maigres nouvelles qui ont pu traverser le cercle de fer qui nous entoure.

Parfois cependant, lassés de cette persistante incertitude du lendemain et des nervosités qu'elle provoque, nous laissons le ton de notre conversation s'enfler et s'élever un peu.

Ce sont surtout les racontars de ces insupportables geignards, caméléons d'estaminet, jugeant tout au point de vue de leur intérêt personnel, qui influencent certains esprits timorés et qui font que les avis diffèrent souvent.

Le mieux est de ne pas les écouter, car « démoralisés » ils sont à plaindre, « démoralisant » ils sont à craindre.

Dans le malheur commun n'est-il pas plus sage de rester dans l'espoir commun et d'être patients jusqu'à la fin de la dure épreuve que nous traversons.

Jeudi 5 Novembre. — Depuis une heure du matin, le canon gronde et se maintient avec une certaine violence toute la journée.

En ville, même aspect que la veille, à part un renfort allemand, sous la forme de très jeunes troupes d'infanterie, venant, disent-elles, de Strasbourg.

Quatre « taub » évoluent en ce moment. Mais il suffirait qu'ils aperçussent un aéro français ou anglais pour filer, à tout moteur !

VENDREDI 6 NOVEMBRE. — Dans la nuit, vers 9 heures, une vive fusillade a été entendue, mais la canonnade s'est ralentie et apaisée complètement.

Nous ignorons la cause de ce répit.

A noter qu'à présent un brouillard épais commence à envahir chaque matin toute la région.

Quelques gros camions et caissons allemands stationnés depuis une quinzaine de jours, ici sur nos places, ont quitté la ville.

SAMEDI 7 NOVEMBRE. — Monsieur le Maire de Lille a fait distribuer à la population l'avis suivant relatif au payement par la ville de la contribution de guerre.

« Lille, 5 Novembre 1914.

« MES CHERS CONCITOYENS,

« En plus des versements considérables que nous sommes obli-
« gés de faire presque journellement pour l'entretien des troupes,
« l'autorité militaire allemande vient de m'informer que la ville
« doit verser, comme contribution de guerre, une somme de plu-
« sieurs millions.

« Nous avions espéré que le désastre effrayant causé par le
« bombardement nous aurait mérité un peu de pitié.

« Nous n'avons pu fléchir la décision.

« Cette contribution doit être versée en espèces d'or ou d'argent,
« ou en billets de la Banque de France.

« Notre caisse municipale est vide. Pour l'alimenter, il faut
« que nous fassions appel au concours de tous.

« Nous ne vous demandons pas de donner, mais seulement de
« prêter à la ville les sommes, petites ou grandes, que vous pou-
« vez avoir à votre disposition.

« Pour les souscriptions n'excédant pas 500 francs, l'échange
« se fera de suite contre des bons communaux de la ville.

« Pour les souscriptions plus importantes, il vous sera délivré
« un reçu échangeable contre des bons dans un délai maximum
« de huit à dix jours.

« La tâche que nous avons à remplir est profondément pénible
« et douloureuse. Je ne doute pas que vous aurez tous à cœur
« de nous la faciliter.

« Pour l'Administration Municipale,
« Charles DELESALLE. »

On ne lit pas sans une pénible émotion ce cri d'appel du chef
estimé de la municipalité, placé depuis deux mois en face de la
menace et de l'intransigeance allemandes.

Disons ici que la population lilloise ne pourra jamais être
assez reconnaissante envers les deux hommes qui ont le plus
intelligemment et avec le plus d'efficacité, lutté pour la défense
des intérêts de la Cité et pour la sauvegarde de leurs concitoyens :
j'ai nommé l'énergique patriote Maire de Lille et le diplomate
avisé, écouté que s'est révélé Monseigneur Charost, l'éminent
et courageux évêque de Lille.

Cependant, on se reprend vite à espérer que le versement pourra
être effectué et constituera le viatique du départ.

Fait touchant de solidarité nationale :

De pauvres gens viennent échanger la dernière pièce de 5 ou
de 10 francs qu'ils avaient en réserve.

DIMANCHE 8 NOVEMBRE. — Une violente canonnade, commencée
hier après-midi, avec un peu de répit dans la nuit, reprend de
grand matin et se maintient formidable jusqu'à 8 heures du
soir dans les directions d'Armentières, Lomme, Prémecques, Pérenchies, Verlinghem, Quesnoy-sur-Deule.

L'animation en ville est très vive. Elle est fiévreuse parmi les
Allemands. C'est une randonnée continuelle de leurs autos, de
leurs camions de munitions, de leurs voitures chargées de matériel et d'objets les plus divers.

Nous voyons défiler sur la Grand'Place, à côté de quelques beaux
attelages sortis tout fringants des châteaux voisins, une carriole
qui emporte une vache et un veau.

Sur le haut de la voiture suivante, un Allemand étendu, tient
amoureusement dans ses bras une petite chèvre !

La pauvrette « qui s'en va t'en guerre » ne sera pas plus ménagée que le « chou » que l'on voit un peu plus loin sur une cuisine roulante. Enfin, dans un tout petit cab (il n'y a place que pour deux), un prussien a pour compagnon celui de Saint-Antoine !

Le convoi prend fin sur ce char allégorique qui eût si bien convenu au cynique gallophobe Von Fortsner, de Saverne.

> *J'espère qu'au dernier moment,*
> *Deux minutes avant sa mort,*
> *A son piètre régiment*
> *Il eût légué son... « passe porc » !*

> *Sur la tombe de c'vilain drôle,*
> *Ce n'est certes pas une gaffe*
> *Que d'écrire, sans hyperbole,*
> *Ce qui suit comme épitaphe :*

> *Ce jeune forban, du courage,*
> *Sut toujours bien se passer.*
> *Il ne maniait que l'outrage,*
> *Réquies... « kapout » in Pace.*

Terminons cette journée et essayons de nous endormir dans le grondement d'airain.

Lundi 9 Novembre. — La nuit a été aussi calme que la journée avait été terrible. Le bruit du canon ne reprend que vers le soir avec une recrudescence marquée.

Aujourd'hui sont arrivés 3 à 400 soldats français et une centaine d'anglais faits prisonniers aux environs d'Ypres (Belgique).

Pour en faire paraître le double, les Allemands (maîtres-bluffeurs), n'ont pas manqué d'y joindre ceux qui, capturés antérieurement, se trouvaient déjà à la citadelle. Ils en ont donc fait passer en ville 7 à 800.

La population leur a réservé l'accueil que vous devinez ; c'est à qui leur portait des victuailles, du linge, des mouchoirs qu'ils réclament surtout.

Mais les Allemands ne tolèrent çà qu'à l'égard des soldats français et s'opposent énergiquement à ce que les prisonniers anglais, qu'ils haïssent spécialement, profitent de ces quelques douceurs.

Cette parade a été complétée par l'entrée en gare, vers 4 heures, d'un régiment d'infanterie. Encore du renfort, sans doute.

Fait exceptionnel, la journée s'est écoulée sans qu'on ait vu un
« taub ». Par contre, nous avons pu voir, affiché à profusion,
un carré de papier sur lequel je copie :

« Notre escadre de cuirassés, commandée par l'amiral Spée,
a vaincu l'escadre anglaise, sur les côtes du Chili.

« Le cuirassé *Mammouth* a été coulé.

« Le *Good-Hoop* a été fortement endommagé.

« Bravo ! nos courageux marins ; première victoire navale.

« Communiquer aux troupes.

« Pousser trois hourras en l'honneur de la flotte ! »

Nous qui ignorons ce qui se passe à Loos, à Thumesnil et à
Lambersart, à nos portes enfin, sommes-nous heureux d'avoir
ainsi des nouvelles du Chili ! et gratuitement encore, alors que
par le temps qui court, le port d'une lettre que certaines personnes
confient naïvement à des entreprises privées, assurément auda-
cieuses mais risquées, coûte depuis 2 fr. 50 jusqu'à un prix
illimité.

Ce que nous savons mieux, c'est que le prince-roi de Bavière
et son état-major viennent de se fixer au nouveau boulevard,
à proximité de l'avenue Saint-Maur.

Ce recul de Douai à Lille, nous le préférons à toutes les victoires
du Chili !

Mardi 10 Novembre. — Cette journée peut être qualifiée de
terrifiante. Nous voilà bien en plein dans la bataille du Nord.
Depuis 10 heures du matin jusqu'à 5 heures du soir, ça été le plus
violent duel au canon que nous ayons entendu depuis le bombardement et toujours dans la zone comprise entre Armentières et
Comines.

Mentionnons que les tramways venant de Quesnoy-sur-Deule,
Wambrechies, sont exclusivement réservés pour le transport des
blessés allemands ; il en est de même, en partie, des tramways
de la ligne de Roubaix. Ils arrivent par 5 ou 6 voitures bondées.

Il faut y ajouter ceux qui sont ramenés par les autos de la
Croix-Rouge et ceux qui peuvent encore marcher à pied.

Mais voici un autre défilé d'environ 200 français venant toujours de la direction d'Ypres (Belgique).

Ils auraient été faits prisonniers sur des indications données
par des fraudeurs. Ces malfaiteurs, pour la plupart des sans-
patrie, assiègent actuellement les rues de Lille avec leurs énor-

mes ballots de contrebande. Les Allemands les soudoient et s'en font des espions, au besoin. C'est la deuxième fois qu'on rapporte un fait de ce genre. Des femmes surtout ne seraient pas étrangères à ces ignominieuses dénonciations.

Nous avons pu voir, revenus aujourd'hui, quelques-uns des civils évacués et faits prisonniers le samedi 9 octobre.

Ils ont été enfermés un certain temps dans trois églises de Douai et n'ont vécu que grâce aux aumônes généreuses des dames de la ville. Une seule fois, les Allemands ont donné des vivres à ces prisonniers et ils ont eu soin de les cinématographier pendant cette distribution. (Il faut bien procurer des films sensationnels aux cinémas d'Allemagne !)

Enfin, au bout de 27 jours, on leur fit passer, pour la troisième ou quatrième fois, un conseil de révision et on en licencia environ 300.

Le reste fut dirigé sur la frontière allemande.

Ceux qui nous donnent ces détails nous confirment la présence du kaiser à Douai.

Il a logé dans la riche maison de M. Chapuis, dont tout le monde, excepté un domestique, avait été évacué.

Il y a passé deux nuits, entouré de sa garde du corps et de sa suite. 28 personnes, composant son personnel domestique, prenaient leurs repas à l'Hôtel du Sauvage.

A son retour l'empereur, de passage à Vervicq, a éprouvé le besoin de haranguer ses soldats. Son discours tient tout entier dans ce dilemme : « Vaincre ou mourir ».

Jusqu'ici ils n'ont pas eu le choix.

Espérons qu'ils auront le bon goût de continuer à « mourir » avant de « vaincre » !

MERCREDI 11 au SAMEDI 14. — Journées en tous points semblables à la précédente. La nuit noire ou le clair de lune, le vent, la pluie ou le brouillard, rien n'arrête les canons qui tonnent presque sans répit nuit et jour. Rien non plus ne transpire sur la situation ; aucun indice, aucune nouvelle de cette bataille du Nord qui menace d'être aussi longue que sa devancière. On devient d'ailleurs de plus en plus prudent, l'ennemi espionnant partout ceux qui parlent trop, ceux qui renseignent ou qui prennent simplement des notes.

Des lillois arrêtés ont été relâchés, quelques-uns très heureusement, car ils s'étaient mis en mauvaise posture et n'ont dû leur salut qu'à de très hautes et très énergiques interventions.

Voici quelques faits de cette semaine écoulée. Dans Fives, deux trains allemands, l'un qui était un convoi de munitions, l'autre de blessés, sont entrés en collision violente. Deux Français sont tués et une quarantaine des leurs.

A l'usine de Fives, les Allemands font travailler à la réparation de leurs chars automobiles, affûts et canons. Pour gagner du temps, ils apportent dans les ateliers le dîner des ouvriers qu'ils embauchent.

Les bleus bavarois du « landsturm » préposés dans notre ville aux différents services de garde, ont assisté à un service mortuaire d'un haut chef, probablement. Au retour, ils ont défilé musique en tête. Quand je dis « musique », lisez : « De circonstance », puisqu'elle est toujours funèbre !

Il est pénible pour nous de l'entendre, car elle nous fait trop regretter les entraînantes marches de nos musiques militaires françaises. Une nouvelle affiche vient réitérer l'ordre de fermer les cafés à 9 heures (heure allemande).

Les contrevenants seront punis sans indulgence.

Signé : *La Police militaire allemande.*

Une deuxième nous informe que les troupes allemandes sont en progrès sur Ypres, au nord d'Arras et dans l'Argonne.

Si nous ignorons, en outre, que les Anglais ne marchent qu'en deuxième ligne, laissant occuper celle de feu par les Français, que parfois même ils tirent sur ces derniers, qu'ils exigent la meilleure part du ravitaillement pendant que nos soldats français ont faim, etc., etc., cette affiche allemande nous l'apprend.

Nous n'avons d'ailleurs pas fini de lire ce placard, qu'en apparaît un autre... *ejusdem farinae.*

Prenons, comme beaucoup, le parti de ne plus les lire.

DIMANCHE 15. — Continuation de la bataille qui fait rage sur Ypres, Warneton et Messines (Belgique).

Lille ne pouvant plus recueillir de blessés allemands, on est obligé de les diriger sur Roubaix et Tourcoing. La cherté des vivres se fait sentir et notre existence commence à devenir pénible. Quand serons-nous donc délivrés ? C'est le cri d'alarme général.

Lundi 16. — Il pleut et il fait très froid. C'est le jour de la promenade des canons.

Des champs de bataille, les Prussiens, qui n'ont plus le temps d'enterrer leurs morts, les amènent jusqu'aux environs de Lannoy-Flers pour les brûler dans des fours-à-chaux au lieu dit : « La Chapelle de Locques ». On peut suivre le parcours de leurs charriots aux traces de sang dont ils rougissent les routes.

A ce travail atrocement funèbre répété chaque jour, à ce charroi continuel de blessés dont beaucoup atteints si grièvement qu'ils n'ont plus qu'un souffle de vie, les Allemands sont consternés. Ils lèvent les bras au ciel et se demandent si un pareil carnage va se prolonger ainsi sans pitié. Les officiers eux-mêmes disent que si le haut commandement voyait les champs de bataille, il comprendrait qu'il y a une limite à tout, voir même à la cruauté, à la barbarie. Et pourtant, Dieu sait si dans l'art des atrocités, ces escarpes sont passés maîtres. Méfions-nous donc de cet attendrissement plus intéressé que réel.

La petite ville, le village, le hameau et la campagne n'ignorent plus rien de leurs méfaits : Brutalités, pillage, dévastation, vol et viol.

En ville, c'est dans nos faubourgs (quartiers populaires de commérages), qu'ils vont de préférence pour y répandre et accréditer plus facilement les nouvelles les plus fausses et les plus absurdes. Constamment à la recherche de femmes sans moralité et sans mœurs (et malheureusement il n'y en a que trop), ces soudards payent leurs orgies avec les bijoux volés dont ils sont abondamment pourvus : Montres, bracelets, broches, chaînes et jusqu'à des pièces de monnaie « Souvenirs de mariage ». De ces tristes exploits, renouvelés de 1870 où déjà ils soulevaient l'indignation générale, il nous est fourni des révélations quotidiennes. Ce sera le rôle et le devoir des journaux de demain de les relater en vue de l'histoire prochaine.

Bref, la soirée s'achève par une violente canonnade qui reprend à 8 h. ½ du soir après être restée très modérée dans le cours de la journée.

Mardi 17. — La physionomie de la ville se modifie. Peu à peu on rebouche les trous béants des maisons bombardées, on abat des murailles et on enlève les décombres.

Mais nos maisons restent sombres intérieurement. Le verre à

vitres manque et les vitriers aveuglent nos fenêtres avec des planches. Cela donne à certaines rues un aspect bizarre.

Jusqu'ici nous avions vu arriver déjà de bien jeunes troupes allemandes. A présent, c'est sans doute le tour des bataillons scolaires. En effet, parmi 5 à 600 civils qui arrivent de la gare en chantant le « Gloria Patria », nous voyons 2 à 300 gamins de 14 à 15 ans.

Nous sommes curieux de savoir si les mamans ne suivent pas derrière avec des tartines.

Allons, s'ils sont bien sages, au bruit du canon qu'ils entendent non loin d'ici, on va leur distribuer des gâteaux, des raquettes et des ballons ! Car nous ne voyons pas bien ces collégiens, le lourd fusil ou la pelle en mains dans les tranchées.

Combien nous serions heureux, en face de cet attristant spectacle, d'avoir quelques nouvelles qui empêchent notre courage de faiblir. Je n'ai pas sitôt formulé ce vœu qu'un long communiqué nous arrive.

Il est à remarquer que ces communiqués auxquels nous ne pouvons pas plus assigner une date réelle qu'une source certaine, se répètent en partie ou se complètent. Je mentionne celui-ci comme les précédents, à son ordre, trop heureux que nous sommes d'espérer qu'il contient au moins une partie de vérité.

MARDI 1 HEURE DU SOIR. — A la suite de notre grande victoire de l'Aisne, nos troupes restent en contact avec l'ennemi. Le front a été modifié, il va de Thourout à Arlon, par Courtrai, Mons et Philippeville.

La Lys est entre nos mains. Albèche, près de Mouscron est occupé par nos troupes.

AVIS A LA POPULATION BELGE

(Dépêche jetée par un aviateur anglais)

« L'heure de la délivrance sonnera bientôt et pendant le passage
« des troupes allemandes en retraite, je tiens à vous mettre à
« l'abri des dangers de la guerre. Nous avons sur tout le front
« et dans le nord de la France, remporté une grande victoire.
« Vous devez vous attendre à voir repasser chez vous des troupes
« ennemies. Notre rôle est de les poursuivre de nos avions et de
« faire pleuvoir des bombes sur eux.

« D'autre part, avec nos autos-mitrailleuses, nous leur faisons
« une chasse acharnée.

« Dans ces conditions, notre devoir est de vous avertir de rester
« chez vous. Soyez calmes et au moindre bruit de la retraite,
« enfermez-vous dans vos maisons. »

On parle d'Anvers : 7 forts sont détruits ; vos pères, frères, fils,
sont retirés sur la côte.

C'est aux alliés, maintenant de vous défendre.

Patience ! braves gens, car la révolution est imminente à Berlin, et l'heure de la délivrance est sonnée pour vous.

DERNIÈRE DÉPÊCHE. — Les Allemands sont à Roulers, ayant les
Anglais derrière eux ; les Français occupent un demi-cercle de
Menin à Fournes (cours de la Lys), Armentières à droite.

Le plan des Français est de resserrer le demi-cercle pour refouler les Allemands sur Tournai et Valenciennes.

Les Allemands sont en masse à Lille, venant de Tournai et de
Maubeuge vers Saint-Ghislain, pour cerner et couper toute cette
avance vers Valenciennes et Cambrai.

Bataille entre Warneton et Cambrai. La population de Lille
est invitée à rester calme chez elle, Lille étant cernée.

Le Maire de Lille fait distribuer à domicile un nouvel et pressant appel à la population.

La muncipalité qui doit verser le 24 novembre 6 millions, fait
savoir qu'elle n'a encore recueilli qu'un bon tiers de cette somme.

MERCREDI 18. — Ce matin, une forte gelée, un temps clair et
beau ; l'assourdissant « taub » faisant sa promenade matinale :
voilà le réveil. Quelques canons placés sur nos remparts à la
porte de Valenciennes, les hangards d'abri des aéroplanes démontés à Ronchin, sont partis dans la nuit et ce matin. C'est du
côté de Quesnoy-sur-Deûle que l'aviation allemande a transporté
ses pénates.

JEUDI 19 et VENDREDI 20. — Journées d'un calme auquel nous
n'étions plus habitués. Les canons font relâche depuis le 18 au
soir.

La cause en serait-elle due à la grande victoire des alliés à
Ypres, au sujet de laquelle, contrairement à tous les autres combats, nous avons pu avoir d'intéressants détails. Ils nous ont été

fournis par des personnes venues de Comines qui ont visité les champs de bataille de Messines et d'Ypres à proximité.

Pour nous indiquer la hauteur à laquelle ils ont vu amoncelés les cadavres, ils élèvent la main plus haut que leur tête.

On s'en rend compte quand on apprend que les Anglais avaient fait évacuer Ypres, puis, après que tous les civils furent hors de danger, ils s'introduisirent avec leurs mitrailleuses dans les maisons et attendirent. L'ennemi ne les rencontrant plus nulle part et ne soupçonnant pas l'adroite manœuvre, se mit en devoir d'entrer, musique en tête, dans la ville qu'il espère ainsi occuper sans coup férir.

C'est alors qu'au « pas redoublé musical » succédèrent les « coups redoublés » des mitrailleuses anglaises.

On voit d'ici la panique et le carnage. Deux fois les Allemands arborent le drapeau b'anc, mais les Anglais, sans en tenir compte et pour cause (car ils connaissent la fourberie des Prussiens), fauchent sans répit et sèment la mort dans les rangs jusqu'à ce qu'ils jugent que, pour prisonniers, ils ont suffisamment de ce qui reste.

Cette victoire nous comble de joie ; elle vient adoucir un peu les tortures morales que nous infligent ces voleurs de grand chemin qui, depuis 40 jours, nous dépouillent de tout.

Notre joie devient de l'enthousiasme quand, en même temps, on nous communique, traduit d'un journal anglais, le compterendu des discours prononcés au banquet du Lord Maire de Londres par nos ambassadeurs, les ministres et les hommes les plus éminents de la Grande-Bretagne, notre alliée.

Dans ces discours magnifiques et à jamais mémorables, le solennel hommage rendu à toutes les armées des puissances alliées, à leurs grands rois, au génie militaire des généralissimes leurs chefs suprêmes, aura un retentissement mondial et une approbation universelle.

SAMEDI 21. — Passage de troupes, défilé de voitures, de canons, embarquement de plusieurs côtés, à Fives, à Loos, à la Madeleine.

A la gare de Lille, mêmes préparatifs, semble-t-il. Nous voyons arriver chevaux, caissons, voitures chargées de paille et, comme toujours, d'une quantité de choses volées, calorifères, meubles, glaces, bronze d'art, etc...

Nous pensons qu'il s'agit simplement du déplacement des forces ennemies du nord-ouest au sud-est de Lille.

Il n'y a personne qui peut comprendre ce que font les Allemands, tellement ils varient leurs marches et leurs contre-marches.

Dans la salle des pas perdus, transformée en une vaste écurie, nous voyons au milieu des chevaux, trois bêtes à corne. Notons en passant qu'un allemand écrit des cartes postales sur l'épaule d'une vache qui lui sert de pupitre.

Caractérisons tout ce que nous voyons aujourd'hui par ce seul mot : Grouillement de soldats sales et déguenillés, tuniques trouées, remplies de boue et de terre glaise qui font corps avec l'étoffe ;débris, sous la forme de 1.800 hommes, de sept régiments, sans doute, puisqu'il y a sept drapeaux.

Depuis deux jours la neige a fait son apparition et le froid est très vif. Voici qu'aux rigueurs de la guerre, et pour nous de la captivité, viennent s'ajouter encore celles de l'hiver.

Nous ne trouvons plus nulle part le sel, le sucre et le pétrole.

Souhaitons aussi que le biscuit de nos soldats soit meilleur que le pain de seigle que nous mangeons. Le charbon manque également et il n'y a plus que du coke pour chauffer des milliers de mansardes où le vent souffle et de pauvres logis dont toutes les fenêtres, au vitres brisées, sont calfeutrées au petit bonheur avec des toiles et du papier.

Mais rassurez-vous bien vite sur le sort des officiers teutons. Ces romanichels « balafrés » ne quittent pas le Café Bellevue où, bien emmitouflés, bien chauffés et bien nourris, ils prélassent leur grasse et corpulente personne.

Pourtant, deux fois par jour, ils montent à l'assaut, mais c'est à l'assaut du restaurant au premier étage, où la « bombe » qu'ils font n'a rien de commun avec celles de leur artillerie.

Aujourd'hui, ils n'ont pas voulu nous laisser ignorer que c'est demain Sainte-Cécile et ils nous l'ont prouvé en nous faisant « subir » une audition musicale sur la Grand'Place : Ce fut le concert « Barnum » venant s'ajouter aux canons « Boum-Boum » et aux balles « Dum-Dum » !

J'ai noté dans le cours de ce récit que l'emplacement réservé aux Allemands dans le cimetière du Sud serait à bref délai insuffisant. En effet, un deuxième coin leur est affecté et c'est une tranchée immense qui leur sert de sépulture. On les y place en range serrés. Nous assistons à une de leurs cérémonies. Huit cercueils sont descendus en face d'un piquet d'honneur. Le pasteur fait un assez long discours. Cette cérémonie se renouvelle environ tous les deux jours, c'est-à-dire chaque fois que le caveau d'attente contient plusieurs corps.

Remarqué au retour, hors des remparts, près la Porte des Postes, l'endroit où l'on déverse les décombres de la ville. On voit là une armée de chiffonniers qui fouillent consciencieusement chaque tombereau pour y découvrir des objets de valeur. Cette foule des faubourgs, transformée en Californiens « chercheurs d'or », a en partie élu domicile dans ce nouveau Pérou.

DIMANCHE 22. — Temps sec et froid. Dans la nuit 8 degrés. A 9 h. 30 du matin, deux violentes détonations retentissent.

Ce sont deux bombes lancées par un de nos aéros sur un train allemand se dirigeant sur Lens. Ces bombes ont manqué leur but. A midi 30, une troisième et vers 4 heures encore une autre. Cette dernière, qui visait la gare ou la voie ferrée, tombe dans les remparts, près la ligne des tramways Mongy.

Nous visitons avec intérêt les blessés recueillis à l'hospice général. Il n'y a là que des Français et des Anglais qui, en fait, sont prisonniers et que les Allemands dirigent derrière le Rhin par petits groupes au fur et à mesure de leur guérison.

Quatre goumiers, dont un âgé de 58 ans, attirent notre attention. Un Hindou excite surtout la curiosité des visiteurs. Avec son petit chignon et le ruban jaune qui le noue coquettement au-dessus de sa tête, il a l'air d'une jeune femme. Il ne parle pour ainsi dire aucune langue, pas même le sanscrit, à peine quelques mots d'anglais.

Il rit à pleines et belles dents et il paraît surtout enchanté (comme tous ces pauvres blessés d'ailleurs), quand commence la distribution de gâteaux, de chocolat, de cigarettes que de charitables dames de la ville viennent leur faire chaque jour.

Dans la soirée, passage de troupes allemandes venant de la Porte de Béthune en chantant.

Si cela peut leur servir de calorique, c'est heureux, car il fait très froid.

LUNDI 23. — Le froid continue et le canon aussi, faisant tous deux des victimes. Même celles que le canon a épargnées passent ici lamentables, harassées et transies. Aujourd'hui comme hier, il en débouche de partout. D'où viennent-elles ? Où vont-elles ? L'ordre est-il donné, comme on le prétend, d'évacuer le Nord tout en masquant la retraite finale ? Bien malin qui pourrait le dire !

Nous commençons par maugréer en attendant la délivrance.

Et pendant ce temps, voici comment les malheureux Lillois peuvent avoir un peu de charbon. Il faut aller se faire inscrire deux jours d'avance au bureau de débarquement du quai Vauban, voir même à Loos et Haubourdin, se procurer sacs et voiturettes et aller soi-même le chercher. En partant à sept heures du matin et en faisant queue sans désemparer, ni boire ni manger, les pieds sur le pavé boueux pendant huit heures environ, on a quelque chance de rentrer vers 5 heures du soir avec 2 ou 3 sacs de 50 kilos que l'on paye 2 fr. 20 le sac. Le tableau que présente sur le quai cette foule qui se chamaille et s'injurie en attendant son tour, est inénarrable. Des femmes se jettent aux pieds des débardeurs pour être servies ; d'autres, se trouvant indisposées, préfèrent tout abandonner et rentrer grelotter dans leur maison.

Ce soir, vers neuf heures, deux bombes qui visent nos gares éclatent sur la ville sans accident, mais sans résultat.

MARDI 24. — Aujourd'hui, payement de la contribution de guerre. C'est dans la Maison Miel, où les Allemands viennent d'installer un débit de tabac de grand luxe, que sont apportés dans une carriole les millions de la ville.

Même mouvement, en sens divers, des troupes allemandes. Mêmes départs vrais ou simulés, on ne sait.

Nous les voyons aujourd'hui faire des travaux sur nos fortifications et placer 5 canons entre la porte d'Arras et des Postes.

Vers 4 heures du soir, arrivée d'une soixantaine de goumiers faits prisonniers et parmi eux quelques chasseurs alpins. Attendons-nous à les voir dès demain livrés à la curiosité publique.

MERCREDI 25 au SAMEDI 28. — Pendant ces quatre jours, lutte incessante et particulièrement violente du canon dans plusieurs directions et notamment à l'ouest de Lille, où il avait cessé depuis une huitaine.

Dans les villages évacués aux environs de Comines, de Frelinghien, quelques personnes sont restées quand même, gardant les rares fermes isolées non incendiées. Ces pauvres gens nous apprennent que depuis 60 jours, ils vivent la moitié du temps dans leurs caves. Les fusillades des mitrailleuses les obligent à y descendre 5 à 6 fois par jour.

En ville, autre misère : C'est la course au charbon accaparé par l'ennemi. On ne rencontre que des groupes de personnes ayant loué une voiturette et courant aux provisions de coke qu'ils ne peuvent avoir qu'après 7 ou 8 heures d'attente. De plus malheureux encore n'ont d'autre ressource que d'aller chercher le branchage tout vert des arbres qu'abattent les Prussiens en avant de leurs canons. On comprend combien sont nombreux déjà ceux qui manquent de tout.

Le service postal allemand s'est transporté avenue Saint-Maur, à la Madeleine, pour le service d'expédition et rue Gauthier-de-Chatillon, à la Faculté des lettres, pour l'arrivée. Le trafic de leurs correspondances est formidable. Arrivées et départs se font par camions et immenses voitures que deux chevaux ont peine à conduire en gare. Mais l'Hôtel des Postes (Bayrische feld-post-station 3), à deux pas duquel, rue Nicolas-Leblanc, sont restés leurs services administratifs postaux de direction, est toujours gardé.

Ils en ont sans doute transformé l'intérieur en atelier de menuiserie, car on y décharge bois, planches, madriers, poteaux, etc.

Quant aux étages, aménagés en dortoirs ou en ambulances, ils pourraient recevoir les religieuses et les capucins de la Croix-Rouge que nous voyons arriver de Douai.

Chez nos ennemis, la Croix-Rouge pullule comme le reste, on ne voit que ça !

La ville de la Madeleine, notre plus proche voisine, a été frappée hier, 26 novembre, d'une contribution de guerre se chiffrant par plusieurs centaines de mille francs.

Le *Bulletin de Lille* (car nous avons depuis dix jours un journal), nous fait connaître que l'étalage et la vente du tabac ne seront plus tolérés dans les rues, pas plus que l'exhibition des mendiants estropiés qui abusent de la charité publique. Quand j'aurai ajouté que les agents de la police municipale doivent, comme cela se fait en Allemagne, rendre le salut aux officiers prussiens, j'aurai mentionné tout ce qu'il contient d'intéressant. Le reste est la répétition des affiches dont nos murs sont bariolés à profusion. Ce bulletin ne nous apprend pas le nom du personnage de marque qui est conduit aujourd'hui en gare dans un riche cercueil et avec apparat.

Encore un prince quelconque qui est toujours sûr de repasser le Rhin à pied sec et dont la mort sera soigneusement tenue secrète. Les familles allemandes ne doivent-elles pas, quant à présent, s'abstenir de porter le deuil des leurs ?

Ce « bluff », sous couvert de patriotisme, est aussi dérisoire qu'il doit être pénible.

Voici encore une affiche. S'il fallait l'en croire il n'y aurait bientôt plus de soldats russes, les Allemands les faisant prisonniers par centaine de mille. C'est d'un ridicule achevé : Sourions et passons.

Pour changer, couchons-nous au bruit du canon qui ne cesse ni jour ni nuit et qui se rapproche de Marquillies et Don Sainghain, villages près desquels nos troupes alliées sont signalées. Le crépitement des mitrailleuses entendu dans les nuits précédentes nous le faisait pressentir. J'ai déjà parlé des autos allemandes. Avec la vitesse à laquelle elles circulent en ville, on s'étonnait de n'avoir eu jusqu'à présent d'autres accidents que la démolition de pylônes ou de becs de gaz.

VENDREDI 27. — Une de ces voitures a renversé et écrasé au coin de la rue Faidherbe, Mlle Vaille, directrice de l'école Florian, qui n'a survécu que quelques minutes à cet affreux accident.

DIMANCHE 29. — Voici encore une journée qui nous réserve dès le matin une pénible surprise.

Le lycée Faidherbe est en feu. Cause inconnue à l'heure où j'écris. Les Allemands y avaient installé un grand nombre de blessés qui ont pu être évacués sans accident. Ils y avaient aussi monté une quantité de calorifères.

Ils possédaient en réserve, dans la cour, des tonneaux de pétrole qui ont été sauvés, en partie du moins.

A midi, un aéro français vient jeter une bombe sur la gare, mais ne l'atteint pas. Comme il y a des canons un peu partout sur nos remparts, vous devinez quelle fusillade et quelle canonnade il essuie aussitôt. De la place Sébastopol nous le voyons filer à une faible hauteur et à une allure modérée dans la direction d'Armentières.

Le courageux aviateur ne se presse nullement, bien que les bombes qui l'assaillent de tous côtés l'entourassent d'un nuage de fumée.

Inutile d'ajouter combien ce lancement en l'air, de bombes qui retombent un peu partout sur la ville, est dangereux pour la population. Une pauvre femme, mère de huit enfants, a été tuée aujourd'hui, rue Magenta, par deux éclats de ces obus.

Il jette sur la ville le *Cri des Flandres*, journal d'Hazebrouck, qui donne la liste des évacués lillois recueillis et en sûreté dans cette ville.

Les curieux et surtout les personnes intéressées se disputent cette liste qu'on lit à haute voix à l'abri des Allemands, bien entendu. En gare de Fives, continuation d'embarquement d'hommes, de matériel et de chevaux blessés.

Nous ignorons sur quelle destination ces trains vont être dirigés, mais si nous le demandions à un Allemand il nous répondrait invariablement :

« Sur Paris... se ». Et si ce n'était pas sur « Paris... se », ce serait sur Dunkerque ou Calais... se d'où *ils veulent bombarder* Douvres !

Petits bambins de Douvres, préparez donc vos raquettes !

Lundi 30. — Le combat continue particulièrement violent dans la zone, qui détient décidément le record, d'Armentières à la Bassée et non loin de ce dernier point.

Un communiqué qui nous parvient nous confirme la victoire d'Ypres et les pertes allemandes considérables en hommes et surtout en officiers. Des régiments ont perdu les deux tiers de leurs effectifs et certains sont tombés même de 3.000 à 350 hommes.

Les Allemands n'ont pu supporter une défaite aussi sanglante sans se venger.

S'ils ne peuvent s'emparer d'une ville, ils la bombardent ou l'incendient de loin.

Un tel exploit est à la portée de tous les courages. Ils ont donc détruit Messines et la jolie petite ville d'Ypres avec ses Halles du XIVe siècle, monument majestueux et particulièrement vaste, puis son église Saint-Martin, ancienne cathédrale avec tour du XVe siècle.

Le kaiser et son état-major attachaient une importance décisive à la prise de cette ville. Elle facilitait la manœuvre qui consistait à s'emparer de Dunkerque, Calais et Boulogne pour couper les commmunications de l'armée anglaise avec la mer.

Détail rétrospectif. — Constatons combien il est heureux que ces orgueilleux, hypnotisés par ce désir criminel de bombarder Lille pour s'en emparer, n'aient pas songé, au moment propice pour eux, du 4 au 10 octobre, à foncer sur Dunkerque et gagner cette ville presque sans coup férir.

Le 12, pendant qu'ils paradaient sur les cendres brûlantes de Lille, nos ports de la Manche étaient protégés et nos alliés couvraient Ypres en occupant, avec celui de Cassel, le Mont Noir et le Mont Kemmel.

MARDI 1ᵉʳ DÉCEMBRE. — Dans Lille aucun changement notable. Nous voyons chaque jour passer la centaine de voitures de subsistances militaires qui vont en gare Saint-Sauveur chercher ravitaillement et munitions qu'elles conduisent aux troupes. Nous ne disons plus : « Voilà le convoi des équipages qui passe », nous disons : « Voilà Bidel » !

Nous sommes fatigués de voir cette interminable file de bâches grises recouvrant chaque voiture attelée de quatre chevaux, sur le devant desquelles de vieux Prussiens, à barbe rousse et embroussaillée, fument leurs longues et tortueuses pipes.

Un nouveau message est jeté par un aéro français ou allié qui passe sur la ville à 4 heures du soir et qui est encore l'objet d'une canonnade dont il est bien vite hors d'atteinte.

Ce message (un extrait du journal le *Matin*, du 24 novembre) relate principalement la débâcle en Russie de trois corps d'armée allemande qui, cernés, brûlent leur matériel ; il annonce plusieurs grandes victoires russes dans la région de Cracovie.

Le même soir nous avons la bonne fortune (cela ne nous était pas arrivé depuis deux mois) de posséder le *Nord Maritime*, de Dunkerque, qui confirme cette série de succès de nos alliés.

Si j'ajoute que nous avons aussi le plaisir de lire dans ce journal les sublimes paroles du discours prononcé par le Président de la République, lorsqu'il a remis la médaille militaire à notre éminent généralissime, vous ne serez pas étonnés que ce soir du 1ᵉʳ décembre, nos yeux sont baignés de larmes de joie.

Merci donc aux vaillants pilotes qui bravent ainsi doublement la mort pour venir apporter aux captifs de la grande cité des Flandres, des nouvelles réconfortantes. Hommages soient rendus à ces célèbres aviateurs !

MERCREDI 2 au DIMANCHE 6 DÉCEMBRE. — Ces journées n'offrent rien de particulier.

Un vent violent de tempête sévit depuis le 3. Cela vient en aide aux démolisseurs de nos murs branlants qui tombent d'eux-mêmes et aplanissent nos décombres.

Résumons quelques menus faits :

La canonnade persiste du côté d'Armentières.

Le mouvement est le même en ville. Ce sont toujours des allées et venues de troupes, des débarquements succédant à des embarquements, des arrivées de quelques soldats français faits prisonniers autour et à moins de 15 kilomètres de Lille.

Notons la prise d'un jeune soldat avec la nouvelle tenue et celle de quatre ou cinq Japonais. Cela nous confirme, d'une part, l'arrivée sur le front de la classe 1914, et enfin celle des Japonais à Dunkerque. Nous relatons fidèlement cette information, mais nous supposons qu'il s'agit de nos soldats annamites qu'on aura pris pour des Japonais.

La spoliation des campagnes s'accentue : C'est au tour du bétail à défiler sous nos yeux. Des convois de vaches laitières amenées de Geney, Cysoing, Lesquin, d'un peu partout, sont embarqués. Peu importe que les jeunes enfants au biberon meurent faute de lait. Le département du Nord n'est-il pas voué à toutes les destructions ?

Aujourd'hui dimanche, les « taub » surveillent étroitement la gare, car les dimanches précédents, ils ont vu les aéros des alliés venir y jeter des bombes et leur brûler crânement la politesse.

Les soldats allemands sont découragés ; ceux de la landsturm qui assurent ici un service d'ordre et de police sont envoyés, faute d'autres, dans les tranchées.

Ils protestent et certains refusent. Ils sont conduits poings liés à la citadelle.

Nous n'avons pas encore mentionné que la ville de Lille avait émis fin août des bons communaux de 0 fr. 50, 1 fr., 2 fr., 5 fr. et 10 francs.

Il en a été de même à Roubaix, Tourcoing, la Madeleine, Seclin, etc. Ces billets servent indistinctement dans les trois grandes villes. En l'absence de toute autre monnaie devenue excessivement rare, ils facilitent les achats et les transactions commerciales.

La note gaie du jour nous est fournie par le renard empaillé emporté sur une des voitures de la grande entreprise de vols et déménagements : « Guillaume et Cie, à Berlin » !

Lundi 7 Décembre. — Il fait un temps brumeux et très humide. N'attendons pas pour le signaler, ce fait que les Allemands ne viendront sûrement pas nous conter : Il y a depuis quelques jours rébellion parmi leurs soldats. Soixante révoltés ont été fusillés à la citadelle (intra-muros) et d'autres encore, ailleurs.

Des com;m;uniqués qui continuent à circuler, nous ne relaterons plus que les faits un peu saillants. D'un de ceux-ci ressort la confirmation que cette révolte s'accentue et se propage surtout chez les Bavarois. C'est de très bon augure. Ces rebelles fusillés ne formeront que quelques wagons en plus de morts à ajouter à ceux qu'ils expédient sur la Belgique, à Diest, où ils les brûlent, ou sur l'Allemagne (via Tournai).

Ils n'en sont d'ailleurs pas à un wagon près, car soit sur les champs de bataille, soit lors de l'évacuation des hôpitaux, tous les malheureux qui sont blessés grièvement ne trouvent pas grâce. Ils sont enterrés vivants, ou achevés pour éviter les transports. Pour dévoiler pareille atrocité, il faut l'avoir vue. Et il ne manque pas de témoins civils, requis pour cette horrible besogne, qui sont venus en narrer les détails les plus inhumains et les plus abominables. Certains nous ont assuré que, mis par force en demeure d'enterrer des blessés ou d'être fusillés, les choses qu'ils ont vues ne leur permettront plus de goûter la moindre joie dans la vie. D'autres, devant pareille contrainte, ont perdu la raison.

Le soldat allemand blessé, guérissable, qui a toutes chances de retourner au feu est encore un homme ; on le soigne. Mais s'il doit séjourner plusieurs mois à l'hôpital, s'il est amputé ou invalide, il ne compte plus. C'est une unité gênante en campagne, une charge pour l'Etat ensuite. Pour le supprimer, tous les moyens sont bons : Telle se révèle bien cette avilissante mentalité tudesque dans laquelle les générations élevées en soldats farouches sont habituées à cette idée constante du massacre.

Le grand écrivain belge, M. Maeterlinck, dans un discours prononcé à Milan, ne disait-il pas en parlant des hordes d'Outre-Rhin, que c'était réellement leur faire trop d'honneur que de les qualifier seulement de barbares !

A ce propos, notons une polémique qui remonte au mois d'octobre, mais dont je n'ai connaissance qu'aujourd'hui. Un certain Max Brewer, de Dresde, dans le but de défendre la mauvaise cause de son pays, a essayé de réfuter les arguments, les faits précis d'histoire fournis par l'homme de talent et d'érudition qu'est M. Maeterlinck.

La théorie que cet Allemand a développée dans sa lettre ouverte au poète belge peut se résumer ainsi :

« Faits inexactement rapportés, quand ils ne sont pas absolument faux ; mensonges grotesques accumulés, notamment au sujet de la neutralité de la Belgique qui est traitée de « mascarade perfide dirigée contre l'Allemagne » ; puis enfin, et surtout, injures au noble roi des Belges. »

Pour que vous n'en savouriez que mieux les quelques passages de la spirituelle réponse qui la suit, laissez-moi reproduire la péroraison pleine de vanité et d'orgueil de ce piteux plaidoyer du pamphlétaire rhénan :

« Même après les pires douleurs, les Allemands ne connaissent ni le Dieu de la Vengeance, ni le Dieu de la Haine ; ils adorent la puissance de l'Amour. Mais ils possèdent la puissance d'allonger une giffle de 42 centimètres à un adversaire cruel et vulgaire, témoins Liége et Anvers. Puisse avec cette giffle votre roi si délicat, être supprimé à jamais de l'histoire universelle ; il l'a par deux fois, malgré nos offres pleines de tendresse, attiré lui-même sur sa tête de conspirateur franco-anglais !

« Max. BREWER. »

RÉPONSE. — « Nous savions ce que c'est qu'une querelle d'allemands ! Mais nous savons aussi à présent ce que valent la parole et la bonne fois allemandes !...

« Il s'agit d'une simple question d'honneur et M. Brewer ne comprend pas. Il connaît aussi mal les choses dont il parle que l'histoire dont il ne parle pas...

« Dans une guerre entre la France et l'Allemagne, disait de Moltke, il serait néfaste d'avoir la Belgique contre soi.

« Les hommes politiques du pays de France, plus fins que ceux du vôtre, M. Brewer, n'avaient garde de commettre cette faute primordiale de se mettre la Belgique à dos, en franchissant la frontière les premiers.

« Ils savaient bien qu'ils auraient trouvé les Belges embusqués errière la Sambre, comme vous les avez trouvés derrière la

Meuse, car, ô Maximilien, nos fortifications de ce côté là, c'est la Sambre, c'est la Lys, c'est l'Yser.

« Il n'en faut pas d'autres ! Les marais de la Lys, les inondations de l'Yser ont existé de tous temps contre les Français. Il se fait que c'est vous qui vous y embourbez ! Allons, vous êtes décidément moins forts que vous le dites ! Où vous êtes vraiment forts, c'est quand il s'agit de mentir. Là, vous êtes les maîtres. S'il fallait relever tous vos mensonges depuis le plus ridicule jusqu'au plus monstrueux, on n'en finirait pas. Je ne veux ici qu'en épingler quelques-unes, ils sont typiques, parce qu'ils fleurent l'excuse bien plus que l'accusation. C'est ainsi que vous menter sciemment, etc...

« Oh ! certes, nous avons appris à nous défendre à travers les temps ! Si nous avons été pris à l'improviste cette fois, c'est que nous nous reposions sur la signature allemande ! Hélas ! c'est votre mauvaise foi qui a fait pousser au Lion Belge le rugissement qui a étonné le monde et dont vous ne revenez pas !

« Le volume de votre jactance égale la platitude de vos outrages. A tout lion mourant il faut un coup de pied. C'est vous qui vous êtes chargé de ce soin M. Brewer. Sachez donc que si vous avez donné deux giffles de 42 centimètres, nous vous avons aussi allongé quelques torgnoles. Les 250.000 Allemands qui reposent dans la terre belge en témoignent !

« Vos 42 centimètres sont de la mesquinerie à côté de la dimension des coups de griffes. Il y a à présent trois formidables camouflets que vous encaissez et qui sont acquis à l'histoire. A Liége, où dès les premiers engagements de campagne, nous avons anéanti et sans coup férir la légende d'invincibilité de vos soldats ! A Anvers, où vous avez essuyé le plus gigantesque four que l'on puisse infliger à une armée organisée. A Dixmude enfin, où embourbés, malgré les leçons de l'histoire depuis les Ménapiens jusqu'à nos jours, vos armées reçoivent en ce moment l'affront le plus complet et le plus mortifiant !

« Si cela ne vous suffit pas, vous pouvez recommencer une autre fois. Seulement, comme nous sommes instruits à présent sur la valeur de la parole allemande, vous nous trouverez à plus d'un million debout et solidement armés !

« Quant à vos insultes au roi, je ne les relève pas ! On ne s'occupe pas de la fange qui cherche à éclabousser les étoiles !.. »

« Maurice MAETERLINCK. »

Eh ! bien, citoyen publiciste de Dresde, né, ainsi que vous l'affirmez, dans la région du Bas-Rhin, com;ment trouvez-vous la riposte ?

Moï, je la juge suffisamment crâne et forte pour avoir infléchi, chez votre individu, cette même région d'un tout autre bas-rein !

En fait de giffle magistrale et kolossale, votre fière réponse en est une, M. Maeterlinck.

Bravo ! Ce n'est plus du 42 centimètres, c'est du 84 centimètres !

MARDI 8 DÉCEMBRE. — Un extrait du *Petit Parisien*, du 1er décembre, nous dit que la bataille qui dure depuis six semaines autour de Lille est perdue pour les Allemands et se transforme en véritable déroute.

Malgré toute l'habileté qu'ils mettent a masquer leurs défaites, ils ne nous trompent plus aujourd'hui. Nous savons qu'ils enterrent leurs morts en quantité à la Bassée et aux environs, qu'ils sont rejetés d'Armentières par les Anglais, qu'ils ont cessé les travaux qu'ils avaient entrepris en vue de donner, à l'occasion de la Noël, une fête au Palais Rameau, que depuis trois jours cent mille de leurs hommes sont refoulés en retraite sur Bruxelles, etc.

Autre nouveauté : Une revue passée place de la République, par le prince de Saxe. Voici les effectifs :

Un demi-bataillon (5 à 600 hommes de troupes mélangées, mais en majeure partie des chasseurs saxons), 100 cyclistes, 8 attelages de mitrailleuses et la Croix-Rouge, y compris quelques dames de ce service.

La revue avec les hourras, le défilé au sensationnel et hila_, rant pas de parade ont commencé à 3 heures. Cela a duré à peine 12 minutes aux accents d'une pauvre musique de foire composée de 13 exécutants ayant les doigts gelés.

Avez-vous assisté à la kermesse de Saint-Cloud, vu ses saltimbanques, ses charlatans et ses parades ? La place de la République, en ce moment, présente le même aspect. Seulement, les saltimbanques sont ici représentés par ces hauts « kultivés » de la caste militaire allemande.

N'oubliez pas que, pour cette parade de 12 minutes, les hommes avaient attendu, l'arme au pied, pendant 2 heures et demie. Durant cette longue et fatigante pose, deux « taub » évoluaient à faible hauteur, surveillant la place de la République.

Pour nous, civils lillois, l'attente est pénible aussi, mais c'est à la porte des boulangers. Ainsi, aujourd'hui, le pain noir nous a manqué ; quelques bagarres regrettables se sont produites dans les boulangeries.

La population a été patiente et calme jusqu'à ce jour ; souhaitons qu'elle se maintienne. Cependant, on ne peut s'empêcher de dire que la patience a aussi ses limites.

Il faudrait si peu de chose pour exposer la ville à de nouvelles calamités de la part de l'ennemi, qui ne demanderait qu'à semer le trouble et à favoriser l'émeute. Ayons un peu plus de jugeote que ce sacristain de Saint-Michel qui n'a trouvé rien de mieux, pour charmer ses loisirs et satisfaire sa curiosité, que de faire ce soir, à 6 heures, avec une lumière, l'ascension de la tour de l'église.

Le résultat ne s'est pas fait attendre. Eglise cernée et notre bedeau accusé de faire des signaux, en route pour la « kommandantur » avec deux autres personnes, dont une femme qui travaillait dans la sacristie. Les explications que cet imprudent aura à fournir lui donneront sans doute autrement le vertige que la tour sur laquelle il était monté.

Mercredi 9 au Samedi 12 Décembre. — Journée de pluie froide.

L'artillerie n'a pas ménagé hier ses munitions et la lutte a été chaude. Ayant cessé sur le soir, la canonnade a repris très violente entre 1 heure et 2 heures du matin sur Englos, puis à 2 heures de l'après-midi. En réalité parfois furieuse, irrégulière et intermittente.

Oh ! ces nuits, elles sont pour nous interminables. Pendant ces quelques jours nous ne voyons que des défilés, ici 200 hommes, là 500 à 600 qui se dirigent sur Tournai (Belgique) ; d'autres en même quantité débarquent disant qu'ils viennent précisément de Tournai. Il n'y a rien à y comprendre. Voici encore des civils allemands qui nous arrivent, valise en mains. D'où viennent-ils et que viennent-ils faire ? Est-ce pour remplacer les hommes du landsturm et les infirmiers que l'on désigne maintenant par le sort pour aller au feu ? C'est probable.

On a vu à Don Sainghain passer plus de 70 canons démolis. Les Allemands ont évité soigneusement de les faire transiter par Lille. C'était moins intéressant à exhiber que des prisonniers français ou anglais. Nous apprenons que le sacristain de Saint-

Michel est remis en liberté. Encore un qui en est quitte pour la peur !

Les quatre canons placés dernièrement entre la porte d'Arras et des Postes ont été enlevés 10 jours après. Aujourd'hui, on en installe de nouveaux au même endroit duquel on ne peut plus approcher. Faire et défaire, partir et revenir, disparaître par le nord, reparaître par le sud, ce sont là des manœuvres si souvent renouvelées, qu'elles prennent une bonne partie du temps de nos Alboches. Il n'y a toujours qu'une seule catégorie qui ne bouge pas, bien inamovible celle-là : C'est celle des galonnés clients du Café Belle-Vue.

J'ai déjà dit que nos murs sont bariolés d'affiches, de proclamations, d'ordres, d'avis, pardon ! de « bekantmachung » (car il faut bien utiliser un de ces mots savoureux pris dans l'harmonieuse langue de nos occupants !)

Eh ! bien, avec tous ces papiers bleus, blancs, rouges, roses, verts, violets, jaunes, orange, groseille, marron, gris, roux, noirs, etc., et j'en passe ! en un mot, avec toute la gamme des couleurs du spectre solaire, j'arriverai peut-être à vous donner une faible idée de la variété, du bariolage des costumes et surtout des casquettes prussiennes qui s'offrent à nos regards. Il m'est impossible de vous dépeindre cette quantité et cette variété autrement que par ces mots : C'est inimaginable !

Evidemment, l'armée allemande a trop d'uniformes variés et la complication des insignes est telle, qu'il faudrait un véritable volume pour les énumérer tous.

Mais chacun des nombreux Etats et Principautés qui ont formé cette Allemagne, apporte son emblême, sa chose, qui sont de tradition.

On n'y touche pas, c'est sacré et c'est ainsi que cela se perpétue.

Mais à cette occasion, on ne peut s'empêcher de remarquer quel absolu respect de la tenue et quelle rigoureuse observance des marques extérieures de déférence, on trouve du haut en bas de l'échelle militaire.

Ce sont d'inlassables et corrects saluts envers les supérieurs, puis entre camarades.

Cette mentalité par ces temps de scepticisme, nous la taxerions volontiers d'exagération, de raideur germanique, un peu ridicule même, en temps de paix.

Mais à l'heure du danger, comme aujourd'hui, nous, Français, qui aimons autant que quiconque le plumet, les galons et les croix, cette fierté de l'uniforme, ces manifestations de déférence, nous apparaissent sous la forme... d'*obéissance utile et de solidarité féconde*.

Elles symbolisent l'union, l'*Union qui fait la Force* !

Dans la nuit de vendredi à samedi, ça été à Fives une série successive, une défilade de trains. Si quelques-uns de ces convois ne peuvent passer et reviennent à leur point de départ, les Allemands ne sont pas embarrassés, ils vous donnent pour raison qu'il s'agit simplement d'exercices variés d'embarquements en gare, etc. Et allez y voir !

Le samedi, il y a en ville une grande agitation chez nos ennemis. Des troupes au repos, d'autres arrivées nouvellement inspectent curieusement nos rues. Les autos arrivent, filent, repartent... puis, c'est la foule désœuvrée des civils qui, décidément, ne peut se résigner à rester chez elle malgré l'avis qui lui en est souvent donné. Les gens sortent et déambulent, croyant que la journée va leur apprendre quelque chose de nouveau et, le lendemain, cette même foule mouvante recommence comme la veille !

DIMANCHE 13. — Environ 400 marins allemands ont fait leur apparition par la rue de Tournai ; 3 sont montés ! Les voilà donc les plongeurs à cheval de la marine allemande ! Que ne verrons-nous pas dans cette guerre ?

Journée de pluie et de grand vent ; la ville est sombre et plus déserte que de coutume. Les Allemands sont partis en grand nombre sur le front, car ils vont tenter à nouveau un dernier assaut pour gagner Dunkerque ou Calais. Le « taub », devenu depuis un moment plutôt « un oiseau rare », nous rend visite comme chaque fois d'ailleurs que l'action est engagée.

LUNDI 14. — La bataille des Flandres va donc se continuer et le grondement très violent que nous entendons nous le confirme. Nous passons précisément une partie de notre journée à lire les détails, les péripéties émouvantes de cette bataille des Flandres couronnée par la belle victoire d'Ypres, désormais célèbre. N'est-ce pas de cette ville, en effet, que Guillaume s'était flatté de déclarer à l'Europe l'annexion de la Belgique ? Avec quelle émotion, quelle enthousiaste admiration nous parcourons, nous lisons, nous copions ces feuilles éparses contenant le long récit des prouesses de nos marins bretons, de l'héroïsme, ici individuel, là collectif, des généraux, des officiers et des soldats alliés, du sublime courage de nos turcos et de nos « joyeux » d'Afrique. Ypres, Messines, Dixmude, Bixschote, qui n'est plus qu'un immense charnier où les morts français et allemands sont restés un mois sans sépulture ; Boesinghe, où en deux jours quatre régiments allemands furent anéantis, sont maintenant des noms historiques. Ces villes, ces petits villages bombardés, incendiés ont été les témoins des plus longs duels au canon et des plus furieux combats de la guerre moderne : « la guerre souterraine de tranchées ».

Nous avons la satisfaction de lire aussi (et nous souhaitons, amis lecteurs, que vous puissiez en faire autant), l'extrait d'un article intitulé : « Honneur aux Braves », paru dans le *Petit Parisien* du 16 novembre 1914. C'est la relation simple, mais combien touchante, élevée et superbe, de la cérémonie qui eut lieu, sur la place de Furnes pour la remise de la croix, par le roi Albert, au drapeau du 7e régiment d'infanterie belge.

Du commencement à la fin de ce merveilleux compte-rendu, nous pleurons comme a pleuré à chaudes larmes, nous dit-il lui-même, l'homme de cœur, sûrement sensible et bon autant que chroniqueur érudit, qui a écrit cette page et qui signe : Jean d'Aigremont.

D'après ce récit, constatons combien nous sommes encore moins à plaindre que nos pauvres frères de Belgique, que tout ce peuple ruiné, chassé, errant, malade, sans cité, sans foyer, sans pain, qui fuit l'enfer des villes bombardées et incendiées pour venir, dans une clameur immense, apporter à son roi adoré et à la Nation, sa protestation sublime et sa confiance dans la revanche de la victoire finale. Ajoutons que ce peuple est heureux et fier dans sa détresse, car il sent que cette détresse va le régénérer et l'ennoblir pour toujours dans la mémoire des hommes.

Mardi 15. — Nous venons de passer une nuit terrible. Le canon s'est rapproché et a tonné à faire danser toutes nos maisons ; il ne s'est pas ralenti de toute la journée. Avec quelle anxiété nous attendrons dès à présent le résultat final de cette nouvelle et audacieuse tentative de l'ennemi.

Mercredi 16. — De grand matin, un « taub » inspecte longuement l'horizon sous un ciel bleu et clair d'une belle journée de décembre. Il va être secondé à présent dans sa besogne, les Allemands ayant pris possession de la tour du Sacré-Cœur qui leur servira d'observatoire. Ils installent et mettent à l'essai ce qui paraît être tout d'abord un phare de télégraphie optique.

Jeudi 17. — En ville nous comptons déjà plusieurs dépôts de victuailles (« Deutsche Wurstwaren ») : Jambons, lards fumés, saucissons et fromages monstres. La population se contente de regarder ces pantagruéliques étalages. On ne vend aux civils qu'en demi-gros. Les marins, arrivés dimanche, ne sont pas très contents ; on leur avait sans doute fait entrevoir ici un emploi de tout repos et voilà qu'ils sont reçus au son du canon.

Ils ne s'attendaient pas à tant d'honneur et, tout simplement, ils refusent de marcher.

De ces deux éléments, l'eau et le feu, ils préfèrent le premier, mais ils ne veulent pas de l'eau des tranchées ! Une centaine de ces mutins sont emmenés enchaînés. Il y a mieux : Au Café Belle-Vue, une altercation violente s'est produite entre officiers tricoteurs de haute école et officiers du rang toujours envoyés au feu.

Passons, car dans cette affaire entre « balafrés », le « huit-clos » s'impose. Voici que le phare électrique de la tour, lequel paraissait tout d'abord faire comme les marins, ne pas vouloir marcher, se décide à fonctionner, tous feux allumés, même en plein jour. Sans discontinuer, il fait apparaître un énorme soleil prolongé qui disparaît et auquel en succède un autre de moindre durée. En apparence, des signaux, et ce n'est peut-être là qu'un point lumineux qui éclaire et qui indique Lille, qui sert de guide sur une route à suivre, une direction à prendre.

Ne fût-ce même, pour leurs soldats combattants dans les tranchées ou de passage aux environs, qu'un phare qu'on leur ferait croire être celui de Calais, que cela ne nous surprendrait nullement.

> *Ces Alboches dans leur sagesse*
> *N'pouvant gagner l'Calaisis,*
> *Ont eu cette hardiesse*
> *D'faire venir Calais ici.*
>
> *De leurs preux comme d'une horloge*
> *Chaque jour on r'monte le moral,*
> *C'est pourquoi, en première loge,*
> *Lille passe sur le littoral.*

Rue Faidherbe, le Théâtre et le Beffroi de la Nouvelle Bourse

(Vus de la Rue des Ponts-de-Comines)

Il est d'fait que ces lourdauds
Revêtus de capelines,
Ressemblent comme deux goultes d'eau,
A certain poisson d'Gravelines.

Mais c'est seul'ment d'ce poisson
Qu'ils peuvent admirer l'dos vert
Et perdre toute prétention
De s'embarquer pour... Dover !

Quoi qu'il en soit de ce phare lumineux, ne lui dénions pas le mérite de l'ancienneté, car ce système est renouvelé des Grecs, avec cette différence qu'ils s'en servirent pour annoncer une victoire « la prise de Troie ».

Il est midi, le canon tonne toujours non loin et même en ville contre un de nos aéros qui survole Lille en ce moment. Et nous attendons encore la première nouvelle du combat qui se livre si près de nous. De cette journée fertile en événements, signalons en deux bien tristes. Un soldat allemand, ivre, en maniant son fusil, tue accidentellement une jeune femme, rue des Processions, à Fives ; une de leurs autos cause encore la mort de deux hommes.

Mais cela n'empêche pas nos occupants de se préparer à fêter Noël. Ils ramènent du dehors quantité de petits sapins. Par trains, les cadeaux envoyés d'Allemagne affluent ici innombrables

Nous avons compté jusqu'à 30 camions et voitures sortant de la gare Saint-Sauveur chargés uniquement de colis postaux. Et nous n'avons pas tout vu !

Combien de ces colis seront revêtus des laconiques mentions postales, décédé, disparu, sans oublier celle-ci : « Parti sans laisser d'adresse », s'appliquant à ceux qui depuis quelques semaines désertent en laissant leurs fusils dans la Deûle et, pour compte, leurs culottes chez l'habitant.

Il est cinq heures. La journée va se terminer dans l'émotion.

A l'instant, les cloches de toutes les églises, dont on n'a pas perçu le bruit depuis plus de deux mois, se mettent en branle et sonnent à toute volée. Il n'y a pas de panique, mais tout le monde, en hâte, regagne son domicile.

Cette mesure de prudence est d'autant plus justifiée que les habitants ont été prévenus depuis longtemps que, dès que les cloches sonneront ou que la « Marseillaise » sera jouée dans les rues, il faudra rentrer et se tenir chez soi. C'est une mise en garde de la population contre un guet-apens des Allemands qui la feraient ainsi accourir pour la pousser au-devant des troupes françaises si elles entraient en ville. Traditionnelle manœuvre de nos ennemis toujours plus perfides que braves. Nous ignorons donc la cause de cette sonnerie de cloches qu'ils motivent en disant qu'ils fêtent une grande victoire russe. C'est ce qu'ils font répéter aux prêtres chargés de rassurer les fidèles qui sont à l'église. En fait de victoire, voici ce que nous constatons. Des troupes se dirigent vers la gare en chantant, des hommes logés chez l'habitant rentrent au premier coup de cloches, s'équipent en hâte et filent ?

Sous quelque forme qu'ils les présentent, méfions-nous toujours des racontars allemands et sachons n'y voir que le **dessein** prémédité de nous tromper et de nous nuire.

Du Vendredi 18 au Jeudi 24 Décembre. — Aucune nouvelle n'a pu encore franchir l'enceinte de nos murs. Nous ignorons tout du combat qui a lieu sans trêve et que nous entendons.

Nuits longues et journées d'anxiété fiévreuse.

En ville, mêmes promenades de chariots, de voitures de pontonniers, de caissons, etc., agrémentées du passage en trombe de cent autos à sirène, le tout bruyant et monotone.

Des prisonniers hindous et parmi eux quelques Annamites qui sont nu-tête et presque nu-pieds, sont arrivés en gare lundi 21. Le lendemain, d'autres soldats appartenant à deux de nos régiments de ligne font aussi leur entrée. En tout, environ 300 hommes faits prisonniers aux environs de la Bassée.

Dans la soirée, les Allemands répètent des chœurs pour Noël. Ils ont, notamment au gymnase, une société chorale où il paraît y avoir quelques éléments.

En plein désastre, au bruit de la poudre sèche qui peut-être endeuille déjà tant d'entre nous, au milieu d'une population qui subit, à cause d'eux, la privation des choses les plus indispensables à la vie, et alors que nous-mêmes nous nous disposons plutôt, dans cette circonstance, à nous priver en faveur de nos sodats, nous trouvons plus monstrueux encore les préparatifs de fête des Allemands. Pour eux, Noël est le prétexte, mais le but est surtout de satisfaire ce besoin de basse gourmandise qui chez eux prime tout et n'a d'autre nom que la « goinfrerie ».

Nous sommes au 24 décembre.

Le canon s'est tu depuis 48 heures autour de nous.

On pourrait croire à un armistice si, dans le silence de la nuit, on ne percevait au loin un grondement sourd.

Puisque nous ne savons rien, c'est dans cette perplexité inquiétante que nous passerons le jour de Noël qui ne peut être pour nous un jour de fête.

De 3 à 4 heures, un « taub » ne cesse de lancer au-dessus de la ville des signaux-fusées. A cette même heure, l'église Saint-Maurice, complètement entourée de fusils formés en faisceaux, est remplie d'Allemands. Des sentinelles en défendent l'entrée. Comment narrer ici les fabuleuses emplètes qui se font en ville. Devant tous les magasins stationnent des voitures et des autos qui se remplissent de comestibles.

Si nous rencontrons quelques officiers à cheval, porteurs de violons (cavaliers d'orchestre pour ce soir, sans doute), combien plus nombreux sont ceux qui emportent des lièvres, dindes, poulets, gâteaux, etc.

Si les premiers estiment que la musique adoucit les mœurs, ces derniers apprécient bien mieux encore ce qui adoucit l'appétit.

En fait de musique militaire allemande, on pourrait croire que c'est de parti-pris que j'en ai parlé avec ironie.

Il m'est agréable de pouvoir me justifier en vous citant quelques couplets (en patois de Lille), d'une chanson qui vient de paraître et dont l'auteur doit être félicité autant pour son humour que pour son talent de chansonnier.

MUSIQUE DU 39ᵉ HANOVRIEN

N'point avoir intindu l'musique
Du trint'neuvième Hanovrien
Ch't'avoir manqué eun chose unique
Tell'mint qu'échot biau et bien.
Quand elle juot s'marche intrennante
Au pas des gros lourdiauds prussiens
S'cadence dev'not tell'mint tordante
Qu'en auret dit l'obit des quicns.

N'étant fanfare ni harmonie
Elle étot tout chin qu'on roulot

J'cros qu'elle étot cacophonie
Car on s'tordot quand elle juot.
Treize musiciens avé l'batterie,
Pinsez si c'étot épatant !
On s'croyot d'vant eun ménégerie
Ou d'vant l'orchess' d'un charlatan.

Fallot rir défiler l's'Alboches
A la parate in marquant l'pas !
On aurot bien dit des fantoches
Din eun société de mardi-gras...
Avé chés grandes bottes et les casques
Et leus qual'yeux chés balafrés
Figurott' bien un group' d'masques
Comme on vot' din nos sociétés.

Leu Directeur qui s'appelot Heiss
Avot bien l'binett' du prussien,
P'tit et sec comme un bâton de chaise,
Avé cha, fort peu musicien.
I avot surtout de l'préférince
Pour les airs connus tout partout,
Mais ch'ti du canon soixante-quinze
I n'pouvot point l'sintir du tout.

Si un jour on écrit l'histoire
De l'ville de Lille sous les prussiens,
J'voudrot qu'on remettrot in mémoire
L'Landsturm et chés treize musiciens.
Si nous in avons vu des tristes
A la suite du bombardemint,
Rien qu'au souvenir de chés artistes
On in rira incor' souvint.

25 DÉCEMBRE. — Un temps sec, un froid vif.

Constatons tout d'abord que la nuit du réveillon a été beaucoup plus tranquille que ne le laissaient supposer les préparatifs
de fête auxquels nous avions assisté. Quelques chants, un peu
de musique, mais aucun bruit, aucun désordre.

Beaucoup d'Allemands ont fréquenté nos églises. En résumé, journée plutôt calme et triste pour eux comme pour nous.

L'enthousiasme qui leur manque nous rassure. Constatons que 77 jours après le bombardement on voit encore, rue de Tournai, près de la gare, de la fumée sortir des décombres.

26 DÉCEMBRE. — A 10 heures du matin, un « taub » évolue par un ciel bleu et un soleil superbe. Le canon et même la fusillade se perçoivent plus distinctement. L'après-midi, le temps change et nous voilà brusquement dans une violente tempête de neige Une note gaie nous arrive à ce propos.

Dans la nuit du 24 au 25, un certain nombre de soldats français et quelques Hindous prisonniers se sont échappés de la citadelle. Naturellement des Allemands sont lancés à leur recherche. Brusquement, baïonnette au canon, ils font irruption dans un débit de la rue de la Barre, rendez-vous habituel des bateliers et des débardeurs :

« Madame, vous cachez des Hindous ? Il y en a ici. »

Stupéfaction de la patronne qui montre sa clientèle d'hommes effectivement noirs, mais de race blanche.

Eclats de rire parmi les débardeurs qui comprennent aussitôt la grotesque méprise des Allemands.

Tout à l'heure, surpris par la bourrasque de neige et la pluie, ils se sont enfuis de leurs bateaux en jetant sur leur tête leurs vieux sacs de toile effilochée.

Plus de doute, les physionomistes allemands venaient de reconnaître là leurs Hindous évadés !

Nos charbonniers, avec leurs figures noires, n'ont pas manqué de mettre en rage les Boches qui sont partis aussi furieux que bredouilles.

Du 28 au 31 DÉCEMBRE. — La canonnade intense persiste durant ces derniers jours de l'année.

Dans les communes suburbaines, une affiche ordonne à tous les hommes de 17 à 50 ans de se faire inscrire à la mairie, le 4 janvier.

On colporte le bruit qu'un gouvernement allemand sera établi le 12 et, à ce sujet, des nouvelles aussi alarmantes que peu fondées se propagent dans la population déjà énervée par la cherté des vivres et la privation du pain. Et quel pain ! noir et immangeable ! Des gardes municipaux seraient plus utiles à la porte des boulangeries envahies, qu'à celles de nos monuments publics dévastés et vides dont les quatre murs troués d'obus sont gardés par des sentinelles.

Pour achever cette année maudite qui termine notre 83e jour de captivité et d'abandon, nous avons cette consolation de lire un extrait du *Journal* du 23 décembre, mentionnant la séance de rentrée du Parlement.

Il nous donne in extenso les discours prononcés par M. le Président de la Chambre et par M. le Président du Conseil des Ministres.

A la lecture de ces chefs-d'œuvre d'éloquence et de patriotisme qui ont soulevé un enthousiasme indescriptible au Palais-Bourbon, nos cœurs réconfortés palpitent de joie et d'espérance en notre délivrance future, mais hélas ! peut-être lointaine encore.

ANNEE 1915

1er JANVIER. — A minuit, toute la ville est éveillée en sursaut. Une pétarade semblable à celle des fortes pièces d'un feu d'artifice éclate subitement.

Les rares personnes qui ont été prévenues ou qui se sont de suite rendu compte qu'il s'agit, pour les Allemands, de saluer la nouvelle année, se rassurent aussitôt.

Mais combien d'autres sont persuadées que les Alliés font leur entrée et qu'on se bat dans les rues.

L'émotion est intense, mais heureusement ne dure que dix à quinze minutes, juste la moitié du temps des coups de feu. Au dehors, pas de bruits insolites, pas de cris.

On a compris que nos Alboches, toujours prévenants et heureux dans le choix de leurs divertissements, nous avaient réservé cette surprise nocturne d'annoncer 1915 à coups de fusils et de revolvers.

Après l'émoi que ce réveil subit vient de nous causer, notre première pensée et nos premiers vœux sont pour nos soldats. Que 1915 leur apporte la victoire finale !...

Ce jour de l'an, pour nous jour de tristesse et de morne tranquillité, est encore assombri par un vent de tempête et de pluie.

Cependant, dans la soirée, au moment où nous sommes réunis nombreux, j'essaie de créer une diversion dont on me sait gré.

Aux interminables causeries et discussions sur les événements, je substitue le récit d'un monologue de ma composition. Il est d'actualité et par son originalité provoque un instant de gaieté parmi nous. C'est à qui me fera promettre de l'insérer, à sa date, dans ce livre.

Je m'exécute... et je l'intitule :

ETRENNES DES ALLIES A GUILLAUME

Pour étrennes mil neuf cent quinze,
O France ! donne sans apparat
Ton p'tit bijou... 75
A Guillaume le Scélérat.
Au Kronprinz, à ses lieutenants,
Sans grande valeur militaire,
Tu peux en offrir autant,
Rien de tel pour les faire taire.

Les Anglais, du roi des Boches,
Proclam'ront d'vant tous les Lords,
Les atouts qu'à ces caboches
Ils auront flanqué dans le Nord.
Ils lui offriront, de l'Aisne,
Un service en porcelaine,
Du vieux Saxe, de la vaisselle,
En souv'nir d'Hesse à Cassel.

Et vous, intrépides Nippons
Qui fièr'ment bravez la mort,
Vous qui venez du Japon
Pour conjurer notre sort,
Dites-lui bien que désormais
Il ne peut fuir son destin,
Et qu'il faut qu'à tout jamais,
Il dise adieu à Berlin.

Tu lui donneras, toi, Russie,
Des bottes en cuir Moscovite,
Qu'à travers la Galicie
Il puisse détaler plus vite.

Puis, à la reine peu ravie,
Tes fourrures, hermines, manteaux,
Pour aller à Varsovie
Avec retour par Breslau !

Quant à la vaillante Belgique
Dévastée, n'ayant plus rien,
D'un accent très énergique
Elle dira à ce vaurien :
Toi, que six nations assiègent,
O monarque très fantasque,
Prends donc mon bouchon de Liége
Pour faire la pointe de ton casque.

. . . .

De ton casque de... vaincu !
Par les Belges, une fois, sais-tu ?

En somme, les alliés lui offrent
Une volée de p'tit bâton,
Bâton du maréchal Joffre
En mémoire de Warneton.
Qu'il mette d'la bonne volonté,
Qu'ça lui plaise ou n'lui plaise plus,
Ils lui laissent la faculté
D'aller embrasser... Von Kluk !

C'Kaiser aime tant les voyages,
Qu'ça lui a coûté beaucoup,
Avec ses armes et bagages,
D'n'avoir pu gagner Moscou.
Or, ce petit Attila
Voulait marcher sur Paris ;
Mais on lui crie : « Halte-là ! »
Il en reste tout surpris.

Ah ! exécrable teuton,
Toi, qui enviais tant Paris... se !
J'souhaite qu'avec tes r'jetons.
Les alliés t'anéantissent,
Ou t'enferment à Charenton.

> *Et ni Dunkerque, ni Calais,*
> *En France, c'est bien Charenton*
> *Qui te servira de palais.*
>
> *O belliqueux endurci,*
> *Dans ton ridicule orgueil,*
> *Malgré ton bras raccourci,*
> *Tu t'es fourré le doigt dans l'œil.*
>
> . . . .
>
> *Nous te dénions le pouvoir*
> *D'chanter un « Gloria Victis » ;*
> *Tu n'as, dans ton désespoir,*
> *Plus droit qu'au... « De Profundis » !*
>
> . . . .

J. A.

Aujourd'hui vendredi, par un temps clair et beau, c'est une véritable flotille aérienne de « taub » qui nous arrive. Un aéro français les avait précédés et a jeté sur Lille des journaux et une liste d'évacués.

Ici se place une œuvre de justice administrative qui arrive bien à son heure. Sur les instances de la municipalité, la Caisse d'Epargne privée qui remboursait 50 francs par quinzaine à ses clients, a bien voulu consentir à faire bénéficier ceux de la Caisse d'Epargne postale d'une faveur semblable, sous forme d'avance, à titre de prêt, sur leurs livrets.

La Caisse d'Epargne postale, service public de l'Etat, ne pouvant fonctionner ouvertement, c'est rue Nicolas-Leblanc que s'effectueront les payements.

Mais pour garantir la complète sécurité de ces prêts, après entente avec le très aimable et distingué président de la Caisse d'Epargne de la ville de Lille et de ses collègues de Tourcoing, et autres localités où la même initiative a été prise, il a été entendu que la Caisse Nationale d'Epargne procéderait discrètement (par assimilation aux remboursements) à la vérification des pièces apportées à mon domicile particulier.

Je puis donc renseigner et rassurer les titulaires de livrets nationaux qui sonnent chaque jour à ma porte. Les voilà sauvés de cette détresse qui aujourd'hui atteint même les gens fortunés.

Dans une ville de 200 milles âmes où, en raison d'un investissement de 4 mois, les conditions matérielles de la vie sont devenues des plus dures, ils pourront, et ce n'est que justice, jouir des avantages que la loi leur confère, au même titre qu'à ceux des autres départements qui ont le bonheur de n'être pas envahis par l'ennemi.

Nous sommes particulièrement heureux de ce fonctionnement provisoire à titre privé, de notre service, auquel mon personnel et moi, prêtons notre concours immédiat le plus empressé.

La nouvelle est à peine connue que, dès le premier jour, nous pouvons satisfaire plusieurs centaines de demandeurs et cette affluence ne fera que croître par la suite.

Notre rôle dans le fonctionnement de ce service de fortune est particulièrement difficile et délicat, car il s'agit pour nous d'être tolérant et d'adoucir, à l'égard de tous nos malheureux titulaires, les rigueurs du règlement, en un mot, de tenir compte, avant tout, des cruelles nécessités de l'heure présente et d'y parer.

Personnellement, je l'ai fait au-delà du possible en avançant fréquemment, à mes risques et périls, les sommes de 50 francs et autres aux personnes qui, retardées par suite du défaut de communications, par les attentes prolongées soit à la délivrance ou au contrôle des laissez-passer, soit par tant d'autres formalités imprévues exigées de nos occupants, arrivaient après l'heure, fatiguées, exténuées, ayant souvent parcouru à pied un trajet de 10 à 20 kilomètres.

Je l'ai fait, en assurant d'une façon permanente, tant à mon domicile qu'aux guichets de la Caisse de la ville, un service de renseignements, puis, en créant pour mon personnel une comptabilité provisoire et préparatoire à la régularisation ultérieure, envers la Caisse *prêteuse pour le compte de la nôtre.*

Enfin, comme le prouvent les lettres suivantes, qui sont pour moi de précieux témoignages, en étendant le plus possible la participation de mes services à tous travaux pour le compte de la ville : Préfecture, Mairie, Retraites ouvrières, Chambre de commerce, etc.

<table>
<tr><td>Chambre de Commerce
de Lille

—</td><td>Lille, 28 février 1916.</td></tr>
</table>

Le Président de la Chambre de Commerce, à M. Arnoux, caissier de la Caisse Nationale d'Epargne, 9, rue Colbrant.

Monsieur,

Au mois de décembre dernier, sur ma demande, vous avez gracieusement procuré trois dactylographes de votre personnel et prêté une machine à compter au bureau de révision des bons de réquisitions municipales établi par notre Chambre, au nom de la ville et vous avez très obligeamment aidé vos employées pour leur mise au courant.

Je saisis volontiers, Monsieur, cette occasion pour vous remercier d'avoir, en accédant à ma demande, donné un concours fort utile au travail considérable entrepris et vous assurer de toute la gratitude de la Chambre de commerce.

Veuillez agréer, Monsieur, l'expression de mes sentiments très distingués.

Le Président, E. FAUCHEUR.

CAISSE D'EPARGNE DE LILLE   Lille, 4 décembre 1916.
34, Rue Nicolas-Leblanc

Monsieur Arnoux, Caissier principal de la
Caisse Nationale d'Epargne, Lille.

Je possède votre lettre du 2 courant.

Je suis d'accord avec vous sur le résultat de votre travail si complet et si précis.

Il en résulte que la Caisse d'Epargne de Lille, au cours de l'année 1915, sur le vû de votre approbation et de votre cachet, a remis, aux déposants de votre caisse, en ses lieu et place, une somme en capital de 735.635 francs et, en intérêts, 10.328 fr. 74

Je profite de la présente circonstance pour vous remercier du concours si dévoué et si intelligent que, depuis tantôt deux ans, vous nous donnez.

Tout était à créer en notre nouveau service : Vous nous y avez puissamment aidés, vous et vos zélées employées ; je vous en remercie sincèrement.

Veuillez, Monsieur le Caissier principal, agréer l'expression de toute ma gratitude.

Le Président de la Caisse d'Epargne de Lille,
Signé : J. DOLEZ, Av.

Caisse d'Epargne de Lille
34, Rue Nicolas-Leblanc

Lille, 19 mars 1917.

*Monsieur Arnoux, caissier principal de la
Caisse Nationale d'Epargne, Lille.*

Je possède votre lettre du 28 février dernier, ainsi que les documents y joints.

Il en résulte que la Caisse Nationale d'Epargne de Lille était, au 31 décembre 1916, débitrice, en principal et intérêts, de la somme de 1.180.936 fr. 97.

A nouveau, je vous remercie du concours si assidu et si intelligent, que vous et vos employés donnez à la Caisse d'Epargne de Lille, et vous prie de recevoir, Monsieur le Caissier principal, mes cordiales salutations.

Le Président de la Caisse d'Epargne de Lille,
Signé : J. DOLEZ, Av.

Caisse d'Epargne de Lille
34, Rue Nicolas-Leblanc

Lille, 27 avril 1918.

*Monsieur Arnoux, caissier principal de la
Caisse Nationale d'Epargne, Lille.*

Je possède votre lettre du 19 avril qui me donne le compte des avances faites par la Caisse d'Epargne de Lille à la Caisse Nationale d'Epargne.

Il en résulte que le solde dû est de 1.589.978 fr. 62.

Recevez, Monsieur le Caissier principal, avec mes plus sincères remerciements pour les services que vous et votre personnel rendez à la Caisse de Lille, mes cordiales salutations.

Le Président de la Caisse d'Epargne de Lille,
Signé : J. DOLEZ, Av.

Signalons que place Jeanne d'Arc, la belle statue équestre de notre héroïne a été souillée par un Allemand. Un drapeau « ennemi » a été placé dans la main qui tient l'étendard. Dans une cérémonie qu'on a appelée la « Journée du Drapeau belge à Paris », M. le Ministre belge de la Justice, dans un magnifique discours, a dit qu'il y avait un mot intraduisible en allemand : « L'Honneur ».

Le fait que je signale m'en fait ajouter un autre : « Le Respect ».

Votre geste grossier et bien allemand, ô Prussiens, n'arrive pas du tout à son heure.

Il ne peut atteindre cette gloire, cette pure vertu militaire que fut Jeanne la Lorraine, celle qui personnifie si noblement et plus fièrement encore à l'heure actuelle que jamais, nos chères provinces jadis ravies, tout à l'heure reconquises.

Du 2 au 6 JANVIER. — Menus faits de ces 5 journées de combat incessant.

Mgr Charost a pu obtenir de divers évêchés allemands une première liste de nos soldats prisonniers.

Les noms en sont affichés, par paroisse, dans les églises. Ce sont ceux qui sont détenus au camp d'Hau-Spital, près Munster (Wesphalie).

D'autres listes sont annoncées.

Le 4, nous avons assisté, place de la République, à une deuxième revue avec les mêmes effectifs que la précédente.

Les traditionnels musiciens, répétant le défilé au pas de parade, ont encore amusé follement nos concitoyens. Le 5, les blessés français sont transportés de Fénelon à l'Hospice général ; c'est sans doute pour faire place aux blessés ennemis qui arrivent du front et qu'on ne sait plus où mettre encore une fois.

Ceux gravement atteints, soignés à l'hospice des incurables à Lambersart et à Lommelet, y meurent par douzaine tous les jours. Au cimetière du Sud, à Lille, les cérémonies funèbres se succèdent ; seize soldats sont enterrés aujourd'hui avec le cérémonial que j'ai déjà décrit, à cette différence près, que c'est un officier qui prononce l'oraison d'usage.

La population continue à être très éprouvée par le manque de pain, c'est une course continuelle, c'est une attente interminable aux portes des boulangeries pour avoir un pain bis qui soit mangeable.

Quelques boulangers peuvent encore servir des pains blancs à 0 fr. 30 la livre. On se les arrache. Dès demain il faudra, pour avoir droit à ce pain, un certificat médical.

Tous les autres produits d'alimentation ne manquent pas, mais sont très renchéris. On peut même dire que Lille, avec les étalages actuels, n'est plus qu'une vaste foire aux jambons.

La preuve nous est fournie que les trains allemands ne voyagent plus en toute sécurité. Nous en voyons un, porte d'Arras, qui a dû rétrograder avec deux machines. Dénommons-le train écumoire, tellement il est criblé de tête en queue.

Le 7, à 9 heures du matin, nous assistons encore à une grande revue. Aux militaires est venu s'adjoindre l'élément civil et les Allemands sont ainsi au grand complet.

Mais il s'agit de fêter l'anniversaire du roi de Bavière et, à cette occasion, ce prince prononce un discours que nous supposons dicté par l'impérieuse nécessité de remonter le moral des troupes. Il dure 45 minutes et n'est qu'un long et pressant appel à la patience.

Il en est de même d'une affiche qui paraît et qui, à défaut de victoire, donne du nombre des prisonniers en Allemagne, une statistique « kolossale », pour employer l'adjectif favori de nos Boches. Nous rions en passant devant ces chiffres fabriqués.

Après l'incendie d'un réservoir à pétrole de la Maison Peugeot, à Fives, voici que la journée s'achève par un autre feu.

Ce soir, au champ d'aviation de Ronchin, deux hangars que les Allemands y avaient encore laissés, sont en flammes. Nous ignorons la perte qui en résulte pour les « taub ».

Le 8, un gigantesque drapeau allemand flotte sur notre gare dénommée « Nordbanhof » et un autre sur la Bourse du commerce qui n'a pas encore reçu le baptême germanique.

Décidément les hommes du « landsturm » continuent à se montrer réfractaires aux tranchées. L'un se suicide plutôt que d'obéir. De temps à autre un secret est divulgué. C'est comme ça que nous savons qu'à la Bassée, ville qui a subi momentanément le même siège, les mêmes dangers de bombardement que Lille (mais par le feu des alliés), trois soldats sont fusillés pour avoir tué leur chef, que d'autres refusent de marcher et qu'un capitaine se suicide, après avoir engagé ce qui lui reste de sa compagnie à se rendre à l'ennemi.

A 3 heures et demie du soir, la cannonade a été terrifiante sur Pérenchies et Lomme. Nous avons cru un instant que la trouée avait lieu. Le 9, deux taub évoluent de grand matin ; un aéroplane allié est en vue aussi à une grande hauteur. On nous signale plusieurs cas de civils fusillés. Bornons-nous à mentionner celui de M. Desmont, gros fermier de Saint-André, qui a été exécuté hier pour avoir fourni des habits civils et favorisé la désertion de soldats allemands. Le domestique qui avait livré les vêtements sur l'ordre de son maître, a été condamné à 5 ans de prison.

Une affiche nous apprend aussi que l'autorité allemande vient de faire fusiller à Hénin-Liétard deux officiers français cachés à Douai. Déguisés en femme, ils ont tenté de franchir les lignes ennemies. Avant d'ajouter foi à cette nouvelle, soyons méfiants et voyons plutôt là une sorte d'invitation à la dénonciation, au mouchardage.

Des Douaisiens nous confirment encore la présence du kaiser dans leur ville le jour de Noël. Une grande cérémonie a lieu à l'église Saint-Pierre, toutes rues barrées, toutes portes closes. Guillaume l'aurait présidée en grande tenue, revêtu du manteau royal et escorté d'un de ses fils, le prince Eitel.

On a bien parlé de récents ordres donnés par l'empereur en vue de faire réintégrer l'Allemagne à toute la « gent » féminin qui suivait l'armée (à plus d'un titre sans doute), et qui s'était installée ici un peu partout, voire jusque dans nos villas à Phalempin.

Le kaiser, dont certains critiques militaires ont pu dire et écrire que sa présence parmi ses troupes valait un corps d'armée (légende à laquelle d'ailleurs les combats d'Ypres viennent d'infliger le plus cruel démenti), serait venu exciter à nouveau ses soldats et leur demander de franchir à tout prix Wimy d'un côté et Ypres de l'autre. La tentative audacieuse faite à l'aide de 104 autos blindées remplies de combattants, lancées à toute vitesse sur Arras, nous le démontre.

Tentative victorieusement repoussée, d'ailleurs.

Les 10 et 11, journées superbes. Canon persistant, grandes randonnées aériennes par les avions. Le bout de papier qui circule dans Lille et qui sert de journal, contient dans son numéro du jour une invitation à restituer.

Lors d'un incendie ordinaire, on constate malheureusement déjà des actes de pillage commis par des vagabonds, de mauvais sujets.

Pensez un peu si, pendant les trois grands jours qu'a duré le feu consécutif au bombardement, il y a eu des cas de ce genre, grâce au désarroi, à l'affolement et surtout au manque de service d'ordre et de surveillance.

Des marchandises de toutes sortes ont été conservées (disons en dépôt) par des personnes qui, soi-disant, participaient au sauvetage. Un certain nombre d'entre elles sont connues ainsi que les recéleurs.

Ce fait est aussi pénible à signaler qu'est monstrueux l'envoi fréquent de dénonciations anonymes. Des misérables, des sans patrie dénoncent à la kommandantur allemande, soit des maisons où sont réfugiés des mobilisables, soit même de pauvres colombophiles qui ont conservé et caché quelques pigeons. Les Prussiens eux-mêmes sont écœurés de cette hideuse vengeance.

Le 12 et le 13, les Allemands sont affairés ; le pillage les occupe de plus en plus. En ce moment ils exigent une espèce d'inventaire de tous les produits, même des provisions de ménage excédant une certaine quantité.

On peut dire que dans nos maisons ils stationnent, questionnent, réquisitionnent, perquisitionnent et fonctionnent en vrais inquisiteurs.

Nous assistons aujourd'hui au repêchage dans la Deûle, près du pont Ramponneau, d'un de leurs camions-automobiles qui a fait du haut du pont de la citadelle un plongeon formidable avec trois chauffeurs. Trois Français eussent été tués ou noyés ; eux en sont quittes pour une baignade.

Rien de particulier les 14, 15 et 16.

Nous assistons tous les jours à quantité d'exercices qu'on fait faire, sans armes, aux jeunes soldats allemands à la citadelle, au boulevard des Ecoles et au bois de la Deûle.

Les « kommandantur » se succèdent en se déplaçant de la Bassée à Lille, de Lille à Annappes, reculant peu à peu sur Tournai. Une trentaine de nos soldats des 31 et 61e de ligne passent en ville aujourd'hui. Ils disent avoir été faits prisonniers près de Seclin.

J'ai promis de mentionner tout ce qui a paru et je choisis quelques couplets dans une chanson patoise. C'est la spécialité, renommée d'ailleurs, des chansonniers lillois. Elle donne bien la note juste du sentiment de la population, en général.

CHIN QU'IN VO PINDANT LA GUERRE

Cheull fos ch'est au son du canon,
Au bruit de ch'lutrin diabolique,
Qu' je risque à vous faire cheull canchon
Bien que l' moment n' soit point pratique
Mais j' vos tell'mint d' faits révoltants
Qu' malgré mi, je m'est en colère
Trop d' femm's sont bien avé les Allemands
V'la chin qu'in vo pindant la guerre.

ALHAMBRA ET CAFÉ JEAN DYNAMITÉS PAR LES BOCHES

> *On vind l' beurre à sept francs l' kilog*
> *On manque d' carbon et d' pétrole*
> *Et comme qu'minche à faire frod*
> *On crève d' misère, ch' n'est point drôle.*
> *Du pain et d' la soupe du fourneau*
> *V'la tout ch' qu'on a pour faire bonn' chère*
> *Et comme boisson faut boire d' l'eau*
> *V'la chin qu'in vo pindant la guerre.*

> *Pindant qu' les paufs lillos ont faim,*
> *L's Allemands s' distinguent par leu' goinfrerie.*
> *Lard, boudin d' sang, sardines sans pain,*
> *Chocolat, chuque et patisseries*
> *I's bouffent tout cha comm' des pourcheaux*
> *Ch'est les pu gueulards de la terre*
> *Et bot'ent in peu près comme' des viaux*
> *V'la chin qu'in vo pindant la guerre.*

> *A les croire i's sont victorieux,*
> *I's annoncent toudis des victoires*
> *Mais i's dotent bien vir dins nos yeux*
> *Qu' nous n' croyons point leu's sottes histoires.*
> *I's sont biètes à minger du foin,*
> *Ainsi avant de printe l'Angleterre,*
> *I's vont à Paris par Tourcoing*
> *V'la chin qu'in vo pindant la guerre.*

Mais voici, pour terminer la semaine, une alerte. Après-midi, presque toutes nos portes sont subitement barrées. De celle de Valenciennes à celle de Canteleu, on ne peut plus entrer ni sortir sans un laissez-passer. Les Allemands eux-mêmes sont astreints à cette formalité. Grand émoi chez les personnes de la banlieue qui sont venues à Lille le matin et qui ne peuvent plus repartir chez elles. C'est une ruée en masse sur la mairie pour obtenir des autorisations.

Cette situation dure jusqu'à la tombée de la nuit. A ce moment, nous arrive par la porte d'Arras une interminable file d'autos (exactement 84 avec remorques), remplies de soldats qui, en chantant à tue-tête, traversent la ville se dirigeant à nouveau, dit-on, sur Comines et Ypres.

On dit qu'un nouvel engagement est imminent dans ces parages, à la frontière belge.

Du Dimanche 17 Janvier au Dimanche 24. — Pour la première fois, le *Bulletin de Lille* donne la liste des prisonniers français internés à Friedrichsfeld.

La fermeture de nos portes continue. On ne peut même plus aller au bois de la Deûle.

Il y a différentes causes à ce contrôle rigoureux des entrées et des sorties. L'une est due vraisemblablement à la surveillance exercée sur nos mobilisables et sur nos soldats réfugiés et cachés depuis le bombardement ; l'autre, sans aucun doute, aux désertions et disparitions constatées chaque jour dans leur camp. Le « bluff » s'en ressent et devient formidable.

L'infanterie, la cavalerie, les autos, les revues qui se multiplient (il y en a eu trois aujourd'hui), tout ce remue-ménage journalier et assommant pour nous, n'est que promenade à la ronde pour les uns et parade pour les autres. C'est destiné à nous faire croire à des renforts qui sont en majeure partie imaginaires et surtout à tenir et à stimuler leurs hommes. Quatre-vingts de leurs blessés ou typhiques sont décédés aux hôpitaux.

La méchanceté des Allemands s'accentue en dehors de la ville. Tous les jours nous apprenons les ennuis qu'éprouvent les gens qui sont obligés de voyager et de se munir de laissez-passer. Pour un rien, c'est la confiscation des voitures de provisions, la prison ou l'amende.

Un extrait du *Petit Journal* du 19 nous apporte enfin l'heureuse annonce du nouvel échec des Allemands à Ypres, défaite aussi importante par ses ravages que celle déjà mentionnée dans ce récit à la date du 19 novembre.

En l'an 280, Pyrrhus vainquit les Romains à la bataille d'Héraclée. L'historien qui, plus tard, racontera les défaites successives des guerriers du kaiser dans les Flandres, pourra très justement les qualifier aussi de... « Bataille des Raclées ! »

Ne dirait-on pas que nous sommes à proximité de Berlin ? Vous entendez dire à tout venant : « Savez-vous que le kaiser va venir, il est venu, il était ici tel jour, là tel autre, etc...

Il suffit qu'il y ait un banquet quelconque à l'Hôtel de l'Europe pour entendre cette fadaise et combien d'autres encore !

Une affiche vient d'être apposée. Ça y est, enfin. Tous les hommes de 17 à 50 ans doivent aller, par série d'âge, se faire inscrire d'ici au 3 février, sous peine d'être considérés comme prisonniers.

Ce défilé pourra être intéressant. En tout cas, comme il coïncide avec l'anniversaire du kaiser, nous ne manquerons pas de distractions et peut-être de surprises dans la semaine qui commence.

On ensable le champ de Mars, la musique fait des répétitions en plein air et, si on ne nous avait pas fait connaître cette date mémorable du 27 janvier, nous songerions plus volontiers à une préparation pour le Mardi-Gras.

Dans cet ordre d'idées, citons la mort d'un Boche, mort suspectée de suite, étant donné qu'il logeait chez l'habitant. L'autopsie pratiquée à l'hôpital fait découvrir le menu de son petit déjeuner : 1 kilog 500 grammes de hachis de porc cru !

> *Le déjeuner « kolossal »*
> *De ce... Prussien animal*
> *Vainquit l'estomac d'cheval*
> *Et fut seul la cause du mal.*

. . . .

MORALITÉ

> *Les uns meurent pour la Patrie,*
> *Lui, c'est par la... charcut'rie !*

LUNDI 25 au DIMANCHE 31 JANVIER. — Journeé calme sans intérêt marqué.

Mardi, le « taub » matinal plane déjà sur nos têtes et des troupes en tenue, casque découvert, se promènent en ville musique en tête. On voit que c'est la veille du grand jour. Le drapeau allemand flotte un peu partout, sur les monuments et les maisons occupées par eux.

Le siège de la « kommandantur », maison Miele, Grand'Place, est plus particulièrement décorée. Un portrait du kaiser, entouré de lampes électriques, est apposé à l'entrée. A la Mondiale, square Jussieu, en guise d'appliques, d'énormes tapis plus ou moins fanés pendent aux balcons et aux fenêtres. Chacun s'esclaffe, notre goût français s'accomodant mal de ce nouveau genre d'ornement. L'Hôtel des Postes, avec le sien, donne une signification à cette fête. Un énorme écusson, avec l'initiale et les chiffres suivants : « 5.w.6 », nous apprend que Wilhem II entrera demain dans sa 57e année. Cet écusson est flanqué de deux gigantesques drapeaux-oriflammes noir, blanc et rouge.

Rue Nationale, aux étalages de deux magasins, dans d'énormes cadres bariolés, entourés de quelques saucissons et d'un pot de choucroute, s'épanouit l'osseuse figure de Guillaume admirée par les Boches. Ajoutons que dans cette admiration l'entourage doit, pour quelques-uns, prêter facilement à confusion.

Quoi qu'il en soit, devant cet étalage hétéroclite, on entend, de la part du public lillois et des femmes du peuple notamment, les réflexions les plus diverses et même les plus risquées.

Car il faut malheureusement le constater, le dire et le redire encore, le Tout-Wazemmes et même une partie du Tout-Lille sont là pour asisster ce soir à « Barnum-Concert ». La colonne de notre pauvre Déesse est positivement enchaînée. C'est le terme par lequel il convient de désigner les lourdes guirlandes de cyprès qui l'entourent. (Cyprès, symbole de deuil !) Je vous laisse le soin de concilier l'air général de fête qu'ils se sont ingéniés à donner à la ville avec ce grotesque décor de cimetière.

Et tout est dans ce goût exquis. Mais n'allez pas croire que dans leur délicatesse allemande, ils songent un seul instant aux ravages que notre 75, qui gronde en ce moment même, cause dans leurs rangs en les fauchant à 18 kilomètres d'ici.

Ce matin, mercredi, nous sommes déçus, car pas un canon n'a envoyé son salut au kaiser. Tout est calme, la fête se borne à une messe à laquelle ont assisté dans l'église Saint-Maurice, le roi de Bavière, d'autres personnages princiers, une quantité d'officiers de toutes armes et 7 à 800 hommes.

La sortie et le défilé par groupes de toutes ces troupes peinturlurées sont amusants. Le vieux birbe de 60 ans y coudoie le galonné de 17 ans (sous-off. de naissance). Celles amenées des alentours dans des voitures à betteraves, reprennent le chemin du village.

Mais il est une autre catégorie que nous ne connaissions guère, c'est celle des civils venus d'Allemagne et qui travaillent soit à l'usine de Fives ou qui sont occupés simplement à creuser des tranchées et à faire des travaux de terrassement.

Il y a là, dans cette foule grouillante, descendue exceptionnellement en ville aujourd'hui, de quoi vous faire frémir d'horreur.

Enfants, adultes, hommes faits et vieux, boiteux, borgnes, bossus, malingres, se promènent pêle-mêle, déguenillés, hirsutes, sales et puants. Presque tous sans chaussures, ils assaillent les magasins pour s'en procurer.

Ils suintent la misère. Beaucoup n'ont pas 8 francs pour une paire de souliers et se contentent de chaussons ou de pantoufles. Le reste de l'argent, ils vont, à moitié ivres déjà, le dépenser dans certaines rues choisies.

Cela ne fait aucun doute, ce sont bien là les ex-pensionnaires des maisons de correction, de détention, du bagne, en un mot, les forçats d'Allemagne, laquelle fait en ce moment flèche de toute chair.

L'arrivée d'une douzaine de soldats anglais faits prisonniers aux environs de la Bassée, où le canon reprend très fort samedi et dimanche, termine cette semaine plutôt calme.

Lundi 1er Février au Dimanche 7. — Il est 5 h. ¼ et déjà, comme tous les matins, les pauvres gens en sabots courent prendre leur place à la porte des boulangers. Bien heureux si vers 10 heures ils peuvent partir avec un pain noir.

De nouvelles troupes allemandes débarquent avec un groupe de civils semblables à ceux dont nous venons d'esquisser le portrait. Cette semaine est consacrée à l'inscription des hommes. Cela donne un regain d'animation à la population civile. La Grand'Place est noire de monde. Un seul guichet est ouvert à l'ancienne Bourse pour un chiffre d'inscriptions qui dépassera sûrement de plus de moitié celui que les Allemands avaient prévu.

Mercredi, évolutions d'aéros des alliés qui viennent inspecter les positions.

Nos avions, aigles français, se maintiennent à une grande hauteur, tandis que les « taub », corbeaux allemands, volent lourdement au-dessous, vomissant leurs signaux-fusées.

A 3 heures du soir arrive de la gare, dont le pourtour est soigneusement déblayé et gardé, le vieux roi de Bavière à cheveux blancs.

Il traverse une partie de la ville en voiture découverte, salué sur son passage par les hourras des soldats auxquels il répond d'un geste de la main.

Le lendemain, continuation de promenades aériennes.

Les premières journées de février sont superbes.

Privés de toute lecture intéressante, nous en sommes réduits à jeter un coup d'œil sur une feuille intitulée : *Gazette des Ardennes*, venant soi-disant de Rethel, mais qui émane tout simplement de la plume d'un reptile installé dans les bureaux de la rue Jean-Roisin (kommandantur).

Dans le numéro 18 du 1ᵉʳ février, nous lisons textuellement ceci : « Ce sont les franco-tireurs assassins belges qui se sont rués sur les soldats allemands et ont commis des atrocités inouies, forçant ainsi l'armée allemande d'entreprendre la conquête de la Belgique, ce qui n'était pas dans le plan de la guerre, tandis que les Allemands ne détruisent jamais que ce qui est absolument nécessaire et se mettent à la reconstruction immédiatement après. »

Eh bien ! s'ils devaient reconstruire Lille, nous les aurions encore en 1925 ! Nous préférons de beaucoup leur fuite à leur architecture.

Crispons nos poings en poche, braves Lillois, et, de peur de devenir enragés, ne lisons pas les insanités funestes de cette feuille, non plus que les stupidités de sa digne sœur la *Gazette de Cologne*.

Dédaignons cette presse du « Tout à l'égout ».

Opposons immédiatement à ses turpitudes et à ses grossiers mensonges, un document qui vient de paraître : « Le Mandement de Mgr l'évêque de Malines (Belgique) ».

Ce document d'une grande compétence juridique au point de vue du droit de la guerre et du droit international, est également d'une haute portée morale et religieuse.

L'éminent prélat, qui parle comme évêque et comme patriote, fait proclamer dans toutes les paroisses de son diocèse où une église est encore debout, les droits de ses concitoyens opprimés.

Nous nous plaisons à reproduire quelques passages de ce beau et fier langage :

« Que le patriotisme de notre armée, que l'héroïsme de notre roi, de notre reine bien-aimée, si touchante dans sa grande âme, nous serve de stimulant et de soutien !

« Ne nous plaignons pas. Méritons notre libération.

« Courage ! mes frères, la souffrance passera.

« Je ne vous demande pas, remarquez-le, de renoncer à aucune de vos espérances patriotiques. Au contraire, je considère comme une obligation de ma charge pastorale de vous définir vos devoirs de conscience en face du pouvoir qui a envahi notre sol, et qui momentanément en occupe la majeure partie.

« *Ce pouvoir n'est pas une autorité légitime.*

« Et dès lors, dans l'intime de votre âme, vous ne lui devez ni estime, ni *attachement*, ni *obéissance*.

« L'unique pouvoir légitime en Belgique, est celui qui appartient à notre roi, à son gouvernement, aux représentants de la Nation.

« Lui seul est pour nous l'Autorité, lui seul a droit à l'affection de nos cœurs, à notre soumission.

« Des provinces occupées ne sont point des provinces conquises et pas plus que la Galicie n'est province russe, la Belgique n'est province allemande.

« Néanmoins, la partie occupée du pays est dans une situation de fait qu'elle doit loyalement subir.

« La plupart de nos villes se sont rendues à l'ennemi.

« Elles sont tenues de respecter les conditions souscrites de leur réddition.

« Les autorités civiles et les particuliers doivent s'abstenir d'actes d'hostilité envers l'armée ennemie.

« Notre armée a seule, en partage, avec les vaillants bataillons de nos alliés, l'honneur et la charge de la défense nationale. Sachons attendre la délivrance définitive. Entrant dans le domaine des faits, l'évêque poursuit :

« Moins que personne peut-être, j'ignore ce qu'a souffert notre pauvre pays et aucun belge ne doutera du retentissement en mon âme de citoyen et d'évêque de toutes ces douleurs.

« J'ai parcouru d'Anvers à Malines et à Louvain, la plupart des régions les plus dévastées et ce que j'y ai vu de ruines et de cendres dépasse tout ce que mes appréhensions, pourtant très vives, avaient pu imaginer. Eglises, écoles, asiles, hôpitaux, couvents sont en ruines. Des villages entiers ont quasi disparu. A Louvain, le tiers de l'étendue bâtie de la cité est détruit. Sa riche bibliothèque avec ses collections, ses manuscrits inédits, ses archives, la galerie de ses gloires depuis les premiers temps de sa fondation : Toute cette accumulation de richesses intellectuelles, historiques, artistiques, fait de cinq siècles de labeur, tout est anéanti. Des milliers de citoyens belges ont été déportés dans des prisons d'Allemagne. Monsterlagen (Hanovre) seule, compte 3.100 prisonniers civils, des centaines d'innocents ont été fusillés, notamment 91 à Aerschot où, sous menace de mort, nos concitoyens furent contraints de creuser leurs fosses de sépulture. Dans Louvain 176 personnes, hommes et femmes, vieillards et nourrissons encore à la mamelle, riches et pauvres, valides et malades, furent fusillés ou brûlés. Dans mon diocèse seul, 13 prêtres ou religieux furent mis à mort, etc... »

Nous abrégeons ce récit saisissant de vérité. Et dans combien d'autres régions encore : Liége, Namur, Dinant, Charleroi, tout le Luxembourg, Termonde, Dixmude, Ypres, etc., ne pourrait-on pas continuer l'énumération de faits aussi précis, aussi terrifiants ?

Ce soir, de 7 à 9 heures, nos maisons sont encore une fois ébranlées par une canonnade formidable au milieu de laquelle crépitent les mitrailleuses qu'on croirait à nos portes.

Néanmoins, pendant cette soirée, Bellevue regorge d'officiers supérieurs et autres qui ne songent même pas à se retirer à 11 heures, sur l'invitation qui leur en est faite par un agent subalterne de la police.

Ainsi, ces balafrés repus, si rigoureux pour leurs hommes et pour nous, n'ont pas l'esprit de donner eux-mêmes l'exemple de la discipline et d'éviter la sanction qui va suivre et les ridiculiser. En effet, par ordre, le Café Bellevue est consigné et fermé pendant trois jours.

Bellevue fermé, ça enlève à la place sa physionomie habituelle. Les manteaux gris-perle se sont éclipsés.

Ils sont, n'en doutez pas, *sur le front...* d'une autre terrasse !

Vendredi soir, départ de 70 autos (30 hommes par voiture) sur Saint-André, Comines. Les hommes chantent ; ce sont des jeunes, ils vont goûter de la tranchée...

Par contre, arrivée d'une nouvelle équipe de civils qu'on entasse à la citadelle, laquelle devient le refuge de tout.

C'est là aussi qu'on amènera les hommes de 17 à 25 ans (et plus peut-être) qui, s'étant fait inscrire, sont soumis à un appel hebdomadaire.

Samedi, démolition par un aéro allié d'un « taub » au-delà de Lambersart, lieu dit, le Corbeau.

Dans la soirée, nous en voyons les débris dirigés sur la gare Saint-Sauveur. Malheureusement ce, jour-là, un des nôtres a subi le même sort, mais l'aviateur n'est que blessé.

DIMANCHE 7 au 13 FÉVRIER. — Bellevue a réouvert ses portes et les arlequins y reprennent place. C'est le seul fait saillant de cette journée de pluie.

Lundi, voici un groupe de jeunes gens de 17 ans, de Marcq-en-Barœul qui arrive bon premier à la citadelle. Renseignements pris, il s'agit simplement de retardataires à l'appel, auxquels on inflige quelques heures de prison.

A présent que toutes nos portes sont fermées, qu'on ne peut même plus suivre un convoi au cimetière du Sud sans être accompagné d'un agent qui vous ramène à la porte de sortie, une affiche nous interdit toutes relations et communications avec le territoire ennemi... *encore non occupé !* (sic) et avec les neutres. Notre prison se fait de plus en plus étroite.

Surprise : 1.000 à 1.200 hommes, crottés jusqu'à la ceinture par la boue fraîche des tranchées, traversent la ville avec deux musiques, celle de nos 13 légendaires « landsturm » étant allée au-devant d'eux. On remarque que ces troupes n'ont presque plus d'officiers. Elles se rendent à la citadelle. Nous ignorerons ainsi de quel côté elles se dirigent, les mouvements de troupes n'ayant lieu que la nuit.

La délivrance des laissez-passer donne lieu à des difficultés toujours plus grandes. On refuse presque tous ceux demandés et il faut payer ceux que l'on peut obtenir. La guerre aux pigeons continue. Une douzaine d'amateurs qui en détenaient encore sont condamnés à la peine de 1 à 5 mois de prison. Les pauvres volatiles qui vivent en liberté autour de notre vieille Bourse et de l'église Saint-Maurice, ne trouvent même pas grâce devant les barbares. Ceux-ci ont daigné nous avertir de l'ouverture de cette chasse d'un genre nouveau.

En deux jours, l'hécatombe a été complète. Malgré une surveillance de plus en plus rigoureuse, une consigne de plus en plus sévère, un assez grand nombre de personnes ont pu recevoir des nouvelles de nos évacués et de nos soldats.

Dimanche 14 au 20 Février. — Aujourd'hui nous pouvons lire le mémorable discours prononcé à Notre-Dame par le R. P. Janvier.

La cérémonie, dont le but était de compatir aux douleurs de la Belgique en faisant une quête pour soulager sa détresse, était présidée par le cardinal archevêque de Paris. L'éminent prédicateur avait été choisi pour interpréter sous les voutes de la basilique nationale, les sentiments unanimes de tous les Français vis-à-vis de l'admirable héroïsme des Belges.

Mettre sous vos yeux la péroraison de ce merveilleux discours-sermon et quelques fragments qui le précèdent, c'est vous donner une idée de la beauté littéraire de cet éloquent et émouvant appel à la pitié de la France envers sa digne et noble sœur alliée.

Je cite : « Pleurons sur les ruines de Malines, de Louvain, sur celles de Senlis, de Reims et d'Arras. Pleurons sur les villages ravagés, les campagnes pillées des Flandres et du pays wallon, comme sur la Lorraine et la Champagne, sur la Brie, sur le Nord depuis 4 mois et demi à feu et à sang.

« Anglais, Français et Belges se sont unis pour lutter, pour souffrir, pour mourir au service de trois patries qui aujourd'hui n'en font qu'une. Leurs restes sacrés reposent dans les mêmes sillons.

« La mort ne les a pas séparés, nous ne les séparerons pas dans le culte religieux que nous leur rendons.

« Après cela nos yeux seront assez riches de larmes, nos cœurs assez riches d'amour pour que notre compassion puisse s'étendre à ceux qui, combattant d'accord avec nous, tombent au bord de la Vistule et aux confins de la Turquie.

« En partageant les indicibles afflictions de la Belgique, nous lui allègerons le fardeau et il deviendra moins écrasant pour cette noble race qui a tant mérité de la France.

. . . .

« Pitié pour ces indigents qui périront de froid et de faim si nous ne leur venons en aide immédiatement.

. . . .

« Tout à l'heure, une princesse, Belge par son sang, Française par son mariage, la sœur d'Albert I^eo, nous tendra la main et votre générosité, j'en suis sûr, remplira sa bourse. Nous répondrons en même temps à la démarche de la vaillante femme venue ici de Bruxelles, à travers mille dangers pour implorer notre assistance. Cette femme, en 1870, a soigné pendant sept mois nos blessés avec un tel dévouement que notre pays a voulu lui décerner une magnifique décoration. Sa belle attitude vis-à-vis des nôtres lui donne un droit à notre charité vis-à-vis des siens.

« Aujourd'hui, l'église célèbre le nom d'Albert le Grand, patron du roi des Belges. Je ne crains pas de l'affirmer, Madame la duchesse de Vendôme et Madame Guilery, pourront, grâce à nous, offrir à leur souverain pour le soir de sa fête un vrai trésor, un trésor destiné à vêtir et à nourrir ses sujets les plus nécessiteux.

« Ainsi notre admiration, notre sympathie se montreront fécondes à ceux à qui, pour une grande part, nous devons le salut, pour une grande part, nous devrons la vie.

« Madame, lorsque vous aurez la joie de rencontrer votre auguste frère, dites-lui que tous les Français sans exception s'inclinent avec un profond respect devant sa royale tenacité, devant la majesté de ses hautes vertus. Vous tous qui représentez la Belgique ici, dites à vos cités, dites à vos provinces que la France sera jalouse de leur rendre au centuple et sous toutes les formes ce qu'elle en a reçu.

« Ajoutez pour les réconforter et pour les consoler, que le moment approche où les bourdons de Sainte-Gudule, à Bruxelles, et de Notre-Dame de Paris, unissant leurs voix, entonneront le *Te Deum* de la Paix, de la Victoire et proclameront que la Belgique et que la France, aimées de Dieu, ne périront point. »

Nous approuvons toutes les beautés de ce langage qui nous suggère pourtant une réflexion.

Pourquoi faut-il que dans cet admirable champ d'honneur qu'a été la Belgique, nous ayons à révéler une tache : la réddition prématurée, la capitulation d'Anvers ?

Alors qu'au cours de cette guerre, tout ce noble pays aura vu étinceler son nom dans une auréole de gloire, ce sera pour Anvers, ville putrifiée de mauvais juifs et d'Allemands, la honte éternelle.

Les pillards vont-ils nous faire mourir de faim comme ils nous l'ont si souvent annoncé ? On le croirait, car depuis trois jours nous manquons de pain. L'émotion nous étreint en voyant des femmes et des enfants pleurer à la porte des boulangeries qui ferment les unes après les autres. Toutes, faute de bonne farine, en sont réduites à nous livrer un bloc lourd comme du tourteau et noir comme du cirage.

Notre patience et notre courage sont soumis à une épreuve trop pénible et réellement de trop longue durée.

Mercredi 17, par un vent de tempête, voici une seconde fois nos cloches en branle. Encore une victoire russe sans doute ?

Parfaitement et une victoire... décisive !

On sourit et on ne s'arrête même plus devant les zéros alignés. C'est inouï comme les nouvelles de Prusse orientale nous arrivent plus vite que celles de la Bassée et de Comines !

Ici, et pour cause, pas d'affiches...

Aujourd'hui que les rues incendiées soit en entier, soit partiellement sont déblayées, nous pouvons les énumérer :

Place de la Gare et rue de Tournai (face à l'arrivée, de la pharmacie au-delà du bureau de poste),

Rue du Vieux-Marché-aux-Moutons,

Rue du Bourdeau,

Rue des Augustins,

Rue Sainte-Anne,

Rue Saint-Genois,

Parvis Saint-Maurice (à gauche trois maisons, à droite la rue Schepers, l'Hôtel Continental et la parfumerie Deroubaix),

Rue de Paris (du n° 126 à 140 et du n° 146 à 150),

Rue de Paris (du nouveau théâtre au n° 121).

A cet endroit, vers le n° 115, après des journées et des nuits de pluies torrentielles, s'élève d'un feu qui couve dans les décombres depuis 19 semaines, une fumée âcre qui peut durer encore plusieurs jours.

Square Ruault,

Rue Malpart,

Rue du Dragon,

Rue des Ponts-de-Comines,

Rue Faidherbe (à droite et à gauche, du Grand-Hôtel inclus, au théâtre),

Rue du Vieux-Marché-aux-Poulets,

Rue des Arts,

Le Lycée,

Rue de Roubaix,

Place des Reignaux,

Rue du Molinel (à gauche venant de la gare, depuis la rue de Paris à la place du Vieux-Marché-aux-Chevaux),

Rue des Tanneurs,

Rue d'Amiens,

Rue du Plat,

Rue du Bleu-Mouton,

Rue du Court-Debout,

Rue de Béthune (de la rue d'Amiens à l'estaminet Canonne, non compris),

Rue de l'Hôpital-Militaire (de la place Richebé, maison Canonne ci-dessus, au lycée Fénelon y compris),

Rue de la Piquerie,

Place Richebé,

Rue du Barbier-Maës,

Rue de la Vignette,

Place Jacquart,

Rue Baptiste-Monnoyer,

Boulevard de la Liberté (du n° 195 à 203),

Boulevard de la Liberté (Belle Jardinière et deux immeubles voisins),

Rue Jacquemars-Giélée (du n° 82 à 92 et du n° 117 à 125),

Rue Boisleux,

Rue Gambetta (du n° 159 au n° 189 et du n° 203 au 215),

Place du Marché-aux-Chevaux,

Rue de Wazemmes,

Rue Stappaert (du n° 25 au n° 45),

Rue des Pyramides, déjà citée (4 maisons),

Boulevard Victor-Hugo,

Place Jacques-Février,

Place Barthélemy-Dorez,

Boulevard de Belfort,

Boulevard de Strasbourg,

Place Fernig.

Fin de cette semaine sont arrivés de nombreux renforts allemands remontant de l'Aisne. Par contagion, le « bluff » gagne même nos concitoyens.

Je rencontre un ami pessimiste à toute épreuve.

— Ah ! mon cher, 40.000 Allemands arrivent.

— Vous les avez vus ?

— Oui, je les ai vus défiler venant de la gare, et fraîchement équipés.

— Et où sont-ils ?

— Ils se sont dirigés sur le Champ de Mars pour une grande revue.

— Précisément, je reviens de ce côté.

— Et alors ?

— Alors, sur le Champ de Mars j'en ai compté 18 et j'ai rencontré quelques groupes d'hommes de garde et 10 voitures de la Croix-Rouge revenant d'une revue.

— Je suppose que vos 40.000 étaient cachés derrière le Ramponneau !

— Vous voulez plaisanter.

— Vous ne savez pas que par la porte des Postes a débouché ce matin de l'artillerie avec des canons énormes et tout neufs (naturellement) ?

— Permettez, de ce côté j'ai vu aussi 8 corbillards qui emportaient des Allemands au cimetière du Sud.

— Je me rassure en pensant que c'est ce que vous avez pris pour de l'artillerie lourde.

— Vos canons ne seraient alors que les *canons de l'Eglise* et Dieu sait s'ils sont anciens !

— Ne riez pas, ça va très mal.

— Vous n'avez donc pas lu les affiches ?

— Si, celle de la fameuse victoire « décisive » sur les Russes.

— D'abord, mais une autre encore apposée hier.

— Et que dit-elle ?

— Elle annonce des victoires navales, le blocus de l'Angleterre, les Russes faits prisonniers par 50 ou 100.000 à la fois, la France n'ayant plus ni soldats, ni or, ni argent, en un mot, ils sont vainqueurs sur toute la ligne.

— Allons, vous êtes modeste. Moi je dis : Sur toutes les lignes... de leurs affiches !

— Au revoir, mon ami, nous en recauserons, mais d'ici là, soignez-vous.

Ces lanceurs de nouvelles, ces affolés qui ne peuvent plus voir un chariot à betteraves sans le confondre avec une mitrailleuse, ne sont pas rares, croyez-le.

Pour terminer cette semaine, mentionnons l'arrestation de M. le Préfet et de son secrétaire général. Ces messieurs sont emmenés à la citadelle. Deux jours après, un des chefs de bureau est également incarcéré. La gendarmerie allemande perquisitionne dans les bureaux de la Préfecture et cherche principalement à découvrir la source d'où, à l'heure actuelle, peuvent provenir les nouvelles dont la population a connaissance.

DIMANCHE 21 au 28 FÉVRIER. — Les prisonniers de notre Hospice général sont sur le point d'être expédiés en Allemagne.

Des civils allemands (250) viennent renforcer ceux déjà occupés dans nos forts environnants.

Il nous est donné de voir les lambeaux du journal le *Matin* du 10 février. Après avoir franchi les lignes dans la chaussure d'un rural, en combien de mains ce journal, qui présente l'aspect d'une relique, était-il passé ?

Son feuilleton est intitulé : « La Fille du Boche ». C'est à croire que le romancier s'est inspiré de la conduite à Lille des femmes d'un certain... Quart-de-monde ! mais aussi (et disons-le à leur abominable honte, hélas !) de celles d'un tout autre milieu.

Aussi bien, après la guerre, des révélations peu édifiantes ne manqueront-elles pas de se produire.

Voici un intermède au Champ de Mars. Les Boches gonflent une espèce de ballon captif de couleur appropriée : Ils ont choisi le jaune-serin !...

C'est plutôt un gigantesque cervelas qu'un ballon. On le hisse, on le redescend et on le remise dans un hangard.

Nous avons parlé, dans la journée du 10 octobre, du train des employés du chemin de fer et des postes, arrêté à Wavrin et mitraillé par l'ennemi qui, déjà, encerclait Lille. L'odyssée de ces malheureux, aujourd'hui connue par le carnet de notes d'un prisonnier civil, est lamentable.

L'attaque soudaine du train, le meurtre de fonctionnaires et de civils (il y eut 20 morts), le sort terrible des blessés peu ou mal soignés, les souffrances endurées par les prisonniers et blessés anglais, conduits par étapes avec la colonne des civils jusqu'à Douai, tout cela est navrant de tristesse et d'horreur.

Après de longues marches à travers les villages où il ne reste déjà plus de pain, ils durent coucher ventre creux dans les églises.

Ils n'eurent que la ressource de dévorer quelques carottes dans les jardins voisins de la route, ce que les Allemands tolérèrent disant, entre autres injures, que c'était bien bon pour ces c... de Français.

En canonnant un aéro anglais, les Boches frappent un des leurs qui s'abat plutôt qu'il n'atterrit à Ronchin. Autre spectacle amusant :

Le fameux saucisson du Champ de Mars est avide de liberté. Aujourd'hui, hissé par un grand vent, d'un bond il brise sa chaîne et s'échappe.

En tant que mobilisé allemand, c'est le seul qui ait quelque chance d'aller saluer la Tour Eiffel.

Et, comme bien vous pensez, les quolibets vont leur train !...

Du 1er au 31 MARS. — La situation économique est pénible.

Après la privation du pain, nous sommes menacés de celle de la viande. La ville est rationnée.

Tout le monde se met à fabriquer (c'est le mot) son pain. On ne rencontre plus une ménagère qui ne vous parle ou vous fasse voir... son pain de guerre.

Oh ! Madame, que ce pain est beau ! avec quoi est-il fait ? Il y a de tout, Monsieur, excepté de la farine.

Et ce ne sont pourtant pas les farines qui manquent à nos innombrables étalages.

Voyez plutôt cette variété :

Farine de seigle, dite mixte (sert à faire notre pain noir),

Farine de riz,

Farine de maïs,

Farines fermentantes,

Farine de manioc et fécules diverses,

Farine dite blanche (plâtre pur),

Farine de bois (produit blanchâtre d'un arbre du Canada).

On n'hésite pas à mettre en vente ces deux derniers produits à raison de 60 à 80 centimes le kilog.

C'est ainsi que la population civile, déjà si malheureuse, est encore exploitée et trompée par certains commerçants trop peu scrupuleux. D'autre part, des maisons fanatiques de réclame, ne la font-elles pas sous la forme de billets ressemblant à s'y méprendre aux bons de monnaie courante émis en Belgique et dans les villes du Nord ? On avouera qu'il est criminel de choisir un tel moment pour favoriser l'escroquerie, dont n'ont pas manqué d'être victimes (nous en avons eu la preuve dans notre service de Caisse d'Epargne), de malheureux illettrés et d'autres pauvres gens trop crédules.

Ces premières journées de printemps sont pluvieuses et bien mouvementées : Giboulées, orages violents. Mentionnons qu'à l'instant, l'église de la ville de la Madeleine s'effondre sous le poids du clocher que la foudre abat en partie sur la toiture. C'est le cas de dire que les éléments de destruction du ciel se joignent à ceux de la guerre sur notre malheureuse région. Circulation rapide d'autos, convois de blessés et de morts, alertes de nuit, départs précipités de troupes, nouvelle hécatombe formidable à Ypres qui est devenu décidément le tombeau des Boches ; tout paraît indiquer les débuts heureux d'une offensive qui ravive le terrible duel d'artillerie.

Le 3 mars, nous accompagnons au cimetière de l'Est un des membres de notre Société.

Pour nos amis et camarades absents, voici les paroles d'adieu

que j'ai prononcées sur sa tombe, pendant que le canon, qui ébran-
lait le sol creusé pour recevoir sa dépouille, donnait à cette cérémonie un caractère à la fois plus triste, plus émouvant, plus
grandiose.

« Au nom de notre belle Société Mutuelle d'Epargne, dont il fai-
« sait partie depuis de longues années, il est de mon devoir de
« venir adresser un suprême adieu à celui que nous accompa-
« gnons à sa dernière demeure.

« Le deuil qui frappe la famille de notre ami Sarcy, emprunte aux
« tragiques événements au milieu desquels nous vivons, une tris-
« tesse plus grande, une émotion plus profonde.

« Certes ! malgré tout, la soudaineté de sa mort nous a surpris,
« car il y a huit jours à peine, il était encore parmi nous.

« Mais, dans un moment où les caractères les mieux trempés,
« les courages les plus énergiques, les volontés les plus fortes,
« finissent par s'émousser et faiblir, sous le joug implacable d'un
« ennemi qui depuis cinq mois nous tyrannise, comment s'étonner
« qu'un homme dont la santé est ébranlée, s'épuise, chancelle et
« succombe.

« C'est là ce que je voudrais que sachent, le plus tard possible,
« hélas ! et dès qu'ils auront la douleur d'apprendre la fatale nou-
« velle, ses deux fils actuellement au service de la Patrie envahie
« mais toujours forte.

« Qu'il leur soit aussi donné de savoir qu'à l'impossibilité abso-
« lue où ils sont de pouvoir venir rendre à leur père les derniers
« devoirs de l'amour filial, nous avons pu y substituer la sympa-
« thie collective de tous ses camarades et amis groupés ici autour
« de son cercueil.

« Que cette pensée soit une légère, mais douce consolation pour
« eux, pour son infortunée veuve et ses deux jeunes filles.

« A elles tout particulièrement et à toute la famille, nous adres-
« sons l'expression de nos condoléances émues.

« Nous te disons adieu, camarade Sarcy,
« Toi, qui n'auras connu de l'invasion que la tristesse, les sou-
« cis, les souffrances physiques et morales, puisses-tu, par delà
« ton éternel sommeil, voir bientôt ! bientôt ! accourir tes chers
« soldats, tes fils, venir respectueusement saluer ta tombe, cette
« tombe, que pour venger ta mort, ils auront le droit d'orner fière-
« ment et de fleurir avec les lauriers de notre délivrance, de notre
« allégresse et du triomphe de la victoire finale ! »   J. A.

Les Allemands, à leur tour, enterrent un de leurs généraux ramené mourant du champ de bataille.

On s'étonne qu'ils le laissent ici.

O surprise ! voici 450 prisonniers des 10° chasseurs, 41° et 149° d'infanterie, venus d'Ypres, de la Bassée, de Lens, d'Aix-Noulette, en un mot, de plusieurs points opposés du front de combat. Les Allemands les ont rassemblés pour faire dans notre ville une entrée plus triomphale. Il y a en tête 3 officiers.

A leur arrivée en gare, dix mille Lillois les acclament au cri de : Vive la France !

Une bagarre se produit, la garde à cheval est débordée et c'est une nuée de civils, hommes et femmes, ayant arboré notre insigne national , qui accompagnent nos soldats à la citadelle. On dit bientôt que cette manifestation provoquée par les Boches (eux qui font commerce et argent de tout), leur servira de prétexte pour imposer à la ville une amende. Un des officiers français, en passant Grand' Place, a levé son képi et s'est écrié : « Courage braves Lillois, tout va bien ! »

Les Prussiens, écumant de rage, dispersent pour la première fois d'une façon violente tous les rassemblements.

La sanction ne s'est pas fait attendre, la voici :

La ville doit payer 500.000 francs pour le 20 mars, la population civile doit, du 6 au 20, rentrer à 5 heures du soir et ne pas sortir avant 6 heures du matin. Les otages doivent retourner coucher à la citadelle ; le port d'insigne tricolore, sous quelle forme que ce soit n'est pas toléré ; les rassemblements sont interdits ; il est défendu de *critiquer publiquement* les affiches. Tiens, ils s'aperçoivent donc qu'on s'en moque ?

Tout autre qu'un Allemand n'eût pas commis la sottise de le faire remarquer. Bref, les représailles commencent. Depuis le premier jour, dès 5 heures du soir, c'est une course effrénée des patrouilles à cheval, en vélos, à pied, poursuivant les retardataires qui, à une minute près, n'ont pas réintégré leur domicile. Des centaines de personnes sont ainsi raflées et, après avoir passé la nuit parquées dans des écoles ou dans des brasseries, sont condamnées à une amende variant de 4 à 8 marks, suivant la tête.

On se souvient que dans les premiers jours de l'occupation, nos rues étaient encombrées de boîtes vides de conserves enlevées dans les épiceries et que les pillards ne prenaient pas la peine de jeter dans des poubelles.

Aujourd'hui, ils en sont réduits à ramasser par voitures, le zinc, le fer blanc, les vieux tuyaux, vieux métaux et jusqu'aux fâmeuses boîtes à sardines qu'ils vont reprendre dans les détritus.

Dans les ateliers, ils enlèvent les choses les plus indispensables au travail, ils ne laisseront que les murs. Tout y passera, depuis le matériel de prix, l'outillage le plus précieux jusqu'à l'ordure.

Durant ces nuits interminables qu'ils nous infligent, il y a grand mouvement de troupes retirées du côté d'Ypres, dit-on, et ramenées sur la Bassée. Outre le besoin d'argent, ils avaient aussi besoin de la liberté de la rue. Or donc, manifestation provoquée pour justifier la mesure de rigueur qui leur était doublement utile.

. Nous lisons dans le *Bulletin de Lille* qu'il est interdit de faire de la patisserie avec de la farine de blé (elle se vend 2 fr. 25 le kilo) ; qu'il y a extrême urgence à consommer le pain avec économie. Quant à la viande, la ration en est fixée à 150 grammes par habitant et par quinzaine !

Après le cachot... le pain sec !...

Ce matin, deux détonations formidables retentissent en ville: C'est un coup de maître de nos aviateurs qui profitent de ce que nos rues sont désertes et l'église de Saint-Martin d'Esquermes vide à cette heure, pour laisser tomber une première bombe sur ce monument qu'ils savent être un poste de télégraphie, puis une deuxième sur l'ancien couvent d'Esquermes, tout voisin, où sont leurs blessés.

Les dégâts sont importants et mettent en rage l'ennemi.

Les aviateurs ont atterri non loin de l'Arbrisseau ; ils sont poursuivis par les Allemands qui arrivent trop tard. C'est ici le cas de dire que les « oiseaux sont envolés ! »

Une affiche fulminante est aussitôt répandue dans le Faubourg du Sud. A mort ! celui qui aura caché les deux aviateurs ; à mort, celui qui aura favorisé leur déguisement ou leur fuite ; menaces sévères contre la commune où ils seront découverts, etc...

La vérité, c'est que cet exploit est dû à un seul aviateur, lequel a abandonné deux manteaux à côté de son appareil détruit.

Dans l'un de ses vêtements sont restés quelques papiers importants, que malheureusement dans sa fuite précipitée, il ne songe pas à emporter.

Naturellement, aussitôt arrivé sur les lieux, un officier de police allemande s'empresse de tout saisir et de photographier l'appareil, avec les premiers curieux accourus qui l'entourent déjà.

Le jeune aviateur anglais (un fort bel homme, 1 m. 87 de taille), avec l'aide de personnes intelligentes et discrètes, peut se réfugier en lieu sûr.

Qu'il nous suffise de savoir que, payant d'audace, il se promenait dans Lille le soir même ; qu'à la suite d'une surveillance étroite, et peut-être même d'indiscrétions, il dut changer à plusieurs reprises de lieu de retraite ; qu'en outre, à la suite d'un cambriolage pratiqué chez l'officier de police absent (perquisition qui ne fut pas la scène la moins épique de ce curieux et émouvant épisode), non seulement il rentre en possession des papiers saisis, mais encore du cliché photographique de son appareil ; puis, qu'en fin de compte, à la faveur d'un déguisement, il regagne les lignes françaises.

Quelques jours après, ainsi qu'il l'avait promis et annoncé, il survolait de nouveau notre ville, laissant tomber, dans les plis d'un petit drapeau aux couleurs britanniques, un moqueur *avis de son passage* à l'adresse de la « kommandantur ».

Nous assistons à un véritable branle-bas de troupes.

Nous n'avons plus le droit de stationner à nos portes ou de regarder par les fenêtres sous peine de rigueur : Nous sommes cloîtrés. Consolons-nous en payant le pain de 60 à 75 centimes la livre, le lait 75 centimes le litre, la viande 4 francs, le beurre 5 francs le kilo. Plus les mesures qui nous frappent sont rigoureuses, plus nous avons d'espoir et plus il nous semble que l'ennemi qui nous tyrannise est aux abois.

Malgré son bluff grandissant et l'étalage affiché de ses mensonges, nous sentons s'accumuler autour de lui des défaites inavouées et une tristesse mal dissimulée. Les jours succèdent aux jours sans paraître nous apporter de changement notable et cependant, par les fuites, les indiscrétions et l'hécatombe de blessés, nous devinons que tout va bien pour nous.

La ville a payé l'amende, par égard pour la population, sans doute.

Cette population lilloise ne mérite d'ailleurs aucune pitié, aucun ménagement.

Ne s'avise-t-elle pas de continuer à sourire d'un air moqueur et confiant ?

Elle ne veut pas, nous dit l'affiche-*pensum*, se rendre compte de la... situation !

Traduisez : Elle ne veut pas comprendre qu'elle est allemande. On n'a pas idée de ça sur les bords de la Sprée !

Ce couplet, emprunté à un de nos chansonniers, trouve bien ici sa place :

> *Devant les annonces mirifiques*
> *De leurs succès trop merveilleux*
> *Il est las, ce cher Von Heinrich*
> *D'entendre dire : « Ch'est tous des menteux ! »*
> *Et l'idée la plus magnifique*
> *Dont il vienne de s'aviser,*
> *Devant les bourdes germaniques*
> *Il est même défendu de blaguer !*

Aussi, à un Lillois qui crie : « Vive la France ! » emprisonnement de 4 semaines ou 250 francs d'amende ; à une vingtaine d'autres, pour rassemblement, escorte de prisonniers, manifestation quelconque, non déclaration de blé ou de farine et divers faits de cette gravité, un mois de prison ou 150 francs d'amende.

Devant la hardiesse des avions anglais qui nous visitent fréquemment, les « taub » deviennent de plus en plus prudents ; ils volent sur nos maisons.

Ce ne sont plus là des aviateurs, ce sont des inspecteurs... de nos « toitures et cheminées » qui, une fois leur tournée faite, s'en vont prudemment atterrir à Wasquehal (Croisé-Laroche).

Malheureusement, la population civile est encore une fois victime des tirs contre nos aéros.

Une bombe, qui n'explose pas en l'air, retombe dans un quartier populeux, rue de Bailleul.

Il y a 5 personnes tuées et 17 blessées.

Ici, je dois interrompre mon récit.

Dans l'accablant isolement du siège, un deuil, que les terribles événements rendent plus pénible encore, vient me frapper cruellement (voir Préface).

Aurai-je le courage d'achever ce livre-journal ?

. . . .

. . . .

Et pourtant, en face de la douleur navrante de ma chère fille dont le mari a succombé et dont l'enfant est né après que son père a eu payé de sa vie l'honneur de servir son pays, je veux redoubler d'énergie et de force morale autant que d'affection, en faveur des deux êtres que le malheur me rend plus chers.

Dieu fasse que je puisse, le plus longtemps possible, accomplir ce nouveau devoir qui me sera doux, de les consoler et de les protéger.

Je continue.

Nous sommes au printemps dont les premières journées sont superbes et nous permettent de sortir, notre punition étant levée.

Le canon a cessé depuis le 24.

C'est la première trève constatée dans l'action formidable qui a lieu sans répit depuis 5 mois au nord-ouest de Lille, entre la Bassée et Armentières.

MENUS FAITS DIVERS

Dans la grande maison de confection Cousineau, notre voisine, les Allemands, comme ils l'ont déjà fait dans des ateliers similaires, font procéder à la fabrication de paillasses et surtout de sacs.

L'autorité allemande spécifie : « Que la maison et tout son personnel sont requis, etc... »

Dans ces conditions, elle n'a pas éprouvé plus de difficultés à trouver des ouvrières pour travailler pour elle, qu'elle n'en a rencontré pour recruter des hommes employés à faire des tranchées. Mais nous devons à la vérité de dire qu'il y a dans la population un courant d'opinion très prononcé pour que les noms de ces travailleurs des deux sexes, dont certains ne se privent pas de venir émarger encore au budget si grevé des allocations de la ville, soient soigneusement retenus.

Pour vous donner une idée de la quantité de ballots de toile de toute espèce, de toute qualité et de toute couleur réquisitionnés ou pris, amenés là, sans aucune distinction de tissus, depuis la toile d'emballage jusqu'au satin à deux ou trois francs le mètre, je dirai que c'est par centaines qu'on a compté les camions entrés par la porte de la rue Léon-Gambetta.

Quant à la sortie des sacs, elle s'effectue rue Colbrant, au moyen de six grandes voitures qui viennent deux fois par jour en prendre livraison.

Une certaine quantité de ces sacs sont dirigés sur les hôpitaux ou ambulances ; les autres, remplis de chaux et de ciment, sont destinés à former de formidables abris aux abords des tranchées ennemies.

Si nous ajoutons que dans la région Lille-Roubaix-Tourcoing, une douzaine d'ateliers de confections, peut-être plus, ont fourni dans des proportions identiques, nous estimons, d'après une statistique approximative et faite au pied levé, que c'est au bas mot, une production de 50 à 60 millions de sacs.

Nos Allemands font la police des rues et plus rigoureusement celle des mœurs. Il ne se passe pas de jours qu'ils ne ferment des estaminets mal tenus, ou ne conduisent au poste quelques grisettes à chignon roux, qu'ils jugent plutôt... indésirables !

Ils ont déjà débarrassé la ville de plus de 200 de ces filles du trottoir ou habituées des bouges...

En ces derniers jours de mars, a lieu à Saint-Maurice, une grande solennité religieuse présidée par Mgr Charost. On la croirait autant officielle que privée, à en juger par les notabilités qui s'y trouvent. Dans la vaste cathédrale s'entassent, de 4 à 5 heures, toutes les personnes qui ont pu se frayer un passage pour y pénétrer.

Manifestation, disent les uns (et notamment ceux qui n'en verront rien).

Nous qui pouvons y assister, mentionnons avec impartialité que nous avons vu 6 à 7.000 personnes manifestant, en effet, leur foi, leur espérance, leur charité et écoutant de la bouche de l'éminent prélat, la lecture d'une ardente invocation, par la patience et la prière, *à la paix dans la justice !*

Et c'est tout. L'ordre et le calme sont parfaits de même que lorsque ce sont les Allemands qui s'emparent de cette église, ainsi qu'à Noël et le 27 janvier, pour y procéder, à leur tour, à des cérémonies.

Nous voici au 1er avril. Le temps s'est mis au beau.

Nous apprenons avec plaisir que M. l'abbé Thibaut, de Lille, aumonier militaire, a été décoré en Champagne.

Pour avoir mérité les éloges que lui a adressés le général en chef commandant le corps d'armée, nous nous demandons à quel degré d'admirable héroïsme a pu s'élever, sur les champs de bataille, l'âme de notre concitoyen.

Aussi, applaudissons-nous sincèrement à la haute distinction décernée à ce jeune prêtre de 29 ans.

Nous lisons dans le *Bulletin de Lille* que l'autorité allemande se dispose à faire évacuer, comme elle l'a fait à Roubaix, les bouches inutiles, femmes, enfants, vieillards qui sont à charge à la ville de Lille.

Ces voyageurs auront droit à 35 kilos de bagages, se muniront de vivres pour 6 jours et seront dirigés dans le midi de la France, par la Suisse.

Quant aux amateurs auxquels on demande 7 à 800 francs pour les faire profiter de ce train, on comprend qu'ils soient hésitants.

Un officier de noblesse allemande (plus noble que plein d'espoir, sans doute) se suicide en ville aujourd'hui.

De nombreuses troupes sont arrivées dans nos faubourgs. Canteleu, Saint-Maurice, la Madeleine, le Boulevard des Ecoles en regorgent. Les unes viennent du nord, les autres du sud. Elles passent en ce triste jour de vendredi-saint durant lequel, par ordre, tous les magasins ferment de 8 à 10 heures du matin. Il en est de même de 8 à 9 heures les deux jours fériés de Pâques.

Pendant cette semaine, le canon s'est tu dans nos parages. Nous en percevons l'écho lointain entre Ypres et Ostende.

Dans l'attente d'événements qu'ils nous laissent pressentir, nos pillards mettent à profit leur temps, ils occupent l'opinion publique pour masquer, autant que possible, leurs ultimes préparatifs.

Ils donnent des ordres pour les semailles des terres et jardins, ensemencent eux-mêmes les terrains militaires, taillent les haies, annoncent la formation des fameux trains d'évacuation, les démentent ou les modifient le lendemain, font museler nos chiens, s'inquiètent des mouches et des moustiques, des eaux stagnantes de notre Deûle, dénombrent nos bouteilles de vin, font le recensement de nos pompes à eau potable, ce qui nous fait présumer qu'ils nous laisseront au moins ce crû : « Le Château-la-Pompe ! ».

Après avoir taxé 1 mark le droit de circuler en vélo et renchéri le tarif des laissez-passer, ils volent finalement les pauvres en dévalisant le Mont-de-Piété !

La bande Bonnot aurait reculé devant cette atrocité.

Pendant ce pillage, ce vol à outrance, nos aéros leur font une chasse impitoyable ; ils viennent de jeter douze bombes sur le château où, près de Quesnoy-sur-Deûle, s'est réfugié l'état-major allemand.

En traversant Lille, à leur retour, nos aviateurs sont bombardés avec rage. Les éclats d'obus, dont un fragment du poids de 800 grammes vient de tomber sur la toiture du 18, de la rue Colbrant, pleuvent sur la ville.

Les rues, pleines de monde en ce dimanche 11 avril, deviennent de 5 à 6 heures instantanément désertes. Une affiche !

Celle-ci, nous la bénissons. Elle nous apprend que nous allons enfin être ravitaillés et manger du pain au lieu de tourteau. Nous sommes rationnés à 250 grammes par tête et par jour.

Nos ménagères manquent de savon, elles ne trouvent plus d'huile qu'au prix de 4 et 5 francs le litre. Un pain bis, qui est rare, se vend de 70 centimes à 1 franc la livre (livre de guerre variant de 460 à 470 grammes).

Mais plus les Lillois sont malheureux, plus ils font bonne contenance.

Comment d'ailleurs perdraient-ils le sourire en présence de faits comme celui qui suit :

Un Allemand s'adresse à un imprimeur de notre ville avec un bon de réquisition. Celui-ci s'attend à une commande assez importante de fournitures de bureaux ou à l'enlèvement de quelques ballots de papier, voir même à la livraison d'une machine à imprimer.

Quelle n'est pas sa stupéfaction quand il lit (mais je vous le donne en mille) :

« Bon pour 5 cure-dents ! »

L'original de ce bon de réquisition, qui vient à l'heure où l'on agite tant les neuf milliards... en fumée, est un document typique. Comme curiosité, il vaut cent fois sa valeur marchande.

Vous pouvez le voir à la vitrine de la grande imprimerie Devos, rue Solférino, où notre ami a eu l'heureuse idée de l'exposer à la place même des fameux cure-dents, tout en nous procurant l'agrément de pouvoir mettre le fac-similé sous les yeux de nos lecteurs.

Entre temps, nous assistons aux récréations des landsturm de 45 à 55 ans.

On les fait jouer au foot-ball, à la barre. Sous la direction de jeunes officiers, ils font, entre équipes concurrentes, des matches, des courses de vitesse.

Vous pensez si tous ces **vieux** hommes habillés de gris sale, avec pompon blanc flottant derrière, amusent la galerie.

Ils nous font l'effet d'une nuée de lapins de garenne sautillant dans les dunes.

A d'autres, on a réservé un amusement plus barbare et conséquemment mieux approprié à leur goût : Ils tirent à la carabine ou au revolver sur les pauvres chiens qu'ils ont ramassés errants ou non muselés. Ils n'épargnent pas les minuscules et inoffensifs toutous qu'ils prennent aux bras des femmes qui les portent.

A côté, sur le même terrain du Champ de Mars, des vétérinaires examinent et recensent les chevaux. Dans ce défilé de vieilles haridelles, il reste à peine un cheval valide sur dix.

Nous voici au 20 avril.

Le canon se réentend au loin, côté Comines et Ypres, et la présence des alliés nous est signalée se rapprochant de Frelinghien, à 12 kilomètres d'ici.

D'autre part, un journal de Paris du 12 (comment peut-il nous arriver ?) nous apporte la nouvelle de la victoire des Eparges (Saint-Mihiel).

L'ignoble feuille des Ardennes essaie, mais en vain, d'en dénaturer les heureux résultats.

Il n'en faut pas davantage pour nous rendre plus enthousiastes.

Tout à coup le bruit se répand que les trains d'évacuation commencent dès demain. Une foule envahit aussitôt les abords de la mairie. Tous les indigents désignés par une convocation individuelle (3 à 4.000, dit-on), courent aux renseignements. Les racontars vont leur train.

Des femmes protestent et élèvent déjà la voix, l'effervescence grandit en même temps que l'anxiété chez tous ces malheureux qui vont devoir quitter leur logis, leur mobilier, le peu qu'ils possèdent, pour suivre l'ennemi dans un voyage dont ils croient avoir tout à redouter.

Des mesures sont prises par la ville pour leur fournir au départ un secours de route, du pain et des viandes cuites.

Nous voici gare Saint-Sauveur ; il est 8 heures du matin et déjà le boulevard des Ecoles est noir de monde.

Les évacués d'office, principalement des femmes avec plusieurs enfants et des vieillards, sont là tassés, parqués, entourés d'un cordon de police allemande à pied et à cheval.

Des scènes d'adieux poignantes se produisent et se succèdent de minute en minute.

Il n'est pas un spectateur, si ce n'est l'affreux teuton au cœur de granit, qui n'ait les larmes aux yeux.

Tous ces voyageurs prennent place sur les quais et nous présumons qu'ils y resteront 15 à 20 heures avant de pouvoir, après contrôle et visite sanitaire, prendre place dans les wagons.

Un deuxième train pour les volontaires doit se préparer pour 3 heures. Même affluence, mais spectacle moins pénible.

Bref, le jeudi 22 à 8 heures du matin, les premiers trains quittent Lille.

Du pont de Fives à Hellemmes et au-delà, les abords de la voie ferrée sont garnis de milliers de curieux et de désœuvrés, qui tiennent à saluer une dernière fois nos pauvres dépaysés par ordre.

Combien de trains partiront ainsi ? nous l'ignorons.

Un millier d'autres évacués des environs de la Bassée sont depuis 15 jours réfugiés dans les petites communes du canton de Cysoing auxquelles ils sont à charge.

Les Allemands se décident à les embarquer aujourd'hui par la gare de Templeuve.

Les premiers évacués sont à peine partis que nous apprenons qu'ils sont descendus à Condé et à Saint-Saulve, gares frontières du département, où ils vont devoir séjourner de huit à dix jours avant de continuer le voyage.

De cette façon, ils n'arriveront en France que 20 à 25 jours après avoir quitté Lille.

D'autres, délogés des localités voisines de la ligne de feu qui encercle Lille, peuvent encore surgir, sans compter tous les Belges requis aujourd'hui de se faire inscrire.

Quant aux véritables motifs de cette inscription et de cette évacuation soi-disant humanitaire, nous ne les connaissons pas. Mais soyons certains qu'ils résident tout entiers dans l'intérêt bien calculé de nos ennemis. Ne voyons-nous pas déjà, des familles entières, des groupes allemands de tout âge, de tout acabit, venir prendre la place de nos concitoyens ?

Avec de la patience (et Dieu sait si ce mot est devenu depuis 7 mois notre devise), nous saurons tout.

Depuis des semaines, nombre d'habitants font eux-mêmes leur pain de façon économique et assez réussie.

Dans les ménages, un petit sac de blé, des moulins à café, des tamis, des moules à cuire la pâte sont devenus objets de première nécessité. Dans certaines maisons, c'est toute une minoterie en miniature.

Mais voici que pour le 1er mai, la commission de ravitaillement de la Belgique et du Nord (Comité Hispano-Américain), va faire distribuer dans chaque famille une carte donnant droit au pain taxé promis et si longtemps attendu.

Les boulangers feront chacun la quantité de pains qui correspond à leur clientèle inscrite et les porteront dans un local assigné à chaque quartier.

Là, en échange de tickets achetés à l'avance, on opérera la vente journalière. Réparti dans les locaux constitués en bureaux de distribution, le personnel de diverses administrations, spécialement celui des Postes et Télégraphes, prêtera son concours au Comité central d'alimentation et coopérera aux travaux de réception de surveillance, de contrôle et de comptabilité.

Aujourd'hui 27, il nous est possible d'avancer jusque sur le territoire de Wasquehal et de visiter tout à loisir les tranchées ennemies.

Les civils allemands qui dirigent les travaux nous permettent d'approcher et d'examiner celles terminées, de même que celles en construction, autour desquelles se meuvent, avec autant de mollesse que de lenteur, quelques équipes d'hommes et de tous jeunes gens. C'est comme à regret qu'ils se livrent à ce travail, d'ailleurs curieux, intéressant et très soigné qui consiste à enfouir madriers, poteaux, tuyaux, branchages, cailloux et fils de fer barbelés pour former, à travers champs, pâturages et jardins, ces interminables galeries défensives en zig-zag.

Résumons, en cette fin d'avril, les vols, plus rapaces, commis par nos pillards qui enlèvent pêle-mêle ce qui reste de nos marchandises les plus variées : Cuirs, chaux, ciment, ferrailles, bois, balais, vieilles chaises, parapluies et peaux de lapins !... « A toi l'hermine, Guillaume ! »

Les premiers jours de mai se signalent par une forte action d'artillerie. La population, fiévreuse d'impatience, attend dès à présent cette offensive qu'on lui annonce toujours prochaine. L'énergie faiblit chez beaucoup et finit par faire place au découragement. Les gens s'énervent, se dépriment, maigrissent, dépérissent et vieillissent.

Beaucoup tombent malades ; il y a quantité de suicides par neurasthénie et les décès sont nombreux.

Il faut malheureusement y ajouter encore ceux causés par les terribles accidents qui, comme celui qui se produit à l'instant même, 3 mai, 9 h. 30 du matin, viennent ensanglanter notre ville. Une des bombes lancées contre les aéros s'abat en pleine rue Solférino et éclate en face de la rue des Primeurs (coin des Halles centrales).

Le vérificateur et deux autres hommes sont tués sur le coup. Un jeune garçonnet de 11 ans, sortant avec sa mère de l'église du Sacré-Cœur, où la veille il a fait sa première communion, est très grièvement atteint.

Une douzaine de personnes sont blessées. D'énormes flaques de sang marquent l'endroit où les victimes sont tombées, ainsi que le chemin parcouru par l'enfant transporté dans une maison voisine avant son transfert d'urgence à l'hôpital. Nous faisons des vœux pour qu'on puisse sauver cette innocente petite victime de nos ennemis, mille fois maudits.

Le danger n'est pas moins grand dans nos communes suburbaines avoisinant la ligne de feu. Quand les alliés se rapprochent, les éclats de leurs obus viennent blesser et parfois tuer de paisibles travailleurs des champs.

Santes, Lomme, Pérenchies, Lompret, Verlinghem, Quesnoy-sur-Deûle, sont à chaque instant à la merci de ces terribles drames de la guerre. Par contre, il est très rare de voir un Allemand victime d'un de ces accidents isolés. Pourtant, aujourd'hui, rue de Douai, l'un d'eux est pour ainsi dire électrocuté par l'explosion d'un projectile tombé du caisson sur lequel il était assis.

Ajoutons qu'en ce moment les aéros anglais persistent (ils ont à cela une raison) à survoler Lille et que, jusqu'à trois fois par jour, nous subissons les dangereuses canonnades aériennes. Mais nous les subissons crânement, car nous savons que l'aviateur allié peut nous lancer des journaux et nous mettons autant d'empressement à chercher à nous en emparer, que les boches mettent d'ardeur à empêcher que ces nouvelles de France soient connues de nous et surtout dévoilées à leurs troupes.

3 MAI. — Une forte action est engagée autour de nous et si le résultat nous est favorable, nos menteurs bluffeurs nous le laisseront vite deviner en affichant immédiatement un succès sur le front russe.

Ça y est ! Voici l'affiche datée du 4 mai avec ce titre :

NOUVELLE VICTOIRE

« Le front russe est complètement enfoncé.

« Le succès des armées allemandes est si grand que les trophées de la victoire ne peuvent encore être évalués... » (sic)

5 Mai. — Nous arrivons à la première journée de distribution de pain.

Il faut voir cette foule à tous les dépôts. Au moment où ils reçoivent un pain presque blanc, nos pauvres concitoyens éprouvent cette joie naïve de l'enfant à qui on a fait cadeau d'un beau jouet neuf. Combien vont ne faire qu'une bouchée des 250 grammes !

M. le Maire de Lille a sollicité du Gouvernement allemand l'autorisation pour la population, de pouvoir, en raison de la belle saison, circuler au Bois de la Deûle, promenade habituelle des habitants et aussi celle de sortir plus tôt le matin et rentrer plus tard que huit heures le soir.

Seule, la faveur grande de sortir le matin dès le lever du soleil, a trouvé grâce devant cette « Excellence » à la... Bonnot !

Les Alboches ne peuvent nous cacher aujourd'hui ce qui va servir de boucherie à leurs soldats.

Ils font débarquer en gare Saint-Sauveur un troupeau de cent bêtes à cornes, en majeure partie de vieux bœufs, crevant de faim, n'ayant que la peau et les os ,les jambes enflées, les pieds en marmelade, le museau écumant, en un mot, la fièvre aphteuse en ballade.

Quelques-uns restent étendus sur le boulevard, n'ayant plus la force d'aller jusqu'à l'abattoir. C'est le troisième convoi de ce genre depuis dix jours.

Dimanche 9 mai, à 4 heures du matin, la ville sursaute sous la détonation formidable de trois bombes lancées par un aéro anglais. L'une tombe à Loos, près de la kommandantur (maison Thiriez), deux Allemands sont tués ; l'autre, près la gare de la Madeleine. La troisième, destinée aux deux belles maisons qui hébergent depuis cinq mois les officiers supérieurs de la kommandantur de Bavière, au nouveau Boulevard, à proximité de l'avenue Saint-Maur, tombe à trois ou quatre mètres de la porte d'entrée.

Nous plaçons au nombre des victimes, tout au moins les hommes de garde, dont les cabines étaient à deux pas. Nous ignorerons toujours s'il y en a eu d'autres.

Les vitres de tous les grands immeubles voisins jonchent le sol et quelques maisons dans la Madeleine sont endommagées. Dégâts matériels assez importants sur les fils télégraphiques qu'ils réparent au plus vite. Trois officiers prennent place sur le trottoir, près du trou béant et du mur criblé, pendant qu'un autre les photographie.

Encore un cliché dont ils vont tirer parti.

En attendant, ces trembleurs balafrés défilent dans cinq autos chargées de malles et vont chercher asile ailleurs.

Ajoutons qu'un « taub » est abattu à Sequedin et que les deux aviateurs sont tués.

Nous ne tardons pas à subir le contre-coup de ces multiples attentats. Deux cents prisonniers français et anglais font leur entrée en ville et la police allemande pourchasse la foule avec une violence inouïe, une véritable rage. Des femmes coupables d'avoir donné à boire à nos soldats ou simplement de leur avoir fait un geste de salut, sont arrêtées et conduites à la citadelle.

Ailleurs, c'est un wattman du tramway qui est cravaché par un officier prussien. Celui-ci est copieusement abreuvé d'injures par les témoins de cette scène de sauvagerie allemande. Mais ce pleutre armé sait bien que c'est là tout ce qu'il risque.

Chaque jour nous apporte son contingent d'accidents causés par les tirs contre les aéros.

Hier, c'était à Lomme, aujourd'hui c'est en plein marché des Halles.

Nous passons dans l'angoisse des heures véritablement tragiques qu'aucune nouvelle sérieuse et aucun réconfort ne viennent nous aider à supporter.

Il faut nous contenter de vivre dans cette atmosphère malsaine de racontars, de potins qui s'accumulent autant qu'ils se contredisent et auxquels, avec un véritable excès de zèle et de parole, le sexe faible, qui tient à nous prouver qu'il est actuellement le plus fort, prend autour de nous, au chapitre de la guerre, une bien trop large part. Avons-nous assez entendu de ces histoires à dormir debout, nous qui ne dormons plus, même dans un bon lit !

Chaque matin, c'est la laitière qui vient du village de X... en passant par A. B... et qui nous narre avec force détails le mouvement des troupes dans tous ces patelins. Ce sont les marchands de légumes des halles ou les blanchisseurs du voisinage qui en racontent d'autres ; et cela doit être vrai puisque c'est la cousine de Madame Chose qui l'a dit à la femme de M. Machin.

Chaque paysanne tient à apporter son nombre plus ou moins grand de jeunes gens enlevés ou même fusillés aux environs.

Elle ne les a pas vus, mais elle le tient de la belle-sœur, de la tante de son frère qui habite tout près, etc., etc...

Il y a aussi la pléïade des marchands de jambons, de café, cigares qui, venant de Belgique, traversent les lignes ennemies.

Pas un de ces fraudeurs qui n'accrédite sa petite légende.

Sur le plus favorisé d'entre eux, les Prussiens n'ont pas tiré moins de vingt coups de feu et ils se portent tous bien, ne demandant qu'à repartir à la frontière se réapprovisionner de contrebande et de nouvelles ! N'oublions pas le Monsieur bien renseigné qui, à chaque fait réellement connu, dit sentencieusement : « Il y a huit jours que je le sais, mais je ne voulais pas en parler ; puis, sortant de sa poche un communiqué vieux de trois semaines, il vous en donne mystérieusement connaissance en ajoutant d'un air convaincu et satisfait : « C'est officiel ! »

Il y a encore le coup de la vieille dame qui a logé depuis plusieurs mois un officier supérieur. Celui-ci a été si bien traité chez elle qu'il ne peut, en partant, faire moins que de lui donner un conseil : « C'est de quitter Lille au plus tôt, car d'ici peu il va s'y passer des choses terribles, tout au moins un deuxième bombardement, etc... »

Citons encore la petite fable de l'officier allemand qui a laissé, par mégarde, sur sa table une lettre qu'il a reçue de sa femme. Est-il assez distrait !

Mais la petite bonne de la maison, comme par hasard, connaît l'allemand. Vous devinez alors la traduction mélodramatique qu'on fait sortir de cette lettre imaginaire. Et le canard fait dix fois le tour de la ville.

> *Nous avons le petit... Bossu !*
> *Qu'on consulte et qui d'vine tout*
> *Si vous n'êtes pas très cossu*
> *Il vous tient quitte pour... dix sous !*

Nous avons enfin l'aimable optimiste qui nous annonce le départ des Allemands à date fixe : C'est pour le 26 du mois de... ? alors que son ami, l'affreux pessimiste, les compte ici encore pendant deux ans !

Et ils ne céderont pas l'un à l'autre, le premier ne tient-il pas le renseignement de quelqu'un « bien placé pour le savoir », l'autre d'une façon non moins certaine, du brave curé de son village qui « l'a dit en chaire ».

Et combien d'autres plaisantes sornettes avancées sans preuve, ne blâmerions-nous pas si, chez certaines gens nous ne trouvions pour excuse, cette extravagante épidémie qu'est le désir de parler et d'étaler au grand jour la naïveté, la sottise ou l'ignorance.

Du 14 au 31 mai. — Enfin, voici des autos pleines d'officiers qui avec leurs armes et bagages en désordre, déménagent à toute vapeur. Chariots, convois, tramways réquisitionnés, trains entiers de blessés arrivent chaque nuit, et après avoir garni de moribonds quelques-unes de nos ambulances, filent sur l'Allemagne avec le reste.

Nous comprenons bientôt qu'il s'agit d'un succès dans l'action terrifiante qui s'est déroulée sur la Bassée, Lens et Carency au nord d'Arras.

Les munitions en mitraille que les Alboches fabriquent ici aux Etablissements Tudor se font sans doute rares, car on les voit s'attaquer aux disques des voies ferrées, aux plaques tournantes qu'ils brisent à coup de massues, aux fils conducteurs, aux rails, aux wagonnets, etc...

D'ailleurs, une affiche qui prêche le faux pour savoir le vrai, réclame cuivre, plomb, nickel, étain et métaux qu'on peut détenir. C'est la continuelle et hypocrite menace précédant la traditionnelle rafle.

Ah ! bonnes ménagères, après vos moulins à café, gare à vos marmites et à vos casseroles !

Pendant qu'a lieu cette chasse à l'aluminium, les morts que les Allemands n'ont pu enterrer tous à Lens et à la Bassée, transitent nuitamment ici par wagons.

Que se passe-t-il ? Voici qu'il y a arrêt complet dans la délivrance des laissez-passer pour toutes destinations.

Les routes doivent rester libres partout aux alentours.

Nous en avons bien vite l'explication en voyant arriver dans nos murs des renforts considérables.

En trois jours, la ville et les faubourgs sont pleins de jeunes troupes d'infanterie et d'un mélange de beaucoup d'autres armes qui viennent s'y concentrer.

N'affirmons pas d'où elles viennent ni où elles vont, tellement les versions données sont contradictoires.

Restons spectateurs, ici de revues de détail et d'armes, là, de distribution de pain et d'argent, d'exercices, manœuvres, promenades, etc...

Mais voici le point d'interrogation du moment :

Les mots Italie, Italia sont dans toutes les bouches.

Ce 21 mai, nous lisons dans l'affiche allemande le résultat du vote de la Chambre italienne.

Le lendemain, symptôme rassurant, le drapeau du consulat italien est retiré.

24 mai, lundi de Pentecôte, 6 heures du matin.

Un bruit nous éveille. Si nous l'écoutons sans voir, cela nous fait l'effet d'un marteau-pilon frappant le pavé et cadensant sa chute aux sons harmonieux produits par quelques chaudrons et deux sifflets.

Mais regardons. En réalité, nous apercevons 5 à 600 bottes de fantassins armés qui marchent sac au dos, fifres en tête.

Comme ils achèvent bien de nous donner cette impression, cette conviction de plus en plus forte, à présent que nous les connaissons mieux, que toute leur solide, puissante, et au premier abord impressionnante organisation, se traduit surtout par des bottes, qu'il n'en restera que des bottes et jamais que des... bottes !

Nous prenons plaisir à voir la mine déconfite des officiers boches qui, pour bluffer malgré tout, donnent ici une fête, ailleurs un banquet et nous assomment positivement avec leurs musiques. Dans la foule, le naturel reprend le dessus. Ils cravachent indistinctement les jeunes gens ou les femmes d'un certain âge, qui ne se rangent pas assez vite, à leur gré, pour leur livrer passage sur les trottoirs.

Rien ne peut d'ailleurs être comparé au grognement guttural et sauvage qui accompagne le geste. Le molosse auquel on retire l'os qu'il ronge, n'en donne qu'une bien faible image.

Pour nous, c'est monstrueux. Pour eux, c'est simplement le genre, le bon ton, le « made in germany », avec lesquels ils auraient voulu pouvoir nous gouverner.

Nous n'avons pas autre chose à faire que d'élargir notre sourire, cet impertubable sourire qui, comme notre 75, les déconcerte et les tue.

Nous voici fin mai. Résumons-en les dernières journées qui sont superbes et d'une chaleur intense.

C'est le moment bien choisi par nos ennemis pour réquisitionner à leur profit toutes les brasseries et priver la population de sa boisson habituelle, la bière. J'avais bien raison d'écrire qu'ils ne nous laisseraient que le « Château-la-Pompe ! »

Paraît à l'instant un arrêté : « Défense sous peine de répression sévère et d'amende pouvant s'élever jusqu'à 12.000 marks, d'*écrire*, *éditer*, *imprimer*, *copier*, *afficher*, *colporter* lettres, documents périodiques et ouvrages de quelque nature que ce soit, sans qu'ils soient soumis, au préalable, à la censure allemande et écrits en cette langue. »

12.000 marks ! excusez du peu. Mais dans le Nord, le milliard leur est devenu si familier !

Difficultés de plus en plus grandes pour les laissez-passer, redoublement de rigueur à l'égard des retardataires du soir. Les amendes pleuvent sur eux comme sur les toutous qui se permettent d'aller à la rue après 8 heures.

C'est ainsi que les deux chiens favoris de notre établissement sont l'objet d'une contravention pour n'avoir pas observé à la lettre cette consigne rigoureuse qui est de ronfler dans la cuisine et non dehors.

Nous avons bien un peu ri sous cape en voyant partir Madame accompagnée d'un Boche, venu pour requérir en personne, sa présence à la citadelle.

Bref ! l'affaire s'est dénouée en moins d'une heure et, à part l'amende, de très plaisante façon.

Un officier allemand qui loge en face et à qui on en réfère, se montre d'une amabilité très courtoise.

Non seulement il s'offre à aller de suite verser à la police le montant de la contravention qu'on lui remet, mais il téléphone à la citadelle et s'y rend ensuite lui-même avec son auto. Quelques instants après, il déposait à la porte du café, au milieu de sa clientèle étonnée, notre grâcieuse patronne, encore pourpre de l'émotion que vient de lui causer cette odyssée d'abord banale, devenue tout à coup triomphale !

Ainsi que la politesse l'exige, remercions d'un mot.

En disant « qu'il n'est pas à sa place au-delà du Rhin », nous pensons nous faire suffisamment comprendre de ce capitaine (chef des transports automobiles), dont nous venons d'apprécier la correction et la galante courtoisie.

Néanmoins, nos roquets tiennent à protester ; écoutez leurs doléances :

P'tits chiens d'la cité lilloise,
Nous voulons à tout prix rompre,
Avec ceux qui cherchent noise ;
Ou bien qu'on nous donne une montre
Sur laquelle avec ardeur,
Nous allons étudier l'heure.

Sous l'gouverneur V.. H...ich,
On ne dit pas : « Je m'en fiche ! »
Supplément d'instruction
S'impose à tous nos griffons.
Comme les gens, les p'tits caniches
Doivent savoir lire les affiches.

Rien à répliquer à ça,
Beau rougir comme des citrouilles,
Il faut faire notre... K. K.
Avant que passe la patrouille,
Pour que vers sept heures trois quarts
Nous soyons tous dans l'plumard !

Si ce régime ne plaît pas,
Nous ferons en chiens dociles,
L'instinct nous l'dicte tout bas,
En sorte qu'la muselière
Qu'exigent ces B...es imbéciles,
Nous soit posée par derrière.

Pour ceux-là qui font la ronde
C'nouveau mode de fermeture
Portera en grosse ronde :
« Ordre d'la kommandantur ! »
Munis d'ce laissez-passer,
Peut-être pourrons-nous... p...er !

Les renforts dont j'ai parlé s'organisent, se reforment ici après un repos relatif entrecoupé d'alertes.

On les réunit par compagnies sur les places publiques et on leur tient des discours discrets. Les hommes fatigués, abattus, écoutent distraitement et ne paraissent ni rassurés, ni convaincus.

Et au milieu de ces préparatifs guerriers, la musique domine ; elle nous envahit même beaucoup trop. On en entend partout, dans la rue, à la citadelle, dans les jardins.

A l'église Saint-Maurice, c'est parfois un véritable concert.

Est-ce à tant d'harmonie qu'aujourd'hui 1er juin, nous devons la première... complaisance (le mot est suffisant) du gouverneur ?

Nous pouvons, en effet, dès ce soir, rentrer une heure plus tard. Le « bekantmachung » (avis) est placardé. Il en est de même de celui qui réitère la prohibition de l'absinthe.

Nous devons repeindre les numéros de nos maisons, arroser, balayer les trottoirs, tenir les boîtes à ordures hermétiquement fermées, etc. Et à combien d'autres injonctions, sous couvert de mesures sanitaires ou administratives, ne devons-nous pas obéir, si nous voulons éviter la forte amende, complément déguisé du vol, seul but d'ailleurs pour lequel il nous est *ordonné* de faire ceci ou défendu de faire cela.

Les attroupements, les retards, les chiens, les poubelles, tout concourt à palier la pénurie qui se fait jour. Mais c'est surtout la correspondance reçue qui est exploitée indignement.

Ecoutez : « Bonjour, Madame. Comme vous paraissez joyeuse aujourd'hui ?

— Oh ! oui, Monsieur, je suis contente. Songez que depuis huit mois nous étions sans nouvelles de mon fils et nous venons d'en recevoir. Il est en bonne santé.

— C'est très heureux, Madame, tous mes compliments. »

Naturellement les compliments se transforment en condoléances si la personne a été interrogée sur les motifs de sa tristesse au lieu de sa joie.

Mais une heure après ce petit dialogue, vous êtes dénoncée et invitée à venir vous expliquer à la kommandantur pour, en fin de compte, vous voir condamnée à deux mois de forteresse ou 1.000 marks d'amende.

Et voilà le procédé par lequel l'Allemand que vous hébergez depuis plus de six mois sous votre toit, que vous tolérez même à votre table, vous témoigne sa reconnaissance, à vous, bonne et confiante française, qui avez eu la naïveté de croire un instant à la franchise, à la courtoisie, au savoir-vivre, en un mot, à la délicatesse de sentiments des Teutons !

> *L'hypocrisie, le mensonge,*
> *Chez eux c'est comme un psaume ;*
> *A la bonne foi ils ne songent,*
> *Quand il s'agit d'leur* Guillaume.
> *Le mot* Guerre *justifie tout,*
> *Jusqu'aux pires crimes de ce fou !*

Un « taub » vient d'être descendu à Hellemmes par un aviateur allié. Le pilote allemand blessé, meurt dans la journée à l'hôpital. Cet exploit coïncide avec l'extension donnée au champ d'aviation de Wasquehal qui vient d'être renforcé par des aéros-mitrailleurs.

Nouvelle revue des chevaux et dernier rapt de ceux qui restent bons à prendre.

En ce jour de Fête-Dieu, et pour la troisième fois depuis l'investissement, nos cloches sonnent.

Trois mots affichés nous disent : « Reprise de Przemysl ».

Notons et passons, car nous savons toujours très mal ce que nous aurions intérêt à savoir très bien.

Quoiqu'il en soit, nos Boches sont en train de se ménager pour la soif une poire sérieuse.

Vingt voitures stationnent devant les ruines du grand hôtel Divoir sinistré, dont les caves sont soigneusement fouillées. Les paniers de vins fins défilent par les soupiraux. La vendange sera fructueuse, car l'hôtel contient, assure-t-on, pour 80.000 francs de vins. La même opération a lieu en face, à la Brasserie Charles, pour ne citer que ces deux maisons.

Quantité de trains bondés de soldats sont dirigés de nuit sur le front Lens-Angres-Liévin (direction d'Arras) où depuis deux semaines de violents combats ont lieu. Et nous n'en savons pas autre chose que ce que la « planche à mensonges » veut bien nous dire. Je dénomme ainsi le tableau des comptes-rendus affichés chaque jour, à 11 heures du matin, au Crédit Lyonnais.

Les Boches qui, à juste raison, ont désigné le Nord sous le nom de coffre-fort de la France, sont en train de le dévaliser par principes.

Après avoir dépouillé le grenier d'abondance d'Anvers, où ils ont trouvé de quoi subsister des mois entiers, ils procèdent à la même opération chez nous.

Ne réquisitionnent-ils pas, par anticipation, les récoltes en herbe, les fruits de nos vergers, les fraises de nos jardins, les œufs pondus et jusqu'à ceux... en expectative !

Leur inepte journal des Ardennes, celui qui, invariablement, accuse tous les autres organes de la presse d'avoir un toupet imperturbable, n'a-t-il pas l'audace inouïe d'écrire : « A Lille, les Allemands ont réalisé un travail pacifique, la ville a retrouvé beaucoup de son aspect normal et on ne s'y croirait pas si près du front. A l'aide des autorités militaires, la vie s'est réorganisée, le commerce a repris son cours, etc... »

C'est ainsi qu'on écrit l'histoire sous le

G. I. D. F. L. C.

N'allez pas, amis lecteurs, en extraire cette traduction :

Grande Impatience De Fi... Le Camp ?

Non, cela veut dire :

Gouvernement Impérial De Forteresse Lille Centre

La vérité, c'est que nous sommes emmurés, que nous subissons une autorité faite de tracasseries, d'intransigeance et de rapt féroce ; que la population est complètement privée de bière ; que le prix des produits alimentaires est surenchéri ; que celui des viandes et volailles est inabordable ; qu'en dehors des marchés populaires qui sont, comme les cabinets de cartomanciennes actuellement, nécessairement très fréquentés, tout autre commerce est nul et que, si le Comité de ravitaillement Hispano-Américain ne venait à leur secours, beaucoup des 175.000 Lillois enfermés ici, affaiblis, débilités, ne tarderaient pas à mourir de faim.

Il est entendu que les Allemands ont labouré, ensemencé et agrandi les jardins sur les terrains militaires de nos remparts ; qu'ils ont remis en état les routes, chaussées et boulevards que leurs autos, leurs camions avaient usés ; qu'ils ont procédé à des modifications et réparations diverses dans les forts et les casernes ; qu'ils ont aménagé dans la citadelle et à ses abords des jardins d'agrément, tracé des allées pour leurs cavaliers, transformé en familistère, rue des Tanneurs, un établissement abandonné, dans lequel sont installés et vivent commodément certains de leurs groupes militarisés : employés de chemin de fer, imprimeurs, dessinateurs, policiers, etc...

Mais dans ces quelques transformations (disons même améliorations) tant prônées par eux, ils n'ont, en somme, envisagé que leur intérêt et leur bien-être personnels. Ces mesures ne s'appliquent en rien à l'élément civil. On ne peut nier pourtant, qu'en général, dans leur organisation souvent spontanée, on remarque des choses ayant un caractère très pratique.

Ainsi, ils ont songé à utiliser le kiosque des tramways situé sur la Grand'Place, ainsi que le corps de garde voisin de la poudrière près la citadelle, en les aménageant partiellement en « trinkalle » (buvette).

Les soldats de passage ou en course, trouvent là des boissons rafraîchissantes, car il est de nouveau interdit de leur servir aucune boisson alcoolisée.

Dans le domaine des choses pratiques, le gouverneur, lui-même, prêche d'exemple :

Ne vient-il pas s'installer dans un confortable et luxueux hôtel privé, 106, rue Royale, après en avoir fait expulser la propriétaire ? Quand on est témoin de cette courtoisie à l'allemande à l'égard d'une dame, comment pourrait-on ne pas dénommer « Excellence » l'homme qui *excèle* à ce point dans l'art de préserver de l'oubli notre locution française :

Ote-toi de là que je m'y mette.

Dimanche 13 juin, à 5 heures du soir, une bombe contre aéro est venue éclater dans le jardin du restaurant de l'Hem Panpon, près Roubaix, que tous lesLillois connaissent bien. Il y a eu quatre victimes et douze personnes blessées.

Hier soir, à 9 heures, les murailles du beau Café Jean devaient s'écrouler sous l'explosion de cartouches de dynamite (mesure de sécurité prescrite). Mais là mise à exécution n'a eu d'autre résultat que de briser les vitres aux alentours.

L'immeuble sinistré est resté debout, n'ayant cédé que quelques pierres des corniches de sa haute structure. On était vraiment en droit d'espérer mieux de nos bombardeurs ! Ils recommenceront...

De toutes celles dont nous souffrons, la privation de la correspondance est une des plus pénibles, et nous sommes heureux quand nous pouvons, à défaut de nouvelles privées, avoir une communication de source officielle.

Aujourd'hui, nous avons connaissance des discours prononcés tour à tour à la Chambre française par MM. Viviani et Deschanel, et à la Chambre italienne par M. Salandra.

A cette lecture, nous ressentons comme un souffle vivifiant qui ranime notre courage et notre espoir.

L'action qui ne cesse pas dans le secteur au nord d'Arras et sur la Bassée, nous vaut une recrudescence de troupes allemandes qui arrivent de nuit.

C'est de nuit aussi que continuent à transiter quantité de convois de morts et de blessés.

Dans l'air, la fréquence des aéros auxquels nous devons chaque jour et parfois dès trois heures du matin ces tirs terrifiants et si dangereux, nous confirme des combats acharnés.

500 prisonniers français, arrivés le 18, sont embarqués ce jour, 21 juin, pour l'Allemagne. Ils traversent la ville, marchant crânement sous la forte escorte.

Sur tout le parcours, la population émue et silencieuse forme une double haie. A défaut du geste, nous les saluons mentalement avec notre cœur, d'aucuns avec leurs larmes.

Un arrêté exécutoire le 20 juin, émanant de l'autorité allemande essaie de mettre un terme aux abus criants de la vie économique dans Lille. Il est défendu aux commerçants, sous peine d'amende pouvant s'élever jusqu'à 4.000 francs, de vendre les produits suivants : Viande, gibier, volailles, beurre, œufs et légumes à un prix supérieur à celui taxé et fixé dans le *Bulletin de Lille*.

Le charbon est également tarifé.

Nous attendons le résultat de ces diverses mises en demeure.

Après avoir fait du pain, nous fabriquons maintenant notre boisson. Vignerons du Nord, visitons un peu notre chai. Ici, vin aux raisins de Corinthe, bière aux feuilles de frêne ; là, tisanes de fleurs de tilleul, aux feuilles de groseillers et autres mixtures.

Au cours des événements, le « bluff » allemand n'en continue pas moins à se manifester en tout et partout. C'est par l'attitude, par la parole, par les écrits, par les publications, par l'image. Voyez dans leurs journaux illustrés qui abondent, l'exhibition de personnages, ducs, princes, généraux, de croquis militaires et scènes de guerre imaginées. C'est par l'affichage du communiqué quotidien des nouvelles du jour, qui sont *invariablement excellentes* pour eux sur tous les points.

Le « bluff » va jusqu'à emprunter, non pas l'art, mais la forme poétique.

JEANNE D'ARC 1915

Tel est le titre d'un poëme affiché ce jour et dans le fatras duquel un Boche, parlant de notre Jheanne d'Arc de 1429, s'ingénie surtout à remémorer par la bouche de l'héroïne française des paroles de haine contre les Anglais.

A la lecture des quelques lignes qui suivent, vous devinerez sans peine que ce pamphlet n'a été composé qu'en vue du parallèle.

> . . . .
>
> *Ton cheval s'anime sans toucher terre*
> *Tu voles vers la mer du Nord.*
> *J'entends ton ancien cri de guerre*
> *Sus aux Anglais ! Pour eux la mort !*
>
> . . . .
>
> *Ohé ! Français, suivez-moi donc !*
> *L'envahisseur anglais domine*
> *De la Pucelle s'éclairent les traits*
> *Sus à l'allié ! c'est l'ennemi.*
> *Suivez-moi tous, sauvons Calais*
> *Boutons l'Anglais de Normandie.*

Quelque cinq cents ans en arrière, ô Boche ! c'est peut-être un peu tardif et suranné le parallèle !

24 Juin. — Nos occupants fêtent aujourd'hui une double victoire, la reprise de Lemberg (*Lemberg ist gefallen*) et la chute de notre Café Jean dont les hauts murs, ainsi que ceux de l'Alhambra voisin, ont enfin cédé sous le troisième feu de nos dynamiteurs.

Ce dernier haut fait de guerre locale peut marcher de pair avec la prise :

« De l'importante forteresse de Mons-en-Barœul où ils firent 25.000 prisonniers ! »

Ne riez pas ; ce « kolossal » événement a fait, en son temps, dans la presse gallophobe, le tour de l'Allemagne.

Mons-en-Barœul, commune de la banlieue de Lille (à 3 kil.) possède un petit fortin de très minime importance dans lequel pas un seul soldat français n'est resté depuis l'occupation.

Ce que les « gris sales » ont le droit de dire, c'est qu'ils y ont pénétré comme on entre dans une grange abandonnée, qu'ils y ont fait divers travaux de restauration avant de l'occuper et c'est tout.

Nous mentionnons avec satisfaction l'énergique attitude montrée par M. Motte, grand industriel de Roubaix, qui a refusé de faire travailler pour les Allemands. Cet exemple de bon Français, qui a eu d'ailleurs des imitateurs, a fait réfléchir les répréhensibles Lillois confectionneurs de sacs.

Etaient-ils si ignorants ou feignaient-ils de l'être, des articles de notre code pénal en matière d'embauchage pour l'ennemi ?

Toujours est-il qu'ils font cesser le travail. Prudence trop tardive aux yeux de tout le monde.

Quant aux Boches (*inde irae*), ils sont furieux et s'en prennent à M. le Maire de Lille.

S'il était possible à M. Delesalle de conquérir dans la ville plus de popularité, d'estime et de respect de la part de ses administrés, je dirais que les hauts balafrés lui en fournissent ici la plus belle occasion.

Lisez, en effet, les deux magistrales et admirables lettres qui suivent. Voyez avec quelle grandeur, dans leur correction et leur simplicité, ces fières réponses donnent à l'autorité allemande la plus belle leçon de loyauté honnête, de vertu civique et de patriotisme !

« 19 juin.

« *Le Maire de Lille à Monsieur le Gouverneur,*

« Monsieur le général de Graevenitz m'a transmis hier soir la copie de votre lettre relative aux ouvriers qui confectionnent des sacs à sable pour les tranchées.

« Vous me dites qu'une certaine agitation, dont l'écho n'est même pas venu jusqu'à moi, règne dans la population ouvrière et tend à paralyser le travail.

« Vous me demandez, en conséquence, d'user de toute mon influence pour déterminer les gens à reprendre le travail.

« Je regrette devoir vous faire respectueusement remarquer qu'il m'est impossible d'entrer dans vos désirs.

« Obliger un ouvrier ou un patron à travailler, est absolument contraire à mon droit ; lui conseiller de travailler, absolument contraire à mon deoivr que me dicte impérieusement l'article 52 de la Convention de La Haye.

« Vous avez reconnu vous-même la justesse de mes observations lorsqu'il s'est agi, au début de l'occupation, de trouver des ouvriers pour les tranchées, et vous n'avez pas insisté pour que je

m'y entremette. Ce sont les mêmes raisons que j'invoque aujour-
d'hui.

« Quant à la solution que vous proposez de donner à la ville
elle-même le soin de confectionner les sacs, elle ne peut même pas
être envisagée, car mon devoir me l'interdit plus formellement
encore.

« Quelque risque personnel que je puisse encourir, je regrette
donc de ne pouvoir vous donner satisfaction.

« Vous êtes soldat, Excellence, vous placez trop haut le sentiment
du devoir pour vouloir exiger que je trahisse le mien.

« Si j'agissais autrement, vous n'auriez pour moi, au fond de
vous-même que du mépris.

« Veuillez agréer, Excellence, mes civilités.

« Le Maire de Lille,
« Signé : DELESALLE. »

« 21 juin.

« *Le Maire de Lille à M. le Gouverneur Von Henrich, Lille.*

« Je reçois votre lettre de ce jour et m'empresse d'y répondre.
Je ne puis que vous confirmer ma lettre du 19.

« Depuis plus de huit mois, je crois avoir fait preuve du plus
grand esprit de conciliation et vous n'hésiterez pas, je l'espère, à
reconnaître la loyauté parfaite que j'ai apportée dans mes rapports
avec l'autorité occupante.

« Les ouvriers qui travaillent dans les tranchées « prennent part
aux opérations *contre* leur patrie ». Je n'ai pourtant jamais cherché
à les en empêcher, estimant que chacun de mes concitoyens ne
relève que de sa propre conscience. Mais quand il s'agit de mon
devoir personnel, il n'y a pas de conciliation ni de transaction
possible. Mon devoir dans la circonstance est tellement net, que
je ne peux m'y soustraire sans forfaire à l'honneur.

« Vous me dites que si le travail n'est pas repris demain, des
punitions rigoureuses seront infligées à la ville.

« Pourquoi voulez-vous rendre responsable une immense population innocente et ne pas exercer vos rigueurs contre celui-là
seul qui assume et accepte les responsabilités de ses actes.

« Veuillez agréer, Excellence, mes civilités.

« *Le Maire de Lille*,
« Signé : DELESALLE. »

30 Juin. — De nouvelles vexations sont imposées aux habitants des communes suburbaines où partout ils refusent avec ensemble de prêter leur concours aux Allemands, soit pour des travaux de fenaison ou de terrassement, soit pour la confection, en atelier ou à domicile, de sacs pour les tranchées.

Les punitions, les amendes, l'arrestation des maires, des prêtres, des notables, etc., se multiplient.

A Roubaix, c'est une incarcération, un enlèvement en masse de notables et d'éclésiastiques.

Ces agissements monstrueux sont de nature à amener les pires émeutes.

La raison du plus fort étant toujours la meilleure, les Prussiens sont trop heureux de nous le faire voir à cette heure.

En l'an de grâce, 1er juillet 1915, nous voici revenus, comme nos ancêtres de 1793, sous le régime de la Terreur.

Sans avoir rien fait ni pour ni contre ses ennemis, la population lilloise subit la loi des suspects. Elle est englobée dans une mesure de répression générale qui ne devrait logiquement atteindre qu'une *minorité coupable*. Et c'est précisément cette minorité qui a droit (ce que nous sommes loin de lui envier), à toute la protection des Allemands.

Donc, dès ce soir jusqu'au 14 juillet inclus, rentrée à 5 heures.

Toute infraction sera punie d'un an de prison. La proclamation nous fait connaître qu'un cordonnier du nom de Jacoby, vient d'être condamné à mort le 26 juin pour avoir menacé ou molesté un ouvrier qui travaillait pour eux. Elle nous prévient que si le travail n'est pas repris, nous serons l'objet de mesures plus sévères.

Le Gouverneur, Signé : ? (Néant)

Vous devinez combien il est pénible, par ces belles journées de juillet, d'être enfermés pendant 4 à 5 heures de grand jour, ne percevant plus d'autres bruits extérieurs que celui du canon, celui des moteurs d'aéros qui sillonnent l'air, celui des autos et tramways qui fonctionnent pour nos occupants seuls et enfin, celui des bottes des patrouilleurs qui martèlent le pavé de nos rues désertes.

En vérité, depuis dix mois, tant dans les publications que nous avons eues que dans toutes celles communiquées ou dont on nous a parlé, nous n'avons jamais remarqué ni ouï dire qu'une seule fois, un journal de Paris ait consacré deux lignes à la ville de Lille.

Une heureuse exception cependant. A l'instant, il nous est donné de lire le vibrant appel adressé aux soldats des armées alliées par M. Viviani, président du Conseil des ministres, et dans lequel il est tout particulièrement fait allusion aux malheureuses populations du Nord envahi.

Dans notre lamentable isolement, nous apprenons que les soldats belges viennent d'être reçus et fêtés par les Parisiens.

Bien que nulle part on n'ait paru compatir à nos malheurs et à nos peines, nous voulons, nous Lillois, à qui on a tout enlevé : Affections, joies, liberté, faculté d'agir, bien-être matériel et jusqu'à notre heure française, nous voulons, dis-je, un instant tout oublier, pour nous associer à la joie de nos concitoyens qui ont le plaisir d'accueillir dans la capitale, nos chers voisins, les dignes enfants de la Belgique.

Car s'il est une chose qu'on ne pourra jamais nous ravir, c'est la faculté de penser et de nous émouvoir à l'idée de tout ce qui excite au fond de nos cœurs, le sentiment du patriotisme.

La relation détaillée de cette journée de fête, distribuée ici, est vendue en cachette cinq centimes. Ah ! nous comprenons que vers le matin, beaucoup de petits soldats belges déambulant sur nos grands boulevards, ont éprouvé le besoin de mettre en pratique la devise de leur fier pays et que, bras dessus bras dessous, ils allaient répétant :

> *Ce n'est plus de bon Faro de Bruxelles, sais-tu ?*
> *C'est l'Picolo d'Paris, pour une fois qui nous corse*
> *Moment propice pour nous qui avons bien vécu*
> *De ne pas oublier que l' « Union fait la Force ! »*

Les maires des communes qui n'ont pas payé intégralement, soit contribution de guerre, soit amendes, sont convoqués à la Préfecture où, depuis plusieurs jours, ils confèrent avec le gouvernement allemand.

Toute discussion est d'ailleurs stérile avec lui, et, n'ayez crainte, une fois de plus, la force primera le droit.

C'est ainsi que ces écumeurs font main basse sur la Caisse Municipale et se payent eux-mêmes 275.000 francs.

Une troisième lettre de Monsieur le Maire de Lille, aussi crâne que les précédentes, nous donne l'explication de cet embargo mis sur la Caisse de la ville et qui menace aussi les banques. Celles-ci doivent se rendre solidaires et se porter garantes des échéances présentes et à venir.

« Lille, 4 juillet.

« *Monsieur le Gouverneur,*

« Je reçois votre lettre du 2 juillet.

« Parce que quelques ouvrières, de leur plein gré et après réflexion, refusent de confectionner de leurs mains des sacs à sable pour les tranchées, à l'heure où leurs maris et leurs frères se font tuer héroïquement devant ces mêmes tranchées.

« Parce que le maire refuse d'intervenir et de conseiller ce qu'il considère comme un crime contre sa patrie, vous sévissez contre une immense population innocente qui, jusqu'à présent, a fait preuve, malgré ses souffrances, du plus grand calme.

« Vous m'enjoignez en outre de verser à l'intendance, le 1er juillet, une somme de 275.000 francs pour la confection de 600.000 sacs en Allemagne.

« Je regrette de ne pouvoir acquiescer à cet ordre. D'abord vous savez que je n'ai plus en caisse d'espèces françaises ou allemandes.

« De plus je ne reconnais pas que cette dépense puisse m'être imposée. Il ne s'agit pas, en effet, de frais d'entretien de vos troupes auxquels je dois pourvoir, mais de véritables dépenses de guerre auxquelles mon devoir m'interdit de contribuer.

« Je vous le répète encore, Excellence, j'ai fait et je ferai tout ce que me prescrit mon devoir, mais je n'irai pas au-delà. Ma bonne volonté est à bout et ma santé, très ébranlée, s'épuise sous le poids d'incessantes préoccupations.

« En internant mes adjoints à la citadelle, vous rendez encore pour moi le fardeau plus écrasant.

« Agréez, Excellence, mes civilités.

        « *Le Maire de Lille,*

         « Signé : DELESALLE. »

Il n'est certainement plus personne qui ignore à cette heure, la réponse, en vers, d'un de nos grands poëtes et littérateurs français, traité de galeux par Guillaume.

La copie en est parvenue jusqu'à nous.

Mais pour pouvoir vous citer le mot qui résume tout le poëme,

je dois, à mon tour, usant de la rime stratagème, vous le faire deviner sans grande difficulté :

Guillaume II avec bravoure
Se promène dans son jardin,
Moi je prétends qu'il savoure
La réponse de Jean Richepin.
Ce n'est sans doute pas pour rien
Qu'auprès de lui siffle un merle
L'oiseau doit, vous pensez bien,
Lui répéter : « Je t'.... ! »

Pendant ces dix premiers jours de juillet, chants et musiques
alternent sans discontinuer au départ de ces hommes sur Ypres
et au front sud-ouest de Lille.

Les maisons de nos faubourgs ne sont pas sitôt débarrassées,
que trois heures après les mêmes locaux sont réoccupés par d'autres arrivants.

Les punitions sont levées le 13 juillet dans les communes voisines d'Haubourdin, Lambersart, Canteleu, Marcq et Saint-André.

Dans ces deux dernières localités, les Allemands se sont montrés
particulièrement méchants et cruels.

Ils ont enfermé des femmes qui refusaient de faire des sacs et,
pour les obliger à reprendre le travail, les ont laissées durant plusieurs jours au pain et à l'eau sans compter les brutalités et autres
souffrances inhérentes à cet insalubre internement.

Il y a eu parmi les femmes du peuple comme dans celles de la
classe bourgeoise, d'admirables exemples de courage.

Roubaix reste puni jusqu'à nouvel ordre. Les otages sont relâchés en grand nombre de divers côtés. Par contre, à Lille, on
arrête et on emmène commeprisonniers les hommes du Comité,
dit du 8ᵉ, c'est-à-dire ceux qui se sont occupés de soustraire aux
recherches les soldats restés ici depuis le bombardement et qui
leur procuraient des moyens d'existence.

N'y a-t-il eu qu'imprudence ou faut-il encore voir là l'œuvre
d'ignominieuses dénonciations ?

Bref ! nous voici arrivés à notre jour de fête nationale qui est
pour nous d'une tristesse mortelle.

Nous avons cependant la satisfaction, en signe de protestation,
d'assister tout d'abord à une cérémonie religieuse à l'intention de

Au premier plan : Passage Santenaire

Façade de l'Alhambra après sa chute

Clocher de l'Église Saint-Maurice

nos soldats français ; puis ensuite, de nous promener en ville « en habits de fête ! »

La plupart des maisons de commerce sont fermées et l'attitude générale de la population indique assez ce que tous, nous ressentons au fond de nous-mêmes.

Quelques Lillois, et parmi eux certaines personnalités appartenant au monde judiciaire et à l'enseignement, se sont laissés entraîner à chanter *Sambre et Meuse* et la *Marseillaise*.

Empressons-nous de dire que c'était après avoir dîné au Royal-Hôtel, lequel est très fréquenté par des officiers et surtout par des délégués de la police allemande, mouchards en civil, qu'on coudoie un peu partout.

Heureusement, la population n'est pas à nouveau punie pour cela. Les délinquants seuls subiront les conséquences de leur acte. Nous excusons volontiers cette attitude de bravoure. Elle tranche un peu avec l'obéissance passive à l'excès, qui finit par être, pour nous, démoralisante et néfaste.

SAMEDI. — Revue d'appel des jeunes gens de 17 à 20 ans ; embarquement de 150 prisonniers français pour l'Allemagne.

Lundi, 19 juillet, à 3 heures du soir, par un de ces ciels purs que nous prodigue, comme par ironie, l'été 1915, un aéro allié passe sur la ville.

En moins de 5 minutes, il est accueilli par plus de 60 coups de canon dont il paraît se soucier bien moins que nous.

Nous avons fréquemment de pareils réveils en fanfare.

Pas plus tard que ce matin 21, dès 5 heures, la canonnade est particulièrement vive sur notre quartier et dans le rayon de notre habitation.

Après l'explosion d'une bombe, j'entends distinctement un des éclats venir briser avec violence quelque chose non loin de moi.

Dans l'immeuble où sont mes bureaux, situé dans le jardin, mes recherches aboutissent bientôt.

Le fragment d'obus d'une épaisseur de 2 centimètres et du poids de 300 grammes a traversé la toiture en zinc et le plafond du deuxième étage, s'arrêtant net dans les liasses d'archives disposées sur rayons étagères.

Voici l'apparition d'une affiche qui requiert, pour le 25 juillet, toujours sous peine d'amende, la déclaration à faire des voitures et des harnais.

Notons que M. le Chef de Bureau de la Préfecture, dont nous avons mentionné l'arrestation il y a 5 mois, est remis en liberté.

M. le sénateur Potié, maire d'Haubourdin et son adjoint, M. Cordonnier, sont condamnés à un an de prison et 5.000 mark d'amende. En cas de non payement à 11 mois de prison en plus. Motif : « Ont refusé expressément de faire procéder à des travaux de guerre imposés aux communes par les autorités allemandes. »

Bravo ! Messieurs.

Disons que ces jours derniers, pour les enfants des écoles qui ont obtenu le certificat d'études, on a remplacé le traditionnel voyage à Dunkerque, par un touchant pélerinage aux sépultures provisoires de nos soldats sur les remparts. Des enfants ont récité des odes patriotiques à ces héros du devoir, dont toutes les tombes ont été ainsi fleuries pour le 14 juillet.

Le 24, à 1 heure, grande sonnerie de cloches. Vous connaissez le cliché habituel de l'affiche : « Victoire russe ».

Mais à Flers, où un « taub » vient d'être descendu par la mitrailleuse d'un aviateur allié, de même qu'au-delà de la Porte d'Arras où un autre a subi le même sort, on n'a pas sonné les cloches !

Les Boches, qui sont toujours à la recherche des hommes mobilisables (territoriaux du bombardement), en ces derniers jours de juillet, donnent un grand coup de filet. A trois heures du matin, ils cernent quelques rues, pénètrent dans certaines maisons suspectes ou simplement vendues et capturent tous les hommes rencontrés à domicile ou sur leur chemin. A midi, la citadelle en contient quelques centaines dont les papiers d'identité et d'inscriptions vont être soumis à un examen minutieux. Les non inscrits récolteront, avec quelques jours de prison, une amende qui est toujours de la plus précieuse utilité.

Quant aux malheureux territoriaux qui seront pris, ils seront inculpés d'un délit militaire habilement choisi, qui permettra de leur appliquer toute la rigueur du code de justice disciplinaire.

Nous en doutons d'autant moins que dès ce soir 26, tous les otages, excepté quatre : le préfet par intérim, l'évêque, le maire et un adjoint, sont requis de venir passer la nuit à la citadelle et que, dès demain 27 (la proclamation vient d'être affichée), nous sommes à nouveau punis et calfeutrés à 5 heures.

Toutes les communes des environs, y compris la Madeleine, qui n'avait jusqu'ici été l'objet d'aucune répression, sont comprises dans la mesure. Motif : « Avoir donné asile à des soldats de l'armée ennemie. »

Ces mesures de cruauté ont surtout pour effet de créer dans la population une solidarité plus resserrée et partant plus fraternelle.

Mais exprimons toute notre pensée et, en cette circonstance comme en toute autre, cherchons, à côté du motif invoqué, quelque raison laissée dans l'ombre.

Dans ces recherches faites à l'improviste, n'espéraient-ils pas découvrir quelques-uns de leurs déserteurs dont les effets militaires, en plus grande quantité encore que précédemment, sont découverts dans les fossés et les fourrés du Bois de la Deûle ?

Et ne constatons-nous pas, en outre, qu'ils profitent du premier soir pour opérer transport, arrivée et sortie par les portes de la ville, de troupes en désordre et de nombreux canons, caissons et matériel divers, le tout, plus ou moins détérioré et hors d'usage ?

Pendant nos heures d'internement, nous pouvons lire un journal qui vient d'échanger son titre un peu sévère, *La Patience*, contre celui plus gracieux de l'*Hirondelle de France*.

Quelques privilégiés le trouvent dans leur boîte aux lettres. C'est l'incognito. Il vient de X..., pays non envahi. On est prié de le lire et de le détruire ensuite.

Nous lisons donc avidement ces pages. C'est avec bonheur que nous savourons un langage français en même temps que des nouvelles exactes. Ce sont là d'excellentes réponses aux mensonges et aux outrages de plume des gazettes mercenaires qui nous envahissent et qui sont démoralisantes pour ceux qui ont la faiblesse d'y croire.

Pour varier, si nous parlions un peu de notre intérieur et des courses de nos ménagères.

Voyons-les faire quelques achats.

Tout d'abord ce sont des bons de pain taxé :

4 à 0 fr. 25 ; 2 à 0 fr. 351/2 = 1 fr. 75.

Ce prix représente pour une personne les rations de pain de 15 jours. Au poids de guerre, environ 3 kil. 600 : 15 = 240 gr. qui constituent la maigre ration journalière.

Mais nos ménagères sont bien obligées, de temps à autre, de parer à cette insuffisance par l'achat, sur commande, d'un pain blanc, dit de 2 livres, qui en réalité, pèse 750 grammes.

En conséquence, elles payent :

Un pain blanc .... 1 fr. 55
Une demi-livre de beurre............................... 2 fr. »
Un tout petit bifteck avec os......................... 1 fr. 75
    (Poids et tarif imposés.)

On n'oserait en prendre un moindre, de peur de le perdre en route à travers les mailles du filet !

Un quart jambon, 4 œufs, 1 kilo pommes de terre.... 2 fr. 70
Légumes, fromages, fruits............................... 2 fr. »
       Total.. 10 fr. »

A ce tarif, les petits budgets sont vite endommagés et il faudrait, pour atténuer nos charges, autre chose que le dégrèvement de 10 centimes qui figure sur nos factures, sous cette rubrique : « Défaut de timbre quittance ; état de guerre ».

Quant à la boisson, c'est du supplément.

Notre nourriture est devenue tout un problème de mélanges et de proportions. Au lieu de la succulente et saine cuisine d'autrefois, nous absorbons les mets les plus baroques et les plus saugrenus. Ils n'ont pour notre palais, d'autre charme que le bizarre et sur notre estomac, d'autre effet que le pyrosis.

Nos médecins peuvent se rassurer, ils ne seront pas atteints par le chômage.

Le *Bulletin de Lille* nous apprend que c'est l'autorité militaire allemande qui livre, contre bon argent et d'avance, fourrage, avoine et mélasse nécessaires à l'alimentation des 250 chevaux employés aux services de la ville : Vidanges, voierie, ravitaillement, pompiers et pompes funèbres.

La municipalité surveille la livraison et assure la régulière distribution de ces fournitures aux propriétaires des chevaux. En cas d'inobservation, 1.000 mark d'amende.

Un autre énumère la liste d'environ 80 condamnations prononcées : Amendes, semaines et mois de prison, détention temporaire, détention pendant toute la durée de la guerre, telle est l'échelle graduée des terribles sanctions que termine celle-ci, dont je respecte scrupuleusement le libellé : « *Mort* avec perte permanente des droits civils et un an de prison. » (sic).

A noter que parmi les personnes frappées de ladite condamnation se trouvent plusieurs femmes !

Voici maintenant l'énumération des délits correspondants :

Vol ou recel ; Manifestation hostile aux Allemands ; Rébellion ; Lever de plans de fortifications ; Falsification de laissez-passer , Détention d'armes prohibées ou de pigeons ; Avoir favorisé la désertion, et, enfin, avoir hébergé des soldats français *revêtus de costumes civils.*

Après l'inscription des hommes de 17 à 50 ans, on procède, du 3 au 15 août, à celle des garçonnets et collégiens de 15 à 17 ans, et des hommes de 50 à 55 ans, cette fois, avec photographie.

Dix de nos otages, dont trois adjoints et sept conseillers sont libérés par anticipation, pour venir participer à l'organisation de ce service dans les 25 bureaux d'inscription.

Nos photographes sont assiégés. Aux indigents on a délivré des « bons pour portraits ».

L'affiche est apposée le jour anniversaire de la mobilisation.

Il y a 296 jours que, arrachés brutalement au foyer de la mère-patrie, nous sommes emprisonnés, isolés du monde, en butte à toutes les privations comme à toutes les pires vexations.

On nous épie, on nous guette, on visite nos domiciles, on nous fouille en tramways et de façon plus minutieuse encore dans des locaux spéciaux, car sachez qu'il est excessivement grave d'essayer de correspondre avec l' « ennemi ! »

Et l'ennemi, c'est vous, chers Français, qui êtes nos frères, nos fils, nos maris, nos amis !

En ville, la physionomie est inchangée (style des communiqués allemands).

A côté de l'élément militant, troupes de passage, en instruction ou au repos, à côté de la cohorte des pillards qui, du matin au soir, remplissent avec ardeur dans des wagons tout le riche butin de notre région, les traditionnels non combattants, soldats sans l'être, continuent à arpenter nos rues. Impassibles et insouciants, en apparence, au bruit du canon qui gronde furieusement autour de nous, ils tentent de nous faire croire à leur stoïque mépris de la mort.

Bien qu'ils paraissent ne songer à rien, soyez certains qu'ils regrettent amèrement de ne pouvoir, comme les années précédentes, se pavaner sur les luxueuses plages d'Ostende et de Blankenberghe, leurs préférées.

Ces privilégiés, viveurs mélancoliques, essayent vainement de forcer notre admiration en voulant paraître heureux. Soit, faisons leur cette concession.

> *Les « Boches » sont heureux qui ne pensent pas,*
> *Qui vivent sans rêve et sans folle chimère,*
> *Malgré la guerre !*
> *L'attente des longs et copieux repas,*
> *Est pour eux l'unique souci sur la terre,*
> *Malgré la guerre !*

Notre comité de ravitaillement met en vente aujourd'hui des viandes de bœuf conservé à 3 francs le kilo. Demain, il augmentera la ration de pain de 107 grammes par personne et par jour. Mesure d'impérieuse nécessité qui s'imposait surtout à l'égard des familles nombreuses.

Voulez-vous connaître un des moyens (pour ne citer que celui-là) par lequel s'alimente chaque jour la caisse du gouvernement occupant ?

C'est bien simple. Comptez autant de fois 15 marks (18 fr. 75) que vous verrez de gens saisis sur le seuil de leur porte, à 5 heures 4 secondes, par les sbires de la police allemande. L'image que vous voyez ici, laquelle fait pendant au fameux bon de réquisition figurant aux pages précédentes, est un reçu de la somme versée, le nom vous l'indique, par notre éditeur et ami, pour une amende de ce genre.

En gare Saint-Sauveur sont ramenés des morts. On dit douze, on dit vingt, peu importe. Ce sont des civils dont l'oraison funèbre sera courte. Il s'agit de crapules qui travaillaient dans les tranchées ennemies. Une bombe française est venue très heureusement venger cette trahison.

5 Août, 5 heures du soir. — Grand branle-bas des cloches : « Prise de Varsovie ».

Sonnerie trop prévue et attendue pour nous causer la moindre surprise.

Bornous-nous à souhaiter que nos cloches ne soient pas trop usées, quand viendra pour nous le moment de leur faire chanter une victoire autre que la prise d'une ville évacuée et morte.

Pleins de confiance dans la tactique de nos alliés, espérons qu'ils ne tarderont pas à reconquérir cette capitale où ils s'empresseront de faire revivre, mais d'une toute autre manière qu'en 1831, la phrase historique et proverbiale : « L'ordre règne à Varsovie ».

La *Gazette des Ardennes* publie pour l'anniversaire de la guerre un manifeste impérial dans lequel l'empereur dit à son peuple :

« Qu'il a la conscience pure, qu'il n'a pas voulu la guerre ; qu'il exprime sa gratitude à tous ceux qui reviennent blessés ou malades et surtout à ceux qui sont restés sur les champs de bataille ou qui reposent au fond des océans. »

Et il ajoute qu'il attend... devinez quoi ?... la victoire, parbleu ! Non pas !

Ce cynique ne parle plus de victoire, il attend simplement que... « la paix puisse venir ! » (sic).

Et comme sans cesse il invoque Dieu, que Dieu est partout avec lui (sur le papier du moins), on se plaît à penser que c'est Dieu lui-même qui aura dicté à ce « candidat à la gloire » une prose plus modeste.

Naguère encore, planant dans les hauteurs du temple de la Renommée et du Triomphe, elle descend tout-à-coup pour se réduire aux proportions d'une humble demande de paix.

Comme réponse, le texte des télégrammes échangés entre le Roi Georges V et le Président de la République Française, offre au Kaiser un sujet de méditation amère et de profonde désillusion.

Durant ces journées caniculaires d'août, les Lillois n'ont plus qu'une ressource, c'est d'aller s'asseoir sur les bords de la Deûle et de pêcher.

J'étonnerai bien un peu nos compatriotes absents, en leur apprenant qu'il y a du poisson dans la Deûle.

Mais par suite du chômage industriel, notre canal est redevenu liquide et voilà comment, d'un cours d'eau empoisonné, la guerre a fait une rivière poissonneuse.

Nouveauté pour les *pichons !* aubaine pour les *pecqueux !* (patois du Nord).

Le résultat du combat de la nuit du 8, commence à nous être dévoilé mieux que par les deux lignes parues dans le *Bruxellois*, laconisme pourtant éloquent déjà.

Des blessés envahissent les gares de Tourcoing-Roubaix-Lille et des traces sanglantes sont remarquées sur les voies ferrées.

C'est qu'à D'Hooghe, à l'est d'Ypres, les Allemands viennent d'essuyer une défaite de plus.

Les alliés nous exposent aux continuels et dangereux effets de leur tir contre les « taub » en exploration. Si nous sommes à table, soit dans le jardin, soit dans une vérandha, il faut rentrer pour nous mettre à l'abri de la grêle de mitraille.

Et nous ne sommes pas pressés d'aller dormir, car la nuit d'autres agréments nous sont réservés. En plus du bruit du canon et des mitrailleuses, c'est le fanal placé sur la tour de l'église, qui nous envoie pendant 6 à 7 heures l'éclat de ses feux intermittents. Par instants, c'est une lueur lumineuse plus puissante projetée par un phare à longue portée. Mais les populations des localités voisines : Seclin, Templemars, Lambersart, Saint-André, Croix, Wasquehal, etc., sont encore plus à plaindre que nous.

Là, ce ne sont plus seulement les vexations : C'est la misère et l'oppression.

Dans ces villages, on n'a pas le droit de promener en laisse son chien non muselé, de couper un peu d'herbe à lapins dans les fossés qui bordent la route, de distraire quoi que ce soit de son champ ou de son jardin, etc...

A Seclin, des femmes ont été contraintes de confectionner des masques, d'autres emprisonnées pour avoir refusé. Ces masques en toile, adaptés aux sacs, représentant un buste, en forment la tête. Et ces silhouettes trompeuses constituent une ruse de guerre dont on s'imagine aisément l'emploi.

Depuis dix mois, nous avons vu, au service de la Croix-Rouge, maintes allemandes. Disons de suite, sans ambages comme sans galanterie, qu'il ne nous est pas possible d'en tracer un portrait très flatteur.

C'est, je crois, la raison pour laquelle nous avons tardé si longtemps à caractériser ce spécimen féminin de la blonde Germanie.

Si ce n'étaient le costume et le brassard qu'elles portent, nous les classerions plus volontiers parmi les combattants dont elles ont presque la botte, la taille et la lourde allure, que chez les infirmières, où tout concourt à la grâce, à la douceur, au dévouement et au sacrifice.

La démarche pesante, sans élégance, le regard froid, sans expression, ou du moins n'en laissant deviner aucune, elles nous apparaissent trempées en vue de montrer surtout de la force, de la vigueur et de la rudesse, là, où la femme française, avec sa sensibilité exquise, déploie la finesse, le tact, l'élan et le charme !

12 Aout. — A trois heures du matin retentit un formidable coup de mine au sud-ouest de Lille.

Trois jours s'écoulent sans que nous sachions la vérité. C'est un dépôt de munitions des Allemands qui a fait explosion à Salomé, près de la Bassée.

Le 14, c'est une bombe qui, lancée contre un aéro, vient tomber sur la maison de confection attenante au poste militaire de la Grand-Garde. Ce projectile, entré par le deuxième étage, perfore plus d'une douzaine de pièces de drap (comme il l'eût fait d'une motte de beurre), se loge finalement dans le mur et fort heureusement n'explose pas.

15 Aout. — En ce matin de fête, une petite affiche rouge attire nos regards. Notre punition prend fin et dès ce soir, nous pouvons rentrer à huit heures. Ajoutons, momentanément, car nous ne savons jamais ce qui nous attend.

Disons même que la population, déjà façonnée aux exigences de cette existence de reclus, reste assez indifférente à la mesure :

Telle est la force de l'habitude.

Puis, nous perdons l'espoir de devenir centenaires, car nous appliquions déjà, d'une manière très raisonnée, ce proverbe :

« Lever à cinq, dîner à neuf, souper à cinq, coucher à neuf, fait vivre d'ans *nonante neuf !* »

Il nous est donné de lire aujourd'hui, après tant d'autres écrits déjà cités, les pages sublimes de la proclamation du roi Albert à son peuple et à ses soldats, à l'occasion de la date anniversaire de la fondation de l'Indépendance nationale de la Belgique (21 juillet).

Si nous ne savions pas que ce document doit, non seulement constituer l'histoire de la nation belge, mais être écrit en lettres d'or dans l'Histoire Universelle, nous le reproduirions in extenso.

Disons qu'après avoir rendu confiance à son peuple et à ses soldats dont, à juste titre, il exalte les hauts faits, le roi Albert appelle le châtiment sur la tête des empereurs criminels qui ont déchaîné sur la patrie et sur le monde, la guerre la plus atroce, la plus meurtrière, la plus injuste qui soit, guerre que depuis sept ans, les états-majors allemands et austro-hongrois coalisés, préparaient dans le secret et dans l'ombre propices aux mauvais desseins.

Citons encore :

« L'ancêtre de Guillaume II, dont celui-ci est solidaire et responsable, avait juré de respecter et de défendre notre neutralité. Guillaume II l'a violée et anéantie. C'est le gardien de la chose qui s'est fait le voleur ; c'est le parrain qui a étranglé le filleul. Ils ont, comme a dit un poète, étranglé la pauvre fille après l'avoir violée ; ils ont mutilé son corps, ils l'ont dépouillée de ses vêtements, de ses bijoux, de sa bourse ; plus encore, ils ont voulu la déshonorer aux yeux des honnêtes gens, en disant qu'elle s'était donnée à un autre avant d'avoir été prise par eux.

« Infâme et hypocrite mensonge !

« Souillure ineffaçable de ce glaive que Guillaume ose dire sans tache, etc... »

Ce discours, d'une telle grandeur de pensée, d'une telle noblesse d'expression, ne peut manquer d'exercer sur l'âme du vaillant peuple belge une puissance irrésistible.

Rien de plus précis, de plus vrai, au point de vue de l'histoire de l'invasion ; rien de plus grand, de plus beau, de plus sublimement pensé, au point de vue de l'élévation morale.

Permettez-moi d'établir ici, non pas une comparaison (ce serait un sacrilège), mais un léger rapprochement du larmoyant manifeste de l'effronté kaiser, avec le chef-d'œuvre de haute et vibrante éloquence dont je viens de parler, cri suprême d'espoir d'un roi qui est un héros.

Cela vous fera mieux comprendre toute l'horreur et le profond dégoût que nous a inspiré le piteux factum du tyran couronné, de l'être maudit qui, en 1891, à Postdam, aux recrues qui venaient de prêter serment, tenait ce langage monstrueux :

« Si un jour je vous ordonne de tirer sur votre propre famille, sur votre père et votre mère, vos sœurs, rappelez-vous le serment que vous avez fait de m'obéir... »

Depuis quelques jours, nous assistons au départ des civils allemands qui évacuent enfin les forts et les tranchées de notre territoire.

..Nous les suivons vers la gare. On se demande ce qu'ils peuvent bien emporter, car ils plient sous le poids d'énormes ballots, paniers, sacs, énormes caisses portées à bretelles, le tout agrémenté d'une quantité d'ustensiles de cuisine qui pendent autour d'eux.

Résumons : C'est le même ramassis d'éclopés puants et de bagnards dont nous avons fait la description à leur arrivée, il y a neuf mois.

On les dirige sur les voies de garage à Fives, où ils se tassent dans des wagons à bestiaux, véhicules tout indiqués pour emmener ce répugnant troupeau.

Les officiers allemands, que ne déridant guère les prouesses affichées, semblent honteux de voir ce triste défilé. Mais ils font contre mauvaise fortune bon cœur. Entre temps, ils dévalisent les jardins et rentrent en ville avec leurs autos remplies de fleurs.

Quelques-uns de ces gris-perle ressemblent à des fiancés en visite, mais d'autres ont plutôt l'air d'herboristes qui ont compté sur une large vente de tisanes.

20 Aout. — Notre salle de spectacle (théâtre provisoire) est envahie par les soldats-menuisiers. Des officiers affairés y font amener des charriots de planches et du gazon !

On travaille ferme, mais nous ne sommes pas encore dans le secret. Attendons...

A 5 heures du soir, sonnerie prolongée de nos cloches.

Je cours au... tableau extincteur des Russes et je lis :

« 85.000 hommes, 6 généraux, 700 canons. »

Je prends plaisir à faire remarquer à ceux dont ces annonces, répétées à son de cloches, ébranlent la confiance, la disproportion qui existe entre la prise d'un tel butin et la petite ville russe fortifiée de Nowo-Georgiewsck, seule citée.

Mais nous avons beau répéter que quand « Jupiter tonne, c'est qu'il a tort », les pessimistes ne voient plus rien en rose. Il n'est pas, jusqu'aux affiches qu'ils lisent, qui ne leur paraissent écrites d'une encre faite avec l'eau de la... mer noire !

Mais, laissons de côté les cloches, et, suivant l'expression d'un journal anglais, disons que c'est un des derniers « coups de gueule de l'Allemagne et qu'elle le hurle dans l'épouvante qui la serre au flanc ! »

Revenons aux réalités locales.

Après la désorganisation et la ruine de nos usines, de nos filatures, suivent celles de nos brasseries.

Les Allemands achèvent de déboulonner, de scier et d'enlever les chaudières en cuivre.

Ne pouvant faire nulle part acte de vaillance, ils veulent du moins faire œuvre complète de vol, de déprédation et de barbarie.

Un journal de Berlin, dont on nous communique un extrait, se complaît à retracer, en l'amplifiant, notre misérable existence de reclus et d'affamés. Il se moque surtout des millionnaires lillois privés de leur hôtel confortable, de leurs domestiques, de leurs attelages, de leurs autos, du téléphone ; qui ne peuvent recevoir ni lettres, ni journaux, ni colis, qui en sont réduits, comme tout le monde, à aller chercher leur pain avec un bon. La femme est privée de ses journaux de mode, de sa couturière, de sa modiste ; le mari n'allant plus à son cercle, ne pouvant même pas se faire servir, au Café de la Paix, une bière de *Munich* qui est exclusivement réservée aux Allemands, etc., etc...

Quelle joie pour un Boche de pouvoir, avec une stupide ironie, un lamentable style et, au surplus, sans crainte de la réplique, dépeindre ces privations subies par toute la population d'une grande cité !

Mais à côté de cela, lisez le quotidien de ces vainqueurs de partout (en réalité de nulle part) et constatez quel furieux appétit de paix s'y révèle dans chaque article, s'y fait jour à chaque phrase, non pas parce que l'Allemagne est à bout et qu'elle tremble, mais parce qu'elle... a remporté assez de victoires !

Seulement le journal ne les énumère pas ! Réparons au plus vite cet *oubli* et traduisons-les par *zéro*.

La salle de spectacle nous livre son secret...

Il s'agit bien de blessés qui gémissent dans les ambulances ! Il s'agit bien de moribonds qui agonisent sur un lit d'hôpital ou de malheureux qui souffrent dans les boyaux souterrains ! Misère que tout cela !

Ce qui importe, ce qui intéresse nos bluffeurs, c'est l'inauguration d'une saison « Bocho-Théâtrale ! »

Le drame, la comédie humaine, qu'ils jouent pourtant fort bien, ne leur suffisent plus, et, dès le 26, ils vont donner sur notre scène la comédie figurée.

Une douzaine d'artistes (exactement 13, à la douzaine, comme les œufs), des Edmunds, des Agnès, des Johanna, etc., vont pouvoir « hâcher de la paille » sur nos planches neuves.

Fermons nos oreilles, Lillois, et passons indifférents devant ces inopportuns divertissements, *par ordre*.

Agissons de même à l'égard de ces nobles *combattants*, armés de nos superbes *fusils de chasse*, qu'on rencontre revenant des plaines de Bouvines avec quelques perdreaux (leur trophée de guerre à eux !) placés bien en vue dans leurs autos, dont les coffrets ont été, au préalable, copieusement garnis de bouteilles de champagne et de boîtes de cigares.

Pendant ces quelques jours de calme et de silence, glanons quelques faits intéressants et typiques.

A Roubaix ce sont deux affiches d'un haut comique ; l'une a trait à l'inventaire et à la réquisition des bouchons à bouteilles ; l'autre interdit de laisser sortir les chats !

Ici, les balafrés trouvent que nous recevons encore trop de nouvelles et nous rappellent les pénalités encourues par ceux qui lisent, écrivent, copient ou transportent des communiqués de journaux étrangers !

Un sous-officier rentre de congé tout joyeux, car il a vu fêter en Allemagne la prise d'Ypres et de Calais !

Dès son retour, il est aussitôt édifié, et, pris d'un accès de désespoir et de rage, il se suicide à Verlinghem.

Aspect de la rue du Marché à 10 heures du matin : 150 personnes font queue à la porte principale de l'école Pape-Carpentier pour avoir la ration de riz, lentilles et haricots du comité de ravitaillement.

A l'autre porte, donnant rue Manuel, 200 femmes ou enfants sont assis à terre, sur le trottoir, attendant avec leurs pots et leurs bidons en mains, la distribution à 0 fr. 05 et 0 fr. 10 des portions du fourneau économique.

En ville, c'est le même tableau journalier à tous les dépôts de denrées et locaux de distribution.

Mais voici 300 hommes, le fusil sur l'épaule, précédés de cet affreux bruit de tambourin et de fifre accouplés, qui nous écorche le timpan.

Ils viennent directement des tranchées, sales, ruisselants de poussière et de sueur.

A deux pas du théâtre, ils forment aussitôt les faisceaux, déposent leurs casques, se coiffent de leur calot et envahissent les estaminets voisins où ils s'abreuvent avec avidité. Ce sont les spectateurs du parterre.

Nos cloches se mettent en branle ; c'est encore la prise d'une forteresse russe. Ces hommes n'y prêtent aucune attention.

Fatigués, ils s'étendent à terre sur le sable brûlant et attendent que la rampe s'éclaire.

Quatre heures sonnent, ils entrent. On remarque une trentaine d'officiers venus en automobiles à la représentation...

Il est sept heures, tout est terminé ; les hommes, aussi exténués et moroses après qu'avant, reprennent le fusil et disparaissent.

Une blonde « graetchen », mi-artiste, mi-infirmière, accompagnée d'un officier, défile dans une voiture découverte, entourée de quelques bouquets de fleurs et... c'est tout.

Cet écœurant manège, qui durera tout juste le temps de céder la place à un autre genre de tam-tam, se passe sous les yeux attristés, mais combien narquois, de nos concitoyennes qui devisent tranquillement groupées sur le seuil de leur porte.

Quel plaisir nous goûterions si un de nos aviateurs, en guise d'entracte, pouvait venir jeter une bombe sur ce local où sont entassés, dans l'atmosphère qu'on devine, tous ces gris roux et ces jeunes balafrés.

C'est notre souhait à tous, quoi qu'il en pût coûter, mais nous comprenons bien qu'il ne peut se réaliser.

D'ailleurs, dès aujourd'hui 29, comme je le prévoyais, c'est déjà la dégringolade.

Le mobilier et les accessoires sont déménagés.

Les marchands de petit bois cassé du voisinage, de la rue de Flandre notamment, se chargent de donner un coup de main aux Allemands.

Ils profitent d'un moment d'absence de ces désorganisateurs et, en moins d'un quart d'heure, ils enlèvent planches, poteaux, tréteaux, gradins, etc., et s'enfuient à toutes jambes avec ce bois *volé*, repris aux *voleurs !*

Et c'est sur ce dernier acte amusant que le rideau est tombé.

C'est dommage, car c'est au moment où le théâtre ferme, qu'apparaissent deux beaux sujets de vaudeville :

1° La sensationnelle affiche annonçant le « recensement général de la population, fixé au 10 septembre » ;

2° L'avis suivant dans le *Bulletin de Lille :*

« Nos chiens peuvent sortir sans être muselés, à condition qu'ils n'aient pas, *comme hauteur d'épaule*, plus de 50 centimètres ! »

Ah ! mes amis, quelle docte leçon ! N'oublions plus, surtout, de faire procéder à la mensuration du chien *enragé* qui nous aura mordu ! Tout est là !

Si j'avais voix au chapitre à l'Institut antirabique, je demanderais qu'on laisse la liberté aux caniches qui ont 50 et même 51 centimètres, et qu'on réserve plutôt la muselière pour le bipède Teutoboche (eût-il 1 m. 90), auteur de cette désopilante circulaire.

Bref ! ne nous aventurons pas davantage dans les profondeurs d'un tel cerveau !..   .

Les premiers jours de septembre se signalent par quelques combats répétés entre aéros.

Le ravitaillement apporte à la population quelques douceurs. On distribue lard, saindoux, café, huile et vinaigre à des prix que nous trouvons doux, comparés à ceux de plus en plus exhorbitants de nos commerçants devenus, malheureusement hélas ! des spéculateurs.

Parmi les accapareurs, tant dans la brasserie que dans l'alimentation générale, il en est qui, sans capacité, sans courage et sans grande clientèle en temps ordinaire, se sont tout à coup révélés excellents brasseurs d'affaires (en eau trouble) et parviendront à redorer leur blason commercial pendant et surtout, grâce à la guerre !

Sans doute, le nom de ceux qui se ruent ainsi sans pitié sur les pauvres bourses, ne passera pas auréolé à la postérité.

Mais, pour eux, l'effet moral est secondaire. Ils n'éprouvent pas plus de remords qu'ils n'ont éprouvé de scrupules.

Encore une revue de chevaux. Sera-ce la dernière ? On peut le croire, car il ne s'agit plus ici de chevaux de luxe (ceux-là promènent, sur le boulevard ou au bois, les comtes et les barons d'outre-Rhin), ni même de ceux réquisitionnés pour transports, mais simplement des chevaux éclopés, fourbus et aveugles, artillerie des abattoirs.

Les choucrouteurs des tranchées commencent par réclamer des vivres.

Notons que les propriétaires qui ont vendu leur cheval sans l'autorisation allemande, du Festungs-Fuhrpark, sont condamnés à 150 mark d'amende ou un mois de prison.

Nous remplissons à domicile, soit en qualité de propriétaire ou de gérant responsable, et naturellement sous le coup de la perpétuelle menace d'amende de 300 marks ou 3 trois de prison pour la moindre infraction, nos feuilles de recensement. Nous remarquons les deux colonnes intitulées : « Situation militaire » et « Numéros de carte d'identité ».

Sous forme d'avis important, sur un papier rouge vif (la couleur sanguinaire est toujours de circonstance), une affiche vient nous apprendre qu'un mineur de Liévin, Paul Bussière, a été fusillé le 23 août pour avoir recélé des pigeons voyageurs. Suivent alors nouvelles injonctions et menaces à l'égard des délinquants et de ceux qui détiennent des journaux jetés par les aéroplanes, etc...

Pendant ces délicieuses journées ensoleillées de septembre, le canon du front s'est ralenti et éloigné.

Que ne présage-t-on pas de ce silence relatif, qu'on dit être une période de préparation formidable ?

Nous assistons, en effet, à d'incessants mouvements de troupes et de canons et nous constatons surtout, chez les Boches qui ne décolèrent plus, une méchanceté qui devient de la rage.

Quoi qu'il en soit, ces pillards mettent à profit ce calme relatif pour réquisitionner tous les vélos d'hommes, pneus, chambres à air, etc., lesquels, d'après l'ordre affiché, doivent être apportés, soigneusement étiquetés, au Palais-Rameau pour le 13.

Mais alors les bicyclettes de dames et d'enfants ?

Soyez tranquilles, c'est un simple oubli que, par affiche complémentaire, ils s'empressent de réparer en précisant : « *Tous les vélos sans distinction* ». C'est la rafle du caoutchouc. Ah ! le métier de colleur d'affiches à amendes, n'est pas une sinécure ! Mais ici ce n'est pas comme chez le cartonnier, plus il y a de *colles*, moins ça prend.

En ce moment, ils enlèvent donc, non seulement ce que nous avons, mais ils sont cause que nous sommes privés de ce que nous devrions avoir, et c'est ainsi que, depuis huit jours, nous sommes sans pommes de terre. Toutes les ménagères s'épuisent en courses vaines pour découvrir cette denrée réquisitionnée, prise, enlevée, cachée peut-être, que sais-je ? en tous cas, introuvable.

Des enfants, qui peuvent franchir les portes, sont envoyés dans les faubourgs d'où ils en rapportent quelques kilos à 30 et 35 centimes. D'autres vont jusqu'à Roubaix ou à la frontière belge pour en passer en fraude.

La population indignée conserve néanmoins son calme.

L'administration municipale va s'occuper de cette grave question. Sachons attendre la solution avec notre inlassable patience habituelle !

Il nous est agréable, puisque nous en avons l'occasion, de citer, parmi les prêtres qui se dévouent, qui se dépensent corps et âme pour remonter le moral des populations et raffermir leur courage, M. le Curé de Pellevoisin (quartier du Buisson). De son église, encore inachevée et parée avec goût, où se distinguent un peu partout, dans de discrets ornements, nos trois couleurs nationales, il a fait, pour ainsi dire, un lieu de pèlerinage.

Les auditeurs, attirés par le talent d'éloquence de ce merveilleux prédicateur et subjugués par son patriotisme ardent, accourent à ses sermons.

Jeudi dernier, 9 courant, la nouvelle église recevait la visite de Monseigneur Charost.

On peut dire que ce fut pour les fidèles auditeurs qui purent assister à la joute oratoire entre le curé et son évêque, une cérémonie patriotique des plus belles et des plus réconfortantes.

Ce fut aussi un prélude, car 8 jours après, dans une réunion présidée également par l'éminent évêque, on vit la foule envahir l'église Saint-Pierre-Saint-Paul, dont les voûtes devaient retentir sous la vibrante et patriotique parole, sous la persuasive éloquence de ce même orateur fascinant et puissant de la chaire sacrée.

Dimanche 12 et Lundi 13 Septembre. — Tirs acharnés contre les aéros et forte activité du canon.

En ville, la circulation est le double de la normale.

A côté des femmes qui, du matin au soir, trottinent avec le filet à provisions à la main, c'est l'exode des gens qui portent leurs vélos au dépôt indiqué ; celui-ci avec un, celui-là avec deux, cet autre avec une roue, une fourche, une chambre à air, etc...

En résumé, hommes, femmes, enfants, tout le monde traîne un morceau quelconque de vélo.

C'est aussi attristant que curieux de voir d'heure en heure s'amonceler sous les voûtes du Palais-Rameau, ces milliers de spirales qui forment bientôt de « kolossales » pyramides de ferraille. L'adjectif « bochard » est maintenant de rigueur pour tout quafier.)

Au milieu de cette foule écœurée, glanons pourtant la note comique entendue dans le dialogue de deux commères. Appuyées sur de vieilles bécanes, elles attendent leur tour :

— *Tous chés minteux qui ont toudi tout r'poussé, v'la qui ren'tent nos vélos à c'theure ?*

— *Oui, main in dit q'si Léonard Danel étot' pris, chés voleux s'rot pu gramint longtemps ichi !*

La brave femme, qui a entendu prononcer le mot de Dardanelles, roit répéter fidèlement le propos tenu.

Du 15 au 25 Septembre. — L'affichage continue. Nouvelle injonction faite aux jeunes gens qui, cinq jours après avoir atteint l'âge de 17 ans, doivent être obligatoirement inscrits.

A la Madeleine, trois enfants trouvent la mort en jouant avec une bombe non explosée qui atterrit là.

Mais ce n'est plus un projectile allemand lancé contre un aéro, c'est bel et bien un assez fort obus du canon anglais, comme il en est déjà tombé sur le territoire de Lomme.

Nous savons ainsi à quelle distance approximative se trouvent les troupes alliées.

Rue Royale, deux tramways exclusivement remplis d'Allemands se prennent violemment en écharpe ; cinq voitures sont culbutées. Barrage immédiat des rues, afin que nous ignorions le nombre de morts et de blessés.

Entre temps, voulez-vous savoir ce que les feuilles déprimantes qui malheureusement sont achetées ici comme journaux, publient en feuilleton ?

Le *Bruxellois* : « Les Mystères de Paris ».

Le *Journal des Ardennes* : « En souvenir de Jeanne-d'Arc », par un Français (sic).

Ce dernier est un tissu de mensonges contre les Anglais, contre... je cite :

« L'avide insulaire qui, comme il y a 500 ans, occupe le Nord de la France, non provisoirement, mais avec la ferme intention de rester à Dunkerque, à Boulogne et à Calais qu'on peut, bon gré mal gré, considérer comme ports anglais. »

Contre :

« Celui qui, sous des dehors d'amitié, sous le nom d'ami et d'allié cache un traître perfide, lequel, comme au temps de Jeanne d'Arc règne en maître et réduit la France à la condition de protégée qui n'ose plus rien réclamer à son protecteur, etc., etc... »

En résumé, c'est l'invariable chant sur ce thème connu :
Timeo Danaos et dona ferentes du poète latin et le persistant refrain : « Sus aux Anglais ! »

Vous pensez bien que ceux sur qui flotte une inquiétude constante, ceux qui, ayant le moral affecté, se laissent entraîner à cette lecture malsaine, sont bien vite accablés, et, si l'exil leur paraît plus douloureux encore, c'est beaucoup par leur faute.

Aux portes de Lille, côté nord-ouest, une kommandantur se distingue par des actes bouffons et lâches.

Ainsi, l'autorité allemande de cette circonscription ne tolère pas les couteaux ayant plus de 15 centimètres ; les clous dépassant 5 centimètres sont prohibés ; une hachette et même un couperet sont considérés comme des armes offensives.

Les beaux arbres des parcs et jardins sont sans doute des armes de guerre, car ils sont aussi prohibés, mais de la façon suivante :

Chez une dame qui habite seule (et c'est surtout là que les Boches savent déployer leur haute et chevaleresque « kultur »), il y avait un superbe marronnier séculaire, arbre géant de toute beauté. Après l'avoir vu, les Allemands tiennent à la propriétaire ce langage :

« Madame, nous voulons cet arbre, vous le ferez abattre et nous viendrons le prendre. »

Outrée par cette brutale mise en demeure, la dame refuse obstinément.

Deux jours plus tard, ces guerriers-pirates, improvisés bûcherons, viennent abattre le marronnier et faire procéder à son transport en gare.

J'enlèverais au récit de ce vol toute sa saveur piquante, si j'omettais d'ajouter que le lendemain la propriétaire dut payer, séance tenante, le montant d'une facture de 35 francs pour *abattage de l'arbre !*

Ces jours-ci le canon a repris avec une impétueuse intensité sur tous les secteurs compris entre Lens et Ypres.

Au bruit des trains qui, dans la nuit, font hurler leurs sirènes, aussi bien ceux qui amènent de nombreux blessés aux hôpitaux Blanche de Castille et Saint-Sauveur, que ceux qui transportent les morts qu'on brûle aux usines Kulmann, près de Lille ; au fracas des tirs qui marquent chaque passage d'aéros, non plus par 20 ou 30 petits nuages de fumée comme auparavant, mais par 80 à 100, qui représentent autant de bombes éclatant furieusement autour de l'appareil volant, nous n'avons plus ni sommeil la nuit, ni tranquillité le jour.

MERCREDI 22 SEPTEMBRE. — De grand matin, une nouvelle aussi terrifiante que le canon qui tonne à cette heure, nous parvient par la voie d'une affiche apposée à titre d'*avertissement* à la population.

Quatre de nos concitoyens :

MM. Jacquet, Camille, négociant en vins ; Deconninck, Ernest, sous-lieutenant ; Maertens, Georges, commerçant ; Verhulst, Silvère, ouvrier, viennent d'être fusillés à la citadelle.

Ils ont été condamnés à mort :

1° Pour avoir recueilli l'aviateur anglais qui dut atterrir à l'Arbrisseau, le 9 mars dernier, et favorisé son retour sur le sol français ;

2° Pour avoir prêté aide et assistance aux soldats qui, après le bombardement, sont restés cachés à Lille et aux environs, en costume civil.

Cet acte de cruelle et inique vengeance cause une indicible émotion.

Saluons indistinctement tous ces hommes encore jeunes et vigoureux, qui viennent de succomber sous les balles prussiennes et appliquons leur ce beau vers de Corneille :

> *Mourir pour sa Patrie n'est pas un triste sort,*
> *C'est s'immortaliser par une belle mort.*

Conservons, comme un pieux hommage rendu à leur mémoire, le souvenir de ceux, surtout, qui sont les victimes d'un patriotisme véritablement sincère et fervent.

Les noms de ceux-là sont synonimes d'héroïsme et entrent aujourd'hui dans l'Histoire de leur pays.

Du 25 au 30 SEPTEMBRE. — Les placards se succèdent et celui qu'on affiche en ce moment vient, en coup de foudre, supprimer dès ce soir, cinq heures, les laissez-passer à toutes nos portes.

Impossible d'entrer en ville et impossible d'en sortir.

Nous ne savons encore quelle signification donner à cette mesure vexatoire.

Notre ville est-elle vouée à un siège de famine comme Strasbourg, Metz, Belfort et Paris en 1870 ? Ou bien est-ce simplement la conséquence passagère de l'action terrible qui vient de se dérouler pendant 50 heures autour de nous ?

L'arrivée en gare ou à nos portes, par petits convois isolés, d'environ 300 prisonniers, paraissant assez exténués, est pour nous l'indice de ce violent engagement.

L'air piteux autant que méchant des Allemands nous fait même deviner la défaite à leur actif.

Un honorable commerçant, M. Desombre, qui a commis cet

impardonnable crime de saluer au passage nos malheureux prisonniers, est condamné à 7 jours d'emprisonnement avec le régime de l'isolement complet.

Le 27, une affiche réclame à nouveau les armes, que des dénonciations, ajoute-t-elle, indiquent comme étant encore cachées chez l'habitant.

Les délinquants seront condamnés à mort, sans recours en grâce, *Sa M... l'ayant ainsi ordonné !*

Ma plume se refuse à écrire le titre ici donné au tyran couronné !

Le Comité américain abaisse de 3 fr. à 2 fr. 50 le kilo de viande salée du ravitaillement et commence aujourd'hui la distribution rationnée de pommes de terre.

Il y aura des lenteurs, car il faut procéder par ordre et servir en premier lieu les familles composées d'au moins six personnes.

Après la réquisition des vieux chevaux destinés à l'alimentation de la nation ennemie, voici que les côtelettes de nos chiens (ceux ayant plus de 50 centimètres de hauteur, s'entend), orneront bientôt l'étal des boucheries de l'Allemagne affamée plus encore que nous.

L'ordre de confiscation affiché à Roubaix par les canivores est imminent à Lille.

> *Etre vil au monde*
> *Boche qui pue le rance*
> *Cent pas à la ronde,*
> *Qu'on t'jette hors de France*
> *Goinfre qui dévore*
> *Prussien-Canivore !*

Mais à chaque jour suffit son arrêté, et, en deux mots, j'analyse celui qui nous apparaît clôturant le mois de septembre :

« Il est défendu, sous peine de 3 ans de prison ou 10.000 marks d'amende, de porter atteinte à la considération, à l'honneur de son prochain, de le suspecter, de le menacer de représailles, soit actuellement, soit pour après la guerre, si ce prochain est de ceux qui se sont montrés particulièrement aimables et bienveillants pour l'armée d'occupation ; si c'est, par exemple, un fournisseur zélé, en un mot, un *ami* des Allemands et, à plus forte raison, dans un autre ordre d'idées, sous-entendu..., une *amie !* »

Si le silence est l'esprit des sots, prenons hardiment notre parti d'être momentanément au nombre des sots.

Nous serons ainsi à l'abri des méchants, car le premier croquant venu peut, sans aucune preuve ni justification, vous accuser d'avoir dit : « Les Boches sont f...us ! » et vous faire condamner à 12.500 francs d'amende !

Ah ! l'amende sous toutes ses formes (celle du vol impudent, notamment), c'est l'unique préoccupation de ces êtres aux abois !

Hier encore, 1er octobre, fait entre cent autres, la femme d'un de mes amis était invitée à payer 105 mark (131 fr. 25) pour avoir fait parvenir, *en mars dernier*, un billet de quelques lignes à un de ses enfants habitant aussi en pays occupé !

Le destinataire chez qui a été saisi le billet, qu'on n'avait malheureusement pas eu la précaution de brûler, aura sûrement payé 75 mark.

Cela représente donc une amende totale de 225 francs pour une quarantaine de mots écrits il y a 7 mois !

Ce tarif de 5 fr. 60 par mot paraîtra odieusement excessif à notre camarade, rédacteur des P. T. T., évacué.

Pour en être réduits à des expédients aussi éhontés, il faut que le papier avec lequel est fabriqué le fameux emprunt de 15 milliards (sorti des tirelires éventrées par ordre et que ces jongleurs accusent sans sourciller), soit jugé par eux plus fragile et plus mauvais encore, que le mince carton de nos petits sous lillois !

En ces premiers jours d'octobre, le magnifique résultat de l'offensive des alliés a ranimé le courage de toute la population.

A ce soulagement éprouvé, succède maintenant un espoir plus ferme que jamais.

Soyons même reconnaissants aux Boches de faire prendre l'air aux 500 prisonniers français et alliés, bilan total de ces derniers jours.

Le soir, on fait, avec ces 500 hommes, un simulacre d'embarquement en gare. Puis, quand tout le monde est couché, ils font demi-tour et rentrent à la citadelle.

A ce jeu, il faut dix promenades semblables pour faire croire à 5.000 prisonniers !

Et en admettant même que ce chiffre souligné par les multiples coups de crayons rouges, bleus, verts ou jaunes des plumitifs allemands sur l'immense banderole où s'étale leur « bluff » soit exact, il ne représente encore que le cinquième du nombre des casques à pointes qui traversent Châlons-sur-Marne, en route pour Paris.

Lundi 4 Octobre. — En ce jour anniversaire de la première attaque sur Fives, les baudruches captives flottent dans l'air.

Rien ne met en joie les habitants comme ces grotesques boyaux auxquels chacun donne une appellation plus ou moins symbolique ou risible.

La Belgique nous est fermée de plus en plus. Pas un marchand ne passe, plus un fraudeur n'ose venir.

Les sentinelles allemandes tirent sur ceux qui risquent de passer à travers champs pour venir nous réapprovisionner, ou sur les personnes qui vont en Belgique chercher les pommes de terre qui nous manquent. C'est ainsi que samedi 2 octobre, une dizaine de personnes furent tuées à la frontière, près de Montaleu.

C'est la guerre aux *civils* comme aux soldats.

La « kommandantur » ne punit-elle pas de 14 jours de prison, le wattman ou le conducteur de nos tramways, signalé comme manquant de courtoisie envers les officiers ?

A trois heures du soir, un bataillon, musique en tête, accompagne en gare le convoi d'un chef.

A côté du Français qui se découvre toujours, il est extrêmement rare que le soldat ou le badeau allemand esquisse le moindre geste de salut et de respect à la mort.

Par avis affiché le 6 octobre, tout ce qui reste comme appareils téléphoniques, inducteurs, sonneries et accessoires, est réquisitionné.

Mais cet avis est muet sur un autre genre d'enlèvement peu banal : Une partie des échafaudages de la basilique Notre-Dame de la Treille, en construction.

La grande Brasserie Universelle, transformée dès le début, était occupée par un poste de cavalerie.

Pour éviter la glissade des chevaux sur le parquet de l'immense salle, les Allemands l'avaient enlevé.

En ce moment, ils le remettent et réaménagent ce local en restaurant pour officiers.

Ce ne sera plus le sabot du cheval qui glissera sur le parquet ciré, ce sera la botte du soudard ivre.

Nous savons maintenant, mieux encore par expérience que par ouï-dire, que le rôle du soldat ordonnance est d'aider chaque soir ces officiers *gris* (ils le sont constamment, au propre comme au figuré), à réintégrer leur chambre.

Pendant que les troupes ennemies se ressaisissent et se remettent de l'inquiétant désarroi causé par l'offensive, nous atteignons le 365° jour d'occupation.

Ces mots : « Anniversaire du bombardement » sont dans toutes les bouches. On ne manque pas de rappeler qu'il y a un an, nous étions terrés dans nos caves, alors qu'aujourd'hui, la foule se presse dans les rues égayées par un pâle et doux soleil d'automne.

A trois heures du soir, quatre ou cinq aéros survolent la ville et s'attaquent violemment à la mitrailleuse.

Pour la première fois et à quelques minutes d'intervalle, nous apercevons deux avions qui, tout à coup touchés, oscillent et descendent rapidement dans deux directions opposées, nord et sud.

Le tir, qui cesse subitement à la suite de ces chutes aussi promptes qu'émouvantes, reprend presque aussitôt avec une force qui se transforme en rage.

Nous en concluons que nos aéros sont encore en l'air, et que ce sont les « taub » qui viennent de mordre la poussière.

Le soir même, nous savons qu'il y a trois avions descendus, deux « taub » et un anglais.

Un des aviateurs anglais, le plus grièvement blessé, est resté à Quesnoy-sur-Deûle ; l'autre a été amené à l'hôpital de Lambersart.

Quant aux aviateurs allemands, ce n'est pas l'inepte feuille le *Bruxellois* qui nous fera connaître leur sort.

Dans le numéro du lendemain, on ne trouve trace que de leurs prouesses. Nous leur en souhaitons beaucoup comme celles-là.

Nous avons vu, de nos yeux vu et cela nous suffit.

En ville, nos ménagères passent toutes leurs journées à stationner par centaines aux portes des locaux de ravitaillement.

Ici, il faut attendre trois ou quatre heures pour obtenir l'insuffisante ration de 1.500 grammes de pommes de terre. Le lendemain c'est pour une autre distribution : Viande, beurre et œufs sont d'un prix inabordable. Et il nous est constamment recommandé d'économiser le pain.

Comment résoudre ce problème qui se pose chaque jour de plus en plus insoluble ?

Tout est cher dans la capitale, dit-on, mais la comparaison des prix, exception faite pour le charbon, est encore de beaucoup à l'avantage de la population parisienne.

Les mesures de rigueur s'accentuent.

Outre la défense de transporter, ne fût-ce que dix pommes de terre, d'un pays à un autre, il est interdit de causer aux portes de la ville avec les habitants de la banlieue, de stationner aux abords des gares et des voies ferrées, d'examiner, de compter les trains qui circulent et surtout de s'approcher de ceux d'où l'on peut entendre s'exhaler les plaintes des blessés transportés par milliers.

En cette deuxième quinzaine d'octobre, à l'approche de la Toussaint, mentionnons que des prédicateurs de talent attirent tour à tour, dans chacune de nos églises, une foule avide d'entendre des paroles de confiance et d'espérance.

On fait aussi la toilette des tombes et nous pouvons voir celles des quatre Lillois fusillés, fleuries à profusion. Elles sont toutes l'objet de nombreuses visites. Celles de Jacquet et Maertens se font face, et celles de Deconninck et Verhulst sont côte à côte.

A l'Hôtel de l'Europe, un officier supérieur se suicide.

Ce n'est pas la présence du minuscule petit prince allemand De Lippe-Detmold, qui depuis 24 heures est l'hôte du kronprinz de Bavière, avenue Saint-Maur, qui a pu le réconforter, pas plus que la conférence des « Professors » annoncée pour ce soir au théâtre provisoire.

Celui-là n'a pas voulu attendre la distribution des croix de fer aux Lippois, laquelle a lieu aux environs de Phalempin.

Il a préféré la simple croix de bois !

Pour masquer ces suicides (car on dit qu'il y en a eu plusieurs) on fait à Saint-Maurice une cérémonie funèbre assez pompeuse. Nous y voyons trois cercueils.

Est-ce une coïncidence ? Voici que circule l'étrange bruit de la présence du kaiser dans nos murs. Comment en douter quand tous ceux qui n'ont jamais vu le citoyen Guillaume (et Dieu sait s'ils sont nombreux !) viennent vous dire qu'ils l'ont parfaitement reconnu !

Rien de plus drôlatique que le luxe de détails fournis par ceux qui veulent à tout prix prouver qu'ils sont dans le secret et affirmer ce que nul ne sait, ce que personne ne peut savoir.

Si c'est lui, il arrive bien à point pour prononcer l'éloge funèbre des *braves* officiers de son armée, qu'on trouve morts dans leurs chambres, avec une bouteille de fine « Martel » dans une main et le revolver dans l'autre !

Aux yeux d'une minorité de froussards, sa présence est tout un événement.

Heureusement que pour le plus grand nombre, elle n'a d'autre importance, d'autre effet que de provoquer un frisson de dégoût, semblable à celui que soulève en nous la parade que nous subissons quotidiennement à l'heure de midi, sur notre Grand'Place.

Mais revenons aux faits. Deux affiches apparaissent.

L'une réquisitionne les téléphones privés (Cie allemande) ; l'autre, a trait à la défense de photographier sans autorisation ; il faut faire la déclaration des appareils, produits et accessoires concernant cette profession.

Tous les regards sont tournés vers les Balkans et c'est la politique qui défraie les conversations, à domicile, au café, dans la rue et partout.

Les unes sérieuses, d'autres amusantes et, comme toujours, le plus grand nombre, bouffonnes et ridicules.

Il faut croire qu'elle occupe sérieusement aussi les Allemands, car l'historiographe boche, à Lille, qui aime tant à nous ramener à l'époque de Jeanne d'Arc, a omis de nous rappeler qu'il y a aujourd'hui 500 ans, le 25 octobre 1415, sous leur roi Henri V, les **Anglais battaient** — et d'assez magistrale façon pour l'époque — les Français à Azincourt !

S'il y a renoncé, c'est qu'apparemment il a voulu éviter cet inévitable rapprochement qui s'impose : A savoir qu'en 1915, sous Georges V, les Anglais sont encore près d'Azincourt et que ce sont les Allemands qui, à leur tour, en savent quelque chose !...

Les seules nouvelles un peu intéressantes que nous puissions avoir nous sont fournies par une copie de la *Gazette de Cologne.*

Cette feuille arrange les communiqués d'une façon approximativement exacte, sauf à les refuter ou à les faire suivre de commentaires ironiques ou désobligeants.

Mais c'est là, pour le scribe boche, tout un travail que d'ajouter des « Post-Scriptum » à tous les faits signalés comme favorables à nos armes.

Or, ce sceptique (par ordre), a trouvé un moyen d'alléger sa besogne. Il remplace tout commentaire par cet invariable cliché « passe-partout » :

« Ces nouvelles de victoires sont des blagues ! ! ! »

Il nous a habitués ainsi à ne plus lire, à ne plus ajouter foi qu'aux nouvelles qui portent son estampille de blagueur lui-même !

Nous sommes certains d'avance qu'elles sont vraies et bonnes pour nous.

En cette fin d'octobre c'est un perpétuel déplacement de troupes. C'est le déménagement des tranchées du nord pour celles du sud et vice versa.

Pour la plupart, ce sont de piteux convois de romanichels que nous voyons ainsi défiler.

Cependant, il est à remarquer que les chevaux sont toujours soignés, robustes et vigoureux. Ces mouvements ont sans doute pour but de dérouter les observations de nos aviateurs et de masquer le point sur lequel l'ennemi, dont l'obsession est chronique, veut encore tenter l'effort sur Ypres et Dunkerque, cet objectif permanent contre lequel il montre autant de ténacité que d'impuissance.

Nous allons devoir rentrer pour huit heures (service d'hiver).

Ainsi l'ordonne, non plus un simple avis, mais un « Dekret », qui daigne nous conserver l'appellation de population française.

Le *Bulletin de Lille* du 31 octobre, nous apporte des condamnations d'un nouveau genre.

Pour avoir livré, étalé ou mis en vente des mouchoirs et étoffes portant imprimées ou brodées les couleurs « des nations ennemies de l'Allemagne », plusieurs de nos concitoyens doivent payer 50 marks ou faire dix jours de détention. Il nous informe en outre que nous ne pourrons pas aller demain au cimetière du Sud, la Porte des Postes y donnant accès ne devant pas être débloquée, alors qu'il suffirait, pour donner satisfaction à la population, de reculer les sentinelles de quelques centaines de mètres.

1er Novembre. — Jour de Toussaint, jour de deuils, disions-nous en 1914.

Aujourd'hui, dans notre treizième mois d'isolement hors de France, soupçonnant, hélas ! dans quelles proportions cette année terrible en a grossi le nombre, gardons le silence sur tant de deuils poignants, et, du fond de nos cœurs, dans nos religieuses pensées d'invocation à nos glorieux morts, demandons une prompte victoire suivie de paix.

Mais gardons-nous d'abandonner jamais et de perdre de vue la réalisation de notre rêve idéal.

Il faut qu'à côté du noir cachot où, enchaînés, boulets aux pieds, nous voudrions voir jeter pêle-mêle les empereurs assassins, les promoteurs de massacres, les bourreaux buveurs de sang et les traîtres, il faut, dis-je, que nous voyions se dresser aussi l'autel des Patries victorieuses, de ces Nations qui auront combattu pour la cause du « Droit », de la « Justice » et de l' « Humanité » !

Et c'est alors seulement, que devant cet autel expiatoire de tant de sacrifices, cet arc de triomphe de tant d'actes d'héroïsme, ces nations amies, unissant leurs mains fraternelles, se jureront fidélité.

Et, d'une commune voix, elles pourront jeter au ciel, céleste patrie des âmes, avec l'*Alleluia* de leur victoire, le *Miserere*, cette plaintive invocation à la pitié pour tant de sang, à la pitié pour tant de larmes !

Hier, les Allemands ont accaparé d'office plusieurs de nos églises.

Après la cérémonie, un des leurs, vêtu d'un surplis tombant sur des bottes (prêtre ou pasteur, je ne sais, mais sans contredit merveilleux de grotesque), du haut de la chaire, harangue l'assemblée.

Aujourd'hui, véritable jour de fête, il n'est plus pour eux de chants liturgiques. On les a remplacés par des chants dans la rue, où toute la journée, sous la pluie froide, déambulent des troupes nouvellement arrivées.

De jeunes imberbes encadrés avec des hommes de tout âge, au physique déjeté, de valeur plus que douteuse, sont comme apeurés en entendant le grondement du canon. Ils suivent cahin-caha, aussi péniblement que l'obèse qui marche à leur droite et le tuberculeux placé à leur gauche.

Un cas de rage canine, signalé par l'Institut Pasteur, nous vaut une affiche qui nous oblige de rechef à museler et à tenir nos chiens en laisse.

3 NOVEMBRE. — Arrestation d'un des principaux otages, notre sympathique premier adjoint au maire, M. Brackers-D'Hugo.

Dans les versions qui circulent, choisissons la plus plausible :

Détention d'armes découvertes, dit-on, dans sa propriété de Baisieux.

Attendons le résultat de l'enquête qui donnera la note vraie et permettra, nous le souhaitons vivement, à notre ami M. Brackers-D'Hugo, de dégager sa responsabilité dans cette affaire.

Rue de la Plaine, à Moulins-Lille, une *querelle d'Allemands* tourne au tragique. L'un d'eux est tué.

Pour déguiser ce meurtre, ils accusent, avec une naïve stupidité, un Français, et, par affiche, promettent 1.000 mark de récompense à celui qui le fera découvrir.

En réalité, ils recherchent, si tant est qu'ils ne l'ont pas arrêté déjà, celui des leurs qui a fait le coup.

Ensuite, ils font bénéficier le mort du même protocole d'obsèques pompeuses que celui employé pour les suicidés d'hôtels.

Avis aux Boches amateurs de belles funérailles !

Mais voici, sur le soir, un convoi d'environ cent prisonniers, qu'en silence, on dirige vers la gare. Saluons-les :

> *Honneur ! Salut ! Trois fois salut... tout bas,*
> *Vous qui, vers les géoles allemandes,*
> *Guerriers amis, partez en fiers soldats.*
> *Pas un mot... pour éviter l'amende,*
> *Mais l'éloquence est toute dans nos cœurs,*
> *Comme en celui de vos frères d'armes.*
> *Leur courage, comme un souffle vainqueur,*
> *Fait en eux rayonner l'espérance,*
> *D'aller au plus tôt sécher vos larmes*
> *Et sonner l'heure du retour en France !*

Notre confiance est encore une fois raffermie par la composition du nouveau Cabinet français et par la claire, forte et impressionnante déclaration ministérielle.

Cela calme un peu nos nerfs surexcités par la présence de tant de soldats qui circulent dans nos rues.

La figure des officiers bravaches, où se reflètent la haine et le dépit, nous laisse assez voir qu'eux aussi l'ont lue et méditée.

Leur férocité semble s'en accroître, car ce matin 8 novembre, horreur ! ils nous font savoir qu'ils ont fusillé à la citadelle un jeune adolescent, étudiant, âgé de 16 ans ½, Léon Trulin, sujet belge.

Motif donné : « Trahison pour faits de guerre par espionnage. »

Voici la copie de l'admirable lettre que ce jeune martyr, la veille de sa mort, a eu le courage d'écrire à sa mère :

« Le 7 novembre 1915.

« *Ma bien chère Mère,*

« Je suis désolé de tout ce que j'ai fait depuis le 30 juin, jour du départ.

« J'ai bien souffert pendant le mois de juillet, souvent sans feu ni lieu, puis au mois de septembre la vie a changé, j'ai été un peu plus heureux, je me suis distrait pendant un mois en Hollande et en Angleterre, puis de retour en Belgique, puis, crac, voilà le malheur, je me fais prendre par malchance à une demi-minute du territoire hollandais.

« Je vous en supplie, ne désespérez pas et vivez pour René qui serait orphelin (malheureux). Vivez aussi pour mes frères et sœurs et montrez-leur l'exemple de la résignation et marchez la tête haute, votre fils s'est dévoué pour sa Patrie. (Vive la petite Belgique !)

« Je vous embrasse bien fort et courage, mère, nous nous reverrons un jour ; embrassez mes frères et sœurs pour moi et dites leur que votre fils a su mourir en brave.

Maintenant je vais me coucher, il est déjà tard, pour être prêt, frais et dispos, demain pour l'exécution.

« Je pardonne à tout le monde amis et ennemis. Je fais grâce parce que l'on ne me la fait pas.

« Vous trouverez un carnet où je marque mes volontés. Je vous demande de pardonner à Deneque ce qu'il a fait, je lui ai pardonné, c'est la parole d'un condamné qui vous le réclame ?

« Votre fils qui vous fait tant souffrir et qui en est peiné.

« Léon TRULIN.

« Je mets dans le carnet qui se trouve dans ma valise, 5 mark pour une ou deux messes en mon indulgence.

« J'ai donné le reste au prêtre pour en faire autant.

« Le 7 novembre 1915 (dernier jour avant ma mort).

« Excusez-moi si je n'écris pas très bien, je suis mal installé sur une table de jardin. Courage, chère mère, courage mes frères et sœurs, et vivez tous en paix et sans *haine*.

« Je meurs en bon chrétien.

« Léon TRULIN. »

La lettre est adressée à Mme veuve Trulin, 15, place des Patiniers, Lille.

Ne pas remettre avant 10 heures du matin, le 8 novembre 1915.

Ne nous croirions-nous pas revenus à l'époque du tribunal révolutionnaire qui, le 8 novembre 1793, envoyait à l'échafaud, une femme, la belle girondine, Madame Roland ?

Les condamnations prononcées contre d'autres jeunes gens, arrêtés en même temps, ne sont pas connues encore.

10 Novembre. — Revue des chevaux.

Elle est fixée, par affiche, jusqu'au 11 février.

Cette échéance, plutôt anticipée, est encore un argument en faveur de nos quelques pessimistes.

Mais précisément aujourd'hui, nous possédons l'élément irrésistible pour dérider ces moroses et pour les faire rire avec nous jusqu'aux larmes.

Nous leur montrons un document typique, donnant un aperçu de l'état d'esprit dont à l'heure présente, sont animés les officiers, chefs des pillards.

C'est avec un réel plaisir que nous reproduisons ci-après la prose toute de colère et de haine (sans compter le ridicule et l'impolitesse), qui s'étale sous la plume d'un capitaine allemand.

Vous allez voir que nous n'exagérons rien en enserrant cet impudent baron cavalier dans ce dilemme :

Ou l'ivresse ou la démence ?

Citons :

« Lille, 27 octobre 1915.

« *Le Maire de Lille à M. le Capitaine Von Dungern
(Commandantur),*

« *Monsieur le Capitaine,*

« J'ai l'honneur de vous informer qu'un soldat s'est présenté hier chez un négociant de la ville, porteur des bons de réquisitions ci-après :

« 35246 (1 paire de gants)
« 35249 (1 cache-nez)
« 35253 (2 tricots de flanelle)
« 35254 (2 chemises)
« 35255 (3 paires de chaussettes)

« Au lieu de prendre des objets d'utilité courante, le soldat a
exigé du commerçant des objets de luxe.

« C'est ainsi qu'il a pris :

« 1 paire de gants à 6 fr. 50 ;

« 1 cache-nez à 8 fr. 50 ;

« 2 chandails à 35 francs pièce, au lieu de deux tricots de flanelle de 7 à 8 francs ;

« 2 chemises en laine et soie à 20 francs la pièce, au lieu de
2 chemises pour soldat, à 8 francs ;

« 3 paires de chaussettes à 3 fr. 50 la pièce.

« Je vous prie de vouloir bien me faire connaître si le soldat
avait le droit de faire ces sortes de réquisitions.

« J'ajoute que le commerçant avait fait acheter récemment ces
objets en prévision de l'hiver, pour les vendre à des personnes de
la ville ou à des officiers et non pour les voir réquisitionnés.

« Ci-joint, en communication, les cinq bons de réquisition.

« Agréez, Monsieur le Capitaine...

« Signé : CREPY SAINT-LEGER, adjoint. »

Réponse textuelle (style respecté) :

« *Bureau des réquisitions à la Mairie de Lille,*

« En réponse à votre lettre du 27 octobre, j'ai à vous informer
que les réquisitions en question ont été examinées et trouvées
correctes. Personne ne conteste que le poids en tombe sur le commerçant individuel.

« Cependant, comme il s'agit d'une guerre préparée par ses ennemis et imposée à l'empire allemand, ce sont donc les dirigeants de
la France qui en portent la responsabilité.

« D'ailleurs, aucun homme sensé n'est d'avis que si nos ennemis
anglais et français, blancs et de couleur, avec leurs jolis alliés les
Russes et les Japonais et d'autres peuples sauvages, avaient envahi
l'Allemagne, il y aurait eu, somme toute, des réquisitions organisées.

« C'est encore à cela que paraît la supériorité absolue de l'Allemagne civilisée sur les autres Etats, et que les autorités allemandes,
comme en tout, ont introduit de l'ordre dans la question des réquisitions.

« Et si même les bornes, ce qui n'est pas le cas ici, avaient été

Le Café Jean après avoir été dynamité pour la 3ᵉ fois par les Boches

dépassées, ce ne serait qu'une des manifestations inévitables de la guerre.

« Et comme cette guerre, enfin, n'est que le résultat du sentiment de vengeance attisé depuis 45 ans par des Français, les commerçants des territoires occupés par nous, n'ont qu'à s'en prendre à ceux qui les ont *précipités dans la ruine*, au lieu d'en accuser les autorités allemandes.

« Sur les bons de réquisition ci-joints, les prix doivent être portés selon *estimation allemande*.

« Cela dit, l'incident est clos.

« Signé : Baron de DUNGERN,
« Capitaine de cavalerie. »

> *Rien, ma foi, n'est plus précieux*
> *Pour faire la joie d'nos libraires,*
> *Que ce document odieux,*
> *Ce vomiss'ment littéraire,*
> *Lequel, en ses phrases épiques,*
> *Dénote bien le casque à pique !*

Depuis dix jours, un terrible duel aux gros canons, sous les coups desquels nos maisons s'ébranlent, nos vitres tintent, a lieu sur divers points voisins, Warneton, Ypres, Boesinghe (frontière belge). Plus près, Quesnoy-sur-Deûle et Pérenchies (ces localités déjà très éprouvées) reçoivent les obus des canons anglais.

Et toutes les mesures sont prises pour que nous ignorions tout de ce qui se passe.

Nous pouvons adapter à notre existence ces mots : « Situation inchangée », qui depuis 8 semaines, dans le *Bruxellois*, servent de titre et de résultats à l'armée du prince Léopold de Bavière, en Russie Occidentale. Est-ce que ces guerriers, botanistes à leur heure, seraient par hasard, en train d'explorer la flore végétale des marais du Pripet ?

MI-NOVEMBRE. — Une affiche prescrit aux commerçants de ne refuser en payement aucun des billets-monnaie, quelles que soient les villes ou communes des arrondissements de Lille, Douai, Valenciennes et Arras, qui les ont émis.

M. Brackers-D'Hugo est acquitté. Son jardinier récolte 5 ans de prison.

Quant aux quatre jeunes gens, arrêtés en même temps que l'étudiant Trulin, ils sont condamnés à des peines variant entre 9 mois et 15 ans de détention en forteresse.

Faisons la rectification suivante : L'étudiant fusillé avait, en réalité, 18 ans et était porteur des pièces d'état-civil de son frère, né le 2 juin 1899.

Quoiqu'il en soit, saluons avec un respect ému ce jeune héros dont la mort, affrontée avec courage, offre le plus bel exemple d'amour maternel et de patriotisme.

Sa tombe, ornée d'une immense couronne blanche avec ces mots : « A un brave et noble cœur », est située à proximité de celles des autres fusillés dont j'ai parlé.

Les terribles canonnades en cours ont causé la mort d'une vingtaine de civils à Comines.

Les Allemands ne nous laissent d'ailleurs jamais ignorer le nombre de civils tués par le feu des alliés, civils qu'ils ont le plus souvent empêchés d'évacuer des endroits dangereux. Ils en donnent la liste dans leurs journaux.

Ce que, par contre, ils n'y mentionnent pas, c'est le nombre d'officiers et de soldats qu'un train, dont les mécaniciens étaient ivres, a précipités dans le canal de Zebrugge.

De même, ceux tombés du haut d'un pont de fortune établi près de Deulémont et qui s'écroule. Et plus récemment encore, les victimes d'un déraillement en gare de Busigny.

La femme allemande, un de ces matins, remplacera mécaniciens et chauffeurs. Ne la voyons-nous pas, cette ogresse au visage repoussant, encapuchonnée, revolver au côté, mobilisée déjà et assurant à la frontière belge le double service de douane et de police ?

La rapine des Boches est poussée jusqu'à ses extrêmes limites.

Un exemple entre mille :

Les officiers allemands se présentent dans les magasins (de préférence ceux tenus par des dames seules), soi-disant pour acheter.

Ils se font accompagner de soldats bien stylés, qui fouillent et bouleversent tout pour trouver les articles de luxe convoités. Au moment de régler le soi-disant achat, l'officier semble réfléchir et, finalement, signe un reçu provisoire du montant de la facture. Il annonce que le lendemain, il apportera un bon de réquisition régulier.

Dans ces conditions, il est entendu que ce bon devra porter

exactement la désignation des objets, soit, pour le maroquinier, dont nous citons le cas :

Des valises, trousses et coussins de voyage (articles dont le prix varie entre 50 et 60 francs ; au total, 880 francs.

Or, l'officier ne reparaît plus. Le lendemain, c'est le soldat qui entre en coup de vent chez le commerçant et, d'un air affairé : « Vite, Madame, vite pakett, offizir partir ! »

— Un instant !... Et le payement ?

— Ia, ia, Madame. Voici.

Il présente un bon avec ce libellé déconcertant :

Divers articles pour *sellerie !* .... 880 francs

Si le commerçant livre les objets sans exiger un autre bon, ou s'il ne signale pas à temps cette irrégularité à la mairie (comité de révision des réquisitions), le tour est joué.

Il est clair qu'on lui objectera que sa maison ne vendant pas l'article sellerie, le bon n'est pas recevable. Quant à l'officier, ou bien il a escroqué le commerçant, ou bien il a volé son gouvernement.

..Dans l'un ou l'autre cas, il peut en toute sécurité expédier chez lui les seize objets de luxe qu'il s'est offerts, comme on dit vulgairement, aux frais de la princesse.

Notez bien qu'il en serait de même s'il s'agissait, chez un joaillier, de la réquisition d'un *collier* de perles de 2.000 francs. C'est à peine si, présenté sous la rubrique suivante, le bon changerait de forme :

Collier et *harnais !* Valeur...................... 2.000 francs

Et voilà comment l'audacieux Boche, grâce à ce qu'il dénomme si bien « butin de guerre » pourrait un jour admirer sa **graetchen** (puisque harnais il y a), dans un *harnachement* de perles !...

Aujourd'hui, 50 malheureux qui se sont levés à 3 heures du matin, sont arrêtés aux halles où ils faisaient queue devant les locaux de vente de pommes de terre.

Pour être sortis avant 6 heures, 3 jours de citadelle.

J'ai relaté en son temps la raffle du foin, de la paille, avoine, mélasse, etc., servant à la nourriture des chevaux.

Les Allemands en sont les grands dispensateurs.

Et voyez de quelle sollicitude touchante ils sont tout à coup animés.

Une affiche apparaît, vrai cours de pansage, qui donne aux propriétaires des conseils sur la façon de soigner ces animaux.

Le moindre grain d'avoine ferait autrement l'affaire de ces pauvres bêtes, que le choix de l'instrument avec lequel les Boches conseillent (c'est le cas de le dire ici), de leur brosser le ventre !

Cette fin de novembre s'achève, d'une part, dans le raffinement du vol, dans les inquisitions, les arrestations arbitraires, dans la captation de denrées et autres fournitures de première nécessité et, d'autre part, hideuse plaie sociale qui vient s'ajouter aux tristesses et aux tortures du moment, dans un flot de dénonciations calomnieuses qui, pour la plupart, trouveront fort heureusement leur dénouement en justice.

Et il ne restera de ces révélations, que celles concernant des sujets bien connus, qui ont fait publiquement un cordial accueil aux Allemands, accueil du logis, de la table, des sourires et du reste ! ! !

1ᵉʳ Décembre. — A l'approche de l'hiver, les Boches se terrent.

Ils construisent, à une profondeur de dix mètres, une espèce de tunnel allant de l'avenue Salomon, domicile particulier du kronprinz de Bavière, aux bureaux de sa kommandantur sur le Nouveau Boulevard.

Ce boyau (abri contre les aéroplanes et les alertes toujours possibles), peut avoir environ 200 mètres de long.

Il suffit de glisser à l'oreille de Madame Pipelet ou de M. Lafrousse, qu'il s'agit d'une galerie souterraine, dont une équipe de lapins de garenne est chargée d'élargir le point terminus dans les dunes de Dunkerque, pour qu'aussitôt prenne corps la légende de ce nouveau métro « Lille à la Mer », ouvrage secret des Allemands !

Ceux-ci n'ont plus qu'à suivre cette voie pour gagner, sans coup férir et toutes bottes sonnantes, Calais et la Tamise !...

Il faut voir avec quel acharnement nos ennemis font la chasse au métal. Pour s'approprier la valeur de 20 francs de cuivre, ils démolissent, ils brisent entièrement des machines industrielles de 2 à 3.000 francs, et cela, pour le seul plaisir de détruire, d'anéantir.

Malgré tout, rien n'ébranle notre courage et ne lasse notre patience, pas même les titres ronflants qu'imprime chaque jour en larges manchettes, le *Bruxellois* !

Aujourd'hui « Décision imminente de la Grèce », demain « Retraite de lord Kitchener », laquelle cède le tour à la « Démission du généralissime Joffre », « Opérations militaires terminées en Serbie », etc...

Mais tournez la page et, contraste frappant, voyez l'article quotidien qui prône, qui implore la paix sous toutes les formes, particulièrement en flattant la France, laquelle n'a besoin *ni de territoires nouveaux, ni de milliards*, article empruntant toutes les origines, toutes les signatures, mais évidemment toujours servi par la même plume.

Ici, apparemment, celle d'un homme qui fut Français — officier expulsé de notre armée, peut-être, et réfugié dans le camp adverse. Avec une parfaite connaissance de notre langue et de notre pays, il échange contre de bons mark un talent et une influence littéraires, qu'il exerce en vain au profit d'une paix prématurée pour les Boches.

En cette première quinzaine de décembre, deux préoccupations bien différentes dominent chez nos ennemis :

1° Un projet d'évacuation des malades, aliénés des asiles d'Esquermes et de l'Ommelet, et d'une série d'indigents, vieillards, femmes et enfants, malades ou isolés, séparés des leurs par les événements, etc., qu'on dirigera en France par la Suisse ;

2° La mélomanie du théâtre, cette obsession maladive des Teutons, de ceux qui combattent avec les gants, le monocle et la jumelle ! Pour le premier projet et dans un tout autre but, ils viennent de relier à nos lignes de tramways tous les établissements hospitaliers, ambulances et hôpitaux provisoires. Quant au second, après mille tergiversations, voyant que la municipalité fait la sourde oreille pour achever à leur profit notre nouvel opéra, ils se décident à faire le simulacre de le terminer eux-mêmes, et une nuée de gris, *de tous corps de métiers*, en prend malheureusement possession.

Et les feux vont se monter là, innombrables comme partout où s'installent et séjournent ces indésirables.

Des foyers, ils en mettent par centaines ; on en voit jusque dans les étables et les porcheries des fermes. Et c'est encore de ces derniers abris, où ils sont si bien à leur place, que ces frileux Prussiens s'accommodent le mieux.

Un ordre du gouverneur intime à la ville de faire procéder au nettoyage de nos trottoirs souillés par les chiens tenus en laisse.

A défaut du calendrier, c'est le canon qui, depuis huit jours, tonnant de Lomme à Comines, se charge de nous rappeler Sainte-Barbe, *fête des artilleurs !*

Saint-Nicolas, joie de nos enfants, a passé, lui aussi, escorté par la tristesse du moment.

Nous avons d'intéressantes nouvelles de l'emprunt français par un ami, retour de Bruxelles, où il a lu les journaux hollandais. Nous en pressentions les heureux et significatifs résultats, rien que par le mutisme observé à ce sujet par les deux innomables feuilles, dont le triste rôle consiste à déverser chaque jour dans le pays occupé, d'incohérents, perfides et mensongers entrefilets.

N'avons-nous pas vu le *Bruxellois* faire évacuer le gouvernement serbe, et le promener dans onze villes différentes ? Et cette pauvre Grèce, par quels sinueux méandres politiques ne l'aura-t-il pas fait passer ? Le lundi, c'est entendu, elle marche avec les Puissances Centrales ; le mardi, elle redevient aux trois quarts neutre ; le mercredi, elle penche du côté de l'entente, et le jeudi, la voilà franchement avec la Quadruplice.

. Mais le vendredi, tournant casaque, elle redevient plus neutre que jamais pour, en fin de compte, le samedi, reprendre le bon chemin, celui de Berlin... grâce à ce très constant Teuton... Constantin !

Ce matin, appel par affiches de tous les citoyens belges de 17 à 55 ans. Motif : « Offre d'aller travailler en Allemagne (le voyage, le transport de la famille et du mobilier sont gratuits) ».

La proposition est à peine achevée, qu'un sourd murmure l'accueille et que les dix mille Belges, réunis dans une salle, tournent les talons. Il y aura bien une douzaine d'antipatriotes adhérents.

Jamais fiasco plus complet !...

Il ne nous manquait plus à Lille qu'une épidémie.

La voici sous forme de « fièvre typhoïde ».

Une centaine de personnes sont déjà à l'hôpital.

La mairie fait afficher diverses prescriptions rigoureuses de mesures sanitaires préventives.

Notons en passant que l'œuf frais, que nous portons à un malade, coûte 65 et 75 centimes pièce, le beurre 10 francs le kilo, l'huile 8 fr. 50 le litre.

10 Décembre. — Vers 4 heures du soir, panique.

Cinq ou six obus viennent de tomber aux environs de la citadelle, un sur le champ de Mars, un rue Basse, un sur la, maison Courtot, rue Sainte-Catherine.

Les commentaires vont leur train. Mais un instant de réflexion suffit pour que l'impression dominante soit que nous nous trouvons encore en face d'un monstrueux « bluff » allemand.

N'affichent-ils pas qu'il y aura lieu d'en référer à leur police si des accidents et des dégâts viennent encore à se produire du fait de ces tirs par... l'artillerie anglaise ?

C'est la meilleure raison pour que nous n'en croyions pas un mot. Les détonations eussent été dix fois plus fortes et les dégâts autrement considérables avec des bombes d'artillerie.

Affoler la population, faire colporter en Suisse et en France la légende mensongère que les Anglais nous bombardent, croyez bien que telle est la signification que les Allemands ont voulu donner à la pluie de cette demi-douzaine de petits obus, qu'un de leurs « taub » a semeés sur la ville, à la veille du départ des trains d'évacuation.

13 DÉCEMBRE. — Voici, en effet, les premiers trains formés à destination de Schaffhouse (Suisse), qui vont se succéder jour et nuit, départ en gare de Fives. C'est un peu l'affolement ; on échange d'angoissants adieux. Les *acceptés*, payants comme indigents, témoignent une joie mélangée de crainte et d'incertitude ; d'autres ont cette appréhension (qui ne sera hélas ! que trop fondée pour quelques-uns), que l'arrivée leur réservera des déceptions.

Il en est, dans le nombre, qui nous offriront ce spectacle peu banal de séjourner pendant 80 ou 90 heures en chemin de fer pour, après avoir traversé Mulhouse, Berne, Lausanne et Genève, revenir en France sur Armentières et Hazebrouck, à quelques kilomètres de Lille, d'où ils auraient pu regagner, *à pied*, leur village en moins de deux heures.

Pendant que ces voyageurs bravent, dans la nuit froide et humide, une longue attente avant de quitter le territoire occupé, s'éloignant ainsi des terribles rafales d'airain qui se rapprochent et nous assourdissent, les Allemands placardent :

IPHIGENIE (Tragédie de Goëthe)

et annoncent l'inauguration de notre théâtre pour Noël.

Bien que les travaux soient loin d'être achevés, toute la Prusse est déjà informée que l'administration allemande les a terminés. L'éclairage électrique y est permanent le jour comme la nuit.

Vous pensez bien que pas un Lillois, pas un Français ne mettra les pieds dans cet édifice, tant qu'il y restera un clou planté par un Boche !

Comme l'an dernier, le programme est théâtre, avec charivarique orchestre, arbres de Noël, festins, musique, voisinant avec convois de morts et blessés ramenés du front.

Notre sensibilité a fini par s'émousser devant cette écœurante mentalité et nous nous bornons à constater combien l'enthousiasme s'est encore relâché depuis 1914, où déjà les revers d'Ypres l'avaient si manifestement refroidi.

..Au lieu de trains entiers débarquant d'énormes colis, cadeaux de Noël, à peine voyons-nous quatre ou cinq voitures avec de petites caisses.

Les oies ont bien maigri de l'autre côté du Rhin !

20 Décembre. — Le *Bruxellois* met en grandes manchettes du dimanche :

« Fermeture du Canal de Suez »

« DEMISSION DU GENERAL FRENCH »

Evidemment, antipathie française, désaccord, disgrâce, etc. c'était prévu.

Mais ce qu'il l'était moins, c'est la rivalité qui maintenant va surgir entre la fameuse sardine qui obstrue le port de Marseille et le bouchon « germano-turc » qui va fermer le canal de Suez !

Les Allemands expulsent aujourd'hui de l'Hôtel des Postes les deux receveurs qui s'y trouvaient encore logés.

Aux Boches, il faut beaucoup d'argent et beaucoup de place et ils recherchent constamment avec âpreté l'un et l'autre.

Voici Noël : Nos étalages regorgent de produits de Hollande et je suis persuadé qu'on ne pourrait autrement compléter le menu d'un dîner de gala, depuis le potage jusques et y compris les cigares, qu'avec ces mots : « Mode ou sauce hollandaise », en regard de chaque mets.

Mais la pomme de terre, en dehors de la petite ration du ravitaillement, impossible de se la procurer, car c'est l'embargo complet sur cette denrée de première nécessité.

Une personne, empressons-nous de la nommer, qui n'en sera pas privée pour l'instant, est Mme Bazelie-Delplanque, de Canteleu, qui est condamnée à 14 jours de détention moyenne (que serait-ce si elle n'était pas moyenne ?) au régime du pain et de l'eau. Son crime ? Elle a craché devant des ouvriers français et les a traités de *fainéants travaillant pour les sales Boches.*

Nous souhaitons que cette brave femme puisse supporter sa peine cruelle, avec un courage égal à celui que lui a dicté son patriotisme, à la vue de brutes, de traitres qu'il faudra marquer au fer rouge après la guerre.

Les décès se multiplient et, sur nos maisons, surgit un peu à tort et à travers, le placard « typhus » suivi du traditionnel « verboten » !

Cependant, les rares docteurs qui nous restent, ceux qui n'ont pas, comme certains richards, pris la *tangente des trains d'évacuation,* déclarent que l'épidémie présente plutôt un caractère bénin.

Noël a passé inaperçu dans un vent de tempête. Nos cloches sont restées muettes, mais notre théâtre a pu ouvrir ses portes aux Allemands.

Le *Bruxellois* (N° du 27 décembre) se plaît à nous conter une des âneries dont sa pauvre rédaction est souvent émaillée ; il la narre sous la plume d'un correspondant d'Orient, autant celui-là qu'un autre.

« A Salonique, dit-il, tous les grands hôtels sont aux mains des Allemands, y compris celui portant comme enseigne, Hôtel d'Angleterre, où, de confiance, descendaient les Anglais.

« C'est ainsi qu'un officier d'état-major fut un jour très vexé dans ses sentiments patriotiques.

« Dans la petite chambre que lui avait louée, à prix d'or, le propriétaire allemand, il y avait au pied du lit, de façon qu'il ne pouvait en détacher son regard, un portrait de la reine, sœur de Guillaume ! »

O faible écrivassier, soi-disant oriental, laissez-moi vous prouver que ce regard, non seulement on ne vous le concède pas, mais que c'est, au contraire, votre fameux portrait qui s'est trouvé... mettons outragé !

Vous ne saisissez pas ?

Permettez alors que j'introduise dans votre obtus cerveau, ce détail pittoresque ignoré de vous et dont l'importance, *comme réplique à votre racontar,* vous paraîtra suffisamment soulignée : A savoir que ce noble officier anglais d'état-major a pour habitude de ne *jamais* se coucher sur le dos.

Le 27 décembre, à 9 heures du soir, une formidable et double détonation retentit. C'est un dépôt de munitions que les Anglais font sauter à Comines, à 16 kilomètres de Lille. Les pertes et les dégâts sont sûrement importants.

Vingt-quatre heures plus tard, c'est un incendie qui détruit complètement, à nos portes, les hangars du champ d'aviation de Ronchin. Des tonneaux d'essence explosés ont entretenu pendant toute la soirée des flammes bleuâtres sous les grands arbres dénudés du camp.

C'est ainsi que nous avons eu là le feu d'artifice qui convenait à cette profanation qu'a été l'inauguration de notre théâtre.

Une affiche ordonne à tous les officiers faisant ou ayant fait partie de l'armée active, de la réserve ou de la territoriale, de se rendre à la kommandantur le 4 janvier... *quid ?...*

Les représentations, ou plutôt les provocations théâtrales, seraient-elles déjà terminées ?

De la part de nos esbrouffeurs il ne faut pas l'espérer. En tout cas, l'une d'elles cesse en pleine exécution ce 31 décembre.

Motif invoqué : « Défectuosité d'éclairage, court-circuit » ; cause réelle : « Ordre du prince de Bavière ».

Les nouvelles ne sont pas à la joie, paraît-il.

A Loos, le clairon qui retentissait dans les rues et le carillon des cloches annonçant le nouvel an, coïncidence curieuse, se transforment subitement en un double tocsin appelant d'urgence du renfort sur le front de Lomme-Armentières, où se joue un drame autrement poignant pour eux qu'*Iphygénie !*

C'est comme dans la fable : « Mais quelqu'un troubla la fête ! »

Il est minuit. Quelques coups de fusil sont tirés par-ci par-là, principalement dans les faubourgs.

C'est un bien minuscule prélude de l'année nouvelle, car voici que tout à coup sur le front ouest, très rapproché de Lille, s'entrechoquent pendant deux heures, dans le plus infernal vacarme de canon que nous ayons entendu depuis quelque temps, l'armée maudite qui agonise (symbole de l'armée ennemie), avec l'année qui prend naissance (symbole de l'armée de France, symbole de notre espérance !)

1ᵉʳ JANVIER 1916. — L'action se maintient assez persistante et ferme durant cette journée.

En ville, on remarque une certaine animation. Les vœux s'échangent plus bruyants avec conviction et espoir.

Dans la soirée, au lieu habituel de nos réunions, j'essaie de donner satisfaction aux amis qui se chargent de me rappeler qu'une tâche incombe au président de notre groupe :

« *Messieurs et chers Camarades,*

« La journée d'aujourd'hui, malgré son regain de gaieté factice et apparente, ne ressemble malheureusement que de très loin encore, à celle que nous eussions tous désiré qu'elle fût.

« Et vous comprendrez aisément à quelles nombreuses et *chères absences,* d'une part, et à quelles *odieuses présences,* par ailleurs, je fais ainsi allusion pour exprimer ce sentiment.

« Au seuil de l'année nouvelle, j'ai l'agréable devoir d'adresser à tous les membres de notre société, ainsi qu'aux amis qu'elle a englobés depuis 15 mois, mes vœux de bonne et meilleure année.

« A ces bons camarades, un aimable ingénieur colonial en congé dans notre ville, à nos évacués de Frelinghien, Houplines, Deulémont, nous souhaitons un prochain retour au pays qu'ils ont dû quitter.

« Et ces mêmes vœux, accompagnés de notre sympathique souvenir à tous, dans une commune pensée, nous les envoyons à travers l'espace, soit tout près, soit au loin, où ils sont, où le devoir les a appelés et les retient, à tous ceux qui nous sont unis par les liens de la parenté ou par une amitié que la séparation a grandie encore.

« Désirons tous ardemment qu'en l'année 1916, notre délivrance ne soit plus un vain mot et souhaitons que les tentacules de cette pieuvre monstrueuse, qui s'est abattue et agrippée sur notre malheureuse région du Nord, livrent bientôt passage au drapeau tricolore, lequel, arboré sur les ruines de Lille, la fera renaître de ses cendres, plus belle et *plus française que jamais !*

« J. A. »

L'année 1916 débute par une faveur de notre comité d'alimentation qui augmente notre ration de pain de 500 grammes par personne et par semaine.

Nous l'en remercions sincèrement, ainsi que de la petite « coquille de Noël » qu'il nous a fait octroyer gracieusement pour ce jour-là.

L'allocation militaire est également mise au niveau de l'indemnité de chômage, laquelle a été augmentée.

Voulez-vous sentir votre sang bouillonner ? Lisez dans la *Gazette de Franckfort* du 1er janvier, le récit de l'inauguration du théâtre :

« ... Ce sont les Allemands qui ont achevé le monument d'après les *plans anciens ?*... Dans la pierre de la façade, ils ont fait figurer cette inscription : «Deutsch-Théâtre ». Fête plus brillante qu'elle eût jamais été en temps de paix ! ! ! Dans la loge présidentielle, le kronprinz Rupprech et son état-major, ont remplacé Poincarré (sic) ou le ministre des Beaux-Arts ! »

Voilà l'histoire écrite pour Berlin, la voici pour nous :

Les Boches ont véhiculé le matériel, transporté les fauteuils et strapontins du théâtre provisoire dans le nouveau.

Le *burin* qui a gravé l'inscription dans la pierre blanche, n'a jamais été qu'un vulgaire pinceau qui a badigeonné une toile en calicot, apposée 36 heures sur la façade !

Et voilà toute votre œuvre géante, saltimbanques !

Ne vous en tenez pas là. Dans la région de l'Yser, tant et tant de vos cimetières n'attendent-ils pas aussi des inaugurations ?

Là, pas de coulisses, pas de loge présidentielle. Le drame est joué et tous vos acteurs sont restés sur place... dans les tranchées comblées !

Un interprète délégué de la kommandatur (section de la police militaire), se présente à la Caisse Nationale d'Epargne pour toucher une somme assez élevée appartenant à une Allemande. Je n'accepte ni la réquisition, ni les papiers préparés. Le policier m'assure que l'autorité allemande saura bien exiger le remboursement de la somme, en argent français et non en bons de Lille. Il m'expose que l'Allemagne a intérêt à faire rentrer l'argent de ses nationaux et il ajoute : « *Nous en avons besoin, nous ne sommes pas aussi riches que vous !* »

Je lui réponds que, de la bouche d'un Allemand, cet aveu me fait plaisir et l'entretien prend fin.

C'est la quatrième réquisition de ce genre que j'esquive, en attendant les injonctions annoncées et les pièces régulières que j'ai exigées.

5 JANVIER. — Hier, une affiche a ordonné sous peine d'amende de 1.000 mark , de faire la déclaration de tous les stocks d'huiles et graisses industrielles supérieurs à 10 kilos.

Ce matin, à 8 heures, quatre aéros alliés sont en vue.

Leur insistance nous fait présager une attaque quelconque. Et, en effet, dans la nuit, six violentes détonations retentissent. Les obus sont tombés, gare Saint-Sauveur et aux abords, rue Danton, rue Kléber, boulevard Louis XIV.

On croirait cette fois que ce sont les canons anglais qui ont visé soit la gare, soit l'hôpital Saint-Sauveur ou plutôt le dépôt de munitions, lieu dit les « Dix-huit ponts », situé dans les mêmes parages et semblant, pour ainsi dire, encadré, repéré par les bombes.

On en déduit que dans notre région, comme partout ailleurs, apparaît l'intention bien évidente de faire sauter tous les dépôts ou fabriques de munitions. Les habitants des villages où se trouvent des poudrières sont apeurés.

Dans diverses localités, les Allemands trahissent eux-mêmes leurs craintes en maintenant des otages en permanence aux endroits dangereux.

Pour nous, à première vue, nous admettons que ces obus sont d'habiles points de repère du dépôt situé dans nos fortifications, autant dire en pleine ville.

Aussi, devons-nous nous attendre à une terrible catastrophe, si l'exécution du plan audacieux suit sa préparation.

7 Janvier. — Brusquement, mais provisoirement, la mascarade quotidienne cesse. Plus de défilé, plus de musique, plus de parade à midi sur la Grand'Place. La solde de guerre est, dit-on, supprimée. Les autos commencent à sonner la ferraille. Tout révèle l'usure qui s'accroît.

Une affiche requiert à nouveau le caoutchouc, voir même ses déchets. Quelle désillusion est la nôtre ! Nous avions pensé que la fâmeuse découverte de ce produit, par la non moins fâmeuse méthode synthétique allemande, tant prônée dans le *Bruxellois*, était un fait accompli et allait révolutionner ce qui restera de l'Allemagne après la guerre !

Mardi 11 Janvier. — 3 h. 30 du matin.

C'en est fait ! nos prévisions se réalisent. La poudrière des dix-huit ponts vient de sauter.

Pauvres Lillois, qui avons subi le bombardement, supporté l'occupation, souffert la misère du siège, la fièvre thyphoïde, il ne nous manquait plus que ce fléau, nouvelle horreur qu'engendre la guerre, nouvelle douleur ajoutée à notre vie.

Un mouvement sismique, un bruissement formidable de l'air, ont précédé d'une seconde l'explosion et les détonations infernales sous lesquelles tout le quartier populeux de Moulins-Lille vient de s'effondrer.

Non seulement dans toute la ville, mais jusqu'à deux lieues à la ronde, à Marcq, Annappes, Roubaix, Cysoing, toutes les vitres ont volé en éclats. De Bréda, petite ville de la côte hollandaise, le bruit a été entendu.

D'énormes blocs de pierres projetés en l'air, sont retombés à 5 ou 600 mètres du dépôt, traversant les toits, les étages, écroulant tout jusqu'au fond des caves.

D'autres ont rebondi de la rue, où ils ont coupé net des rails de tramways, pour aller plus loin éventrer des façades et se livrer passage à travers tout.

L'un de ces blocs, du volume d'environ 1 mètre carré (poids approximatif 1.200 kilos), est venu s'abattre contre une boutique du boulevard des Ecoles, dont presque toutes les maisons ont leurs toitures défoncées, les meubles brisés ou réduits en miettes à l'intérieur.

Ah ! cette minute, durant laquelle tant de victimes ont succombé, nous l'avons vécu et, dans cette affreuse vague de mort, nous avons tous ressenti l'horrible impression de l'anéantissement final.

Et ce que nous avons éprouvé reste au fond de notre être, *intraduisible, indéfinissable, inexprimable !*

Quantité de personnes ont été, de leur lit, projetées à terre ; plus nombreuses sont celles qui, étant couchées, ont reçu, soit une cloison qui se tord et se déplace avec fracas, soit un plafond qui s'écroule, les aveugle et les écrase.

Ailleurs, elles ont été blessées par les débris d'une porte violemment arrachée et déchiquetée, ou par un amas de verre qui tombe en pluie des fenêtres volant en éclats.

D'autres enfin, n'ont dû leur salut qu'à des poutres ou des sommiers en fer qui ont retenu au-dessus de leurs têtes, d'énormes blocs.

Comparons ce jet de pierres, de briques, de boulets, de ferrailles, de vieux obus, au vomissement d'un cratère qui en a inondé la ville.

Bien avant le jour, nous sommes à l'entrée de la rue de Douai. Là, dans le crépuscule grisâtre, une foule grouillante stationne déjà dans l'eau qui se déverse des rues barrées où la canalisation est atteinte.

Plus près du lieu de l'explosion, la police et les pompiers, dans l'eau jusqu'à mi-jambes, procèdent aux premiers sauvetages.

Si, par la mémoire, nous nous reportons au bombardement de la ville en octobre 1914, si nous en choisissons les scènes les plus tragiques, les plus émouvantes, les plus effroyables, nous n'approchons pas de l'épouvantable spectacle qui s'offre à nos yeux aujourd'hui.

Nous pénétrons dans tout le secteur compris entre la porte de Valenciennes et celle de Douai.

Dans les rues principales dénommées ci-après : Rue de Maubeuge, de Valenciennes, de Douai, de Fontenoy, d'Arras, de Trévise, ce ne sont plus que des immeubles effondrés, branlants, sans toitures. Quant aux petites rues adjacentes, aux cités ouvrières qui avoisinent les magnifiques filatures Wallaert et Leblanc, ne les cherchons plus. Des maisons sont tombées dedans et les masquent complètement.

C'est de l'amas de décombres qu'elles représentent, qu'on retire les cadavres de femmes et d'enfants qu'on transporte pantelants sur des civières dans une annexe de l'usine Wallaert.

Ici, ce sont des blessés que les pompiers emportent au premier endroit épargné, par hasard, où il est possible d'arrêter une hémorragie, de panser d'affreuses blessures ou de faire prendre un cordial à une femme qui s'évanouit en appelant ses enfants disparus.

Bientôt, on lui en apportera un retrouvé sain et sauf sous une voûte, tandis qu'on lui cachera les corps mutilés d'un ou de plusieurs autres.

Des femmes, folles de terreur, non vêtues, pieds nus dans l'eau, sur le verre pilé, se sauvent en poussant des cris d'épouvante.

Une jeune fille, qui appelle sa mère restée dans la maison écroulée, la retrouve au fond de la cave où elle a été précipitée du premier étage. Elle n'a pas le moindre mal.

Ici, une mère qui précipitamment a enveloppé son enfant dans une couverture et croit l'avoir sauvé, n'a emporté qu'un petit cadavre presque décapité. Les sinistrés d'une même famille, ayant échappé par miracle à la mort, se retrouvent dans un état de surexcitation nerveuse intense. Ils pleurent, ils rient, mais de ce rire inextinguible, qu'on croirait plutôt dû au délire et à la folie qu'à une joie réelle.

Et partout, ces scènes de douleur navrante et d'horreur, éclairées par les sinistres lueurs du foyer encore incandescent se succéderont. Elles dureront jour et nuit, jusqu'à ce que la dernière victime de cette horrible catastrophe soit sortie de l'inextricable enchevêtrement que présente l'immense quadrilatère de maisons, d'usines et d'ateliers en ruines...

Les jours suivants, c'est une procession ininterrompue de plus de 5 à 6.000 personnes qui se pressent sur les remparts, pour contempler l'inoubliable spectacle que présente l'endroit appelé « Dix-huit Ponts ».

Le terrain est absolument nivelé et les milliers de mètres cubes de briques, de moëllons et de terre qui le surplombaient à une hauteur plus grande que celle des fortifications, ont été parsemés aux quatre vents, sur les talus qui sont criblés de trous, dans les fossés, et, plus loin, sur le champ d'aviation.

Cette terre glaise et ces débris de briques rouges ainsi éparpillés, produisent l'effet d'un lac de sang sur l'étendue duquel, en y comprenant le nivellement de toutes les habitations qui faisaient face au dépôt, on construirait tout un village.

Abrégeons cette triste narration et résumons là par cette figure : Vue qu'offrirait une petite ville située au pied du Vésuve, après un tremblement et une éruption volcaniques.

Pour notre malheureuse population, voici, au point de vue physique et moral, les effets tangibles : Blessures graves, infirmités, cas de folie, tristesses, deuils cruels, larmes et désespoirs !

Et le nombre des morts immédiates ? Plus de cent déjà, nous dit-on, à l'heure où nous écrivons.

Quant à la cause, elle est autrement difficile à définir, en présence des versions si contradictoires qui circulent.

Mais écartons aussitôt et à priori, les raisons données par les Allemands, qu'elles qu'elles soient.

Voici d'abord leur affiche qui ne nous surprend pas, nous l'attendions. Ils présument qu'il s'agit d'un acte de malveillance et offrent 1.000 marks de récompense, etc... (Vous connaissez le cliché.)

Le *Bruxellois* daigne consacrer deux lignes à cet événement, comme s'il s'agissait du plus banal des faits divers et *soupçonne un attentat commis par un Anglais !*

Evidemment, si c'est un obus, l'orgueil allemand ne se pliera pas à reconnaître là un coup de maître des artilleurs alliés.

Basée sur le logique enchaînement des événements et des faits qui ont précédé, notre opinion pencherait volontiers vers cette hypothèse, mais nous n'affirmerons rien et attendrons de l'avenir toute la vérité.

Si, d'autre part, il s'agit d'un échauffement de leur poudre de mauvaise qualité, ils se garderont bien d'en faire l'aveu. Or, admettons-le également, puisqu'aussi bien c'est pour nous d'une grande importance au point de vue militaire.

Et quelles que soient notre sympathie et notre douloureuse pitié pour les infortunées victimes civiles, souhaitons que le même sort soit réservé à tous leurs dépôts, et qu'ainsi, des vies autrement nombreuses et non moins chères, celles de nos soldats, soient par contre épargnées.

Mentionnons que dans ce dépôt, il est entré plus de 50 voitures de poudre, d'obus et de grenades, approvisionnement pour six mois, un an, davantage peut-être !

14 JANVIER. — Je n'étonnerai aucun lecteur en disant que les Boches que l'on conduit par groupes dans les rues, sont obligés, par ordre, de chanter à tue-tête, ce qu'ils n'ont pas fait depuis des mois. Il faut bien réagir et ne pas paraître démoralisés par la catastrophe !

Toutefois, nous devons à la vérité de dire que le service allemand de la Croix-Rouge, bien organisé, a porté secours d'une façon efficace et que celui de sa police a été également très utile.

Ce matin, obsèques, avec musique, de 25 des leurs, complément des 64 décès qu'on leur attribue ; nous pensons qu'il faut y ajouter bon nombre de disparus, pulvérisés et autres, receuíllis par lambeaux et qui ont été aussitôt inhumés.

15 JANVIER. — Aujourd'hui, c'est le service solennel en l'honneur des nôtres, sans autre musique, celui-ci, que les chants funèbres de la maîtrise, mais combien plus impressionnant !

C'est devant l'église Saint-Vincent-de-Paul, une de celles que la catastrophe a le moins épargnée, que sont alignées 13 plates-formes à deux chevaux, sur lesquelles sont rangés 89 cercueils chargés de fleurs. La cérémonie a lieu, pour ainsi dire, en plein air, la rue de Trévise *servant de nef* réservée aux familles.

L'évêque donne l'absoute et le défilé commence dans le cimetière du Sud, entre une double haie formée par la police allemande et une foule immense émue jusqu'aux larmes.

Le clergé de toutes les paroisses, la maîtrise, une délégation allemande de la Croix-Rouge, le représentant du prince de Bavière, le gouverneur et les généraux allemands, l'évêque et tout le chapitre de sa cathédrale, les chars entrecoupés par les porteurs de couronnes, la municipalité, les autorités de la ville, les familles et de nombreux amis forment un cortège imposant et grandiose dans sa morne tristesse.

Aucun discours n'est prononcé, mais cela tient à ce que les Allemands, le gouverneur en tête (*Ego nominor Leo* !), qui se sont attribué déjà la préséance à la cérémonie, voulaient prendre la parole avant celui-là seul, qui avait qualité pour le faire, M. le Maire de Lille.

Sur cet incident, l'inoubliable matinée prend fin et on escompte un peu d'accalmie pour se remettre de pareilles émotions.

Mais à peine nos morts reposent-ils dans la vaste tombe, que voici, dans la nuit du 15 au 16, de nouveaux obus qui viennent frôler d'autres dépôts.

Et leurs sifflements sinistres se marient avec l'écroulement des dernières murailles qui restent debout et que les Allemands font sauter à la dynamite.

Ces obus, provenant des tirs d'essai des Anglais, nous dit l'affiche allemande qui paraît, sont tombés dans la citadelle, boulevard Vauban, square Dutilleul et quai du Wault.

Les Allemands laissent sortir de la citadelle les prisonniers civils et eux-mêmes viennent s'échelonner dans la nuit sur le boulevard de la Liberté.

Mais combien plus froussards encore sont les guerriers pomadés du Café Belle-Vue, ceux dont le crâne est aussi dépouillé que les villages qui ont passé par leurs mains.

Ils font déménager tous les billards du sous-sol pour s'en faire un dortoir ! Quant aux officiers supérieurs, ils vont prudemment coucher à Roubaix.

Il est ordonné à la population de descendre dans les caves, d'expurger les greniers de toutes matières inflammables et d'y monter de l'eau.

Et voilà encore une fois nos rues sous un amoncellement de verre et nos fenêtres sans vitres. Il faut aveugler nos appartements et magasins avec de vieux linos, du carton, des bouts de planches, etc...

Tout ce qui reste comme verre et bois utilisables est, dès l'aube, réquisitionné par l'ennemi (lui d'abord, lui toujours !)

La ville ne présente plus, par endroits, que l'aspect de baraquements provisoires et, hélas ! Dieu sait, s'il y a ici quelque chose de plus définitif que le provisoire !

Et pendant qu'une des plus importantes villes de France est dans cette situation d'épouvante lamentable, il nous est donné de lire, en manchettes, sur un des grands quotidiens de la capitale :

« CRISE THEATRALE A PARIS »

Quel contraste et quelle ironie !

Parisiens, nos frères, si vous étiez comme nous, depuis 16 mois, obligés de vous calfeutrer à 8 heures du soir (et en ce moment dans des caves), le théâtre vous laisserait sûrement plus indifférents.

Il vient d'être formellement défendu à tout mobilisé ou civil employé allemand, de pénétrer dans un café ou débit. La raison donnée est d'empêcher, autant que possible, la transmission de la typhoïde du civil au militaire. En réalité (voyez ici le bout de l'oreille), défense à tout soldat de dépenser un sou ailleurs que dans certains cabarets tenus ouverts et réservés pour eux.

Leur affiche pourrait ajouter : Exception est faite pour les lieux, *même les plus contaminés*, où il est possible de barbotter soit un joli piano, soit une riche pendule, voir même un hôtel à saccager, comme celui qu'il nous est donné de visiter aujourd'hui 20 janvier.

Cet hôtel, offert par la ville comme refuge provisoire à des sinistrés de l'explosion, est celui du regretté colonel de notre 43° de ligne.

Abandonné par la personne qui en avait la garde, il a été aussitôt envahi par les Allemands.

Ils ont chargé deux voitures du plus riche butin, sans oublier la cave. L'état de saleté repoussante et de dévastation intentionnelle dans lequel ils l'ont ensuite laissé, est impossible à décrire.

Il faut avoir parcouru cet immeuble pour apprécier les dégâts, et pour deviner, *aux choses vues*, les scènes d'orgie auxquelles se sont livrés là ces vandales.

La photographie ne pourrait en donner qu'une impression bien approximative et imparfaite.

La personne qui a pris à tâche de se loger avec ses enfants dans cette maison humide, ouverte à tous les vents, de l'assainir, d'y remettre de l'ordre et de sauver de la destruction complète ce qui reste, doit être félicitée. C'est ce que nous faisons, Mme la veuve du lieutenant-colonel qui est présente et moi-même.

24 Janvier. — La police militaire allemande nous invite à liquider le livret d'épargne, pour lequel nous avions été requis de faire connaître le fonctionnement des prêts à notre clientèle.

Ce même renseignement (en vue de contrôler celui donné par moi, sans doute), avait été demandé également à la Direction des Services financiers de la ville, qui le confirme en tous points par lettre.

Finalement, toutes formalités requises satisfaites, après multiples convocations, marches, démarches et contre-marches imposées, nous pouvons faire verser à l'autorité allemande, la somme que représente ce gigantesque chiffre-jargon :

« eintausendeinhundertzweiundsechzig »

dont elle donne,

An Herrn Arnoux,

Hauptkassierer der C. N. E. Lille.

Délégué de M. le Président de la Caisse d'Epargne de la ville, bon et valable.......... Reçu (Empfangsbescheinigung)... Ouf !

26 Janvier. — Suppression totale des laissez-passer pour Lille.

Cette mesure, analogue à des précédentes, a pour but de cacher de forts mouvements de troupes.

Ne faut-il pas que pour demain, jour anniversaire, on puisse agréablement tromper Berlin ?

Un gigantesque motif aux armes allemandes, surmonté du drapeau (j'allais écrire orne), dépare déjà notre théâtre.

La maison, siège des bureaux du service des fortifications, square Jussieu, noyée dans un décor alourdi, flamboie sous d'innombrables lampes électriques qui illuminent la tête (sans bandeau), de Guillaume.

Les décorateurs nous épargnent le fou rire qui nous prit l'an dernier en voyant de vieux tapis étalés aux fenêtres.

Ces professeurs d'hygiène n'ont pas jugé à propos, cette fois, de parsemer la face du sanguinaire avec les microbes de nos vieilles carpettes !

Comme toujours, fête factice, essayant vainement d'apporter un peu de joie dans le voisinage de la mort qui passe, sous forme d'autos bien closes, emportant les débris des hécatombes du front Quesnoy-sur-Deûle-Armentières.

Ce main 27, c'est notre église Saint-Michel, à défaut de celle de Saint-Maurice abîmée, qui est accaparée pour la cérémonie religieuse à laquelle assistent 7 à 800 casques à pointe. En résumé, triste cérémonie dans une ville attristée.

Par contre, en ce jour choisi, la réclame pour la paix ne perd rien de son acuité et le rédacteur en chef du *Bruxellois* est là pour nous donner la note gaie.

Il reproduit un article qui date de 46 ans, dans lequel après 70, Ernest Renan préconisait l'alliance des trois grandes nations occidentales : France, Angleterre et Allemagne. Et il est sûrement moins convaincu que bien payé quant il risque cette conclusion ridiculement plaisante :

« Nous croyons fermement qu'une alliance durable et sincère se fera, plus tôt qu'on ne s'y attend, entre la noble et généreuse France et la forte et scientifique Allemagne. La paix du monde en dépend et cette alliance, que toutes les raisons économiques et morales commandent, pacifiera l'univers pendant plusieurs siècles. »

Il ne manque que le mot : Ainsi soit-il !

Mais, pas plus que vous, promoteur de paix pour les Boches, la France et l'*Angleterre son alliée, que vous oubliez volontairement*, ne l'ajouteront...

Fin janvier. — Les discours que le chancelier a prononcés en décembre 1915 au Reischtag, sont placardés à profusion sur nos murs. Pourquoi, devant cet affichage rétrospectif, quelques badeaux, au lieu de continuer leur chemin, s'amusent-ils à lire l'immense pancarte d'inventions et de mensonges grotesques, lesquels, depuis plus de six semaines, sont ressassés dans tous les canards de la région occupée ?

Revue définitive de tous les chevaux et mulets restant dans la ville. Raffle finale sans doute ?

Les biftecks de ces maigres carcans nous échapperont encore !

La vie est hors de prix et les approvisionnements de plus en plus restreints.

Dans un magasin d'alimentation une pancarte indique 16 fr. 50, 18 fr. 75, 23 fr., 24 fr. Nous demandons à quel étage se trouvent ces chambres à louer. On nous fait remarquer que ces prix s'appliquent aux quelques volailles étiques et décharnées qui sont suspendues à l'étalage !...

Quand on voit ça, on rentre chez soi avec un hareng saur qu'on paye 45 à 60 centimes. Mais notons que la situation est encore plus tendue en Allemagne.

J'en ai la confirmation certaine à l'instant même, par une visite qui me cause une agréable surprise.

Un de mes jeunes employés, âgé de 19 ans, évacué du 9 octobre 1914, fait prisonnier dans la masse des civils arrêtés à Fleurbaix et emmenés trois jours après au camp de Darmstadt, rentre aujourd'hui, en bonne santé, après 16 mois de captivité.

Mentionnons le départ pour Ath (Belgique), du kronprinz de Bavière. C'est un premier recul ; voilà le fameux tunnel du Nouveau Boulevard abandonné et l'hôtel devenu désormais historique.

Ces jours derniers, par petits convois, des prisonniers français, dont quelques-uns de Lille et des environs, ont traversé la ville en automobile.

Parents et amis de ces soldats ont été autorisés à venir les voir, à parler avec eux et à leur donner différentes choses.

La façon d'agir de nos ennemis est si bizarre et si contradictoire en tout, que nous ne chercherons pas à quel mobile attribuer ce changement d'attitude.

Voici encore 250 hommes capturés du côté Lens-Arras, et pour le passage desquels la police et les troupes déploient les mesures d'ordre ordinaires.

Depuis trois jours un subit et morne silence règne sur tout le front environnant. Mais autour de nous se concentrent, en vue d'une offensive probable, d'importantes masses allemandes. Nouvelle anxiété pour nous.

Les bureaux de la kommandantur de Bavière déménagent et vont suivre leur chef replié sur Ath (Belgique).

1er Février. — Affiche sensationnelle. Toute la population : hommes, *femmes* et *enfants*, à partir de 14 ans et *au-delà*, doit se faire inscrire.

Il faut que pour le 1er mars, chacun soit porteur d'une carte d'identité avec photographie. Inutile d'ajouter quelles amusantes et saugrenues réflexions suggère ce placard !

Une opinion qui s'accrédite peu à peu est celle d'après laquelle les Anglais n'auraient pas tiré une seule bombe sur Lille. Toutes les machinations ayant précédé les graves événements que nous avons décrits, seraient l'œuvre de nos ennemis, ayant utilisé, *pour les besoins de leur cause*, des projectiles anglais.

Fidèle au principe adopté de donner dans notre récit les impressions du moment, nous mentionnons sans commentaires.

Deuxième affiche prescrivant, dans la nuit du 9 au 10, un nouveau recensement de la population lilloise.

Du long factum distribué à domicile et auquel nous devons répondre *par signes*, nous extrayons, à titre de curiosité documentaire, les instructions suivantes :

Colonne 3 : Nationalité ? — Si on est Français mettre simplement un trait horizontal, comme ceci : —

Colonne 4 : Sexe ? — Tracer une barre verticale, comme ceci : |, dans la partie réservée au sexe... etc...

Colonne 8 : Travaillez-vous dans l'intérêt de l'armée allemande ? — Si oui, tracer une barre verticale | dans la colonne de gauche ; si non, tracer ce signe dans la colonne de droite... etc...

Bref ! Voilà enfin de quoi occuper moyennant finances, quelques vieux scribes en rupture forcée d'emploi, tous plus ou moins grincheux et maniaques, qui vont pouvoir (une fois n'est pas coutume), jouer au fonctionnaire officiel qu'ils envient tant !

Et pour cette fois, examens, concours, stage, études générales et connaissances administratives, seront remplacés par un peu de toupet, non compris celui qu'ils vont échafauder lentement et avec art sur leur pipe, entre deux inscriptions.

Et voyez comme le bon public, sous la pression de la baïonnette allemande et du mot magique « j'ordonne », vient tout douceureux apporter sa photo de vingt-cinq centimes.

Et la bouffarde du bureaucrate improvisé *d'aujourd'hui*, le laisse aussi indifférent que la cigarette du fonctionnaire *d'hier* le rendait irritable.

Tant il est vrai de dire : « Autre temps, autres mœurs ! »

En résumé, le rôle de l'employé se bornera à prendre des signalements et, quand il aura déterminé approximativement la taille d'une femme très grande avec chaussures à talons plats, et celle d'une autre très petite avec chapeau à aigrette, chaussée de bottines à talons Louis XV, il aura donné à peu près la mesure de l'initiative qu'on réclame de lui.

Rien ne l'empêchera d'ailleurs de donner un conseil aux bonnes femmes qui ne manqueront pas de poser cette question :

« A c'heure j'viens vir, comme ça, par rapport à mon sesque,
si que j'suis dans l'verticale ou dans l'rizontale ?... »

Ce sera la note gaie !

Mais le mot de la fin nous est donné dans le *Bulletin de Lille*,
qui finit par prescrire à la population de préparer elle-même renseignements et signalements, pour la rédaction des cartes d'identité, travail dont on ne prévoit pas l'achèvement.

Du moins, espère-t-on par ce moyen, tirer d'embarras les scribes
d'occasion qui se sont révélés moins habiles que le plus inexpéri-
menté des employés d'un guichet postal, et qui ont battu tous les
records de la lenteur graphique.

Le ravitaillement inquiète sérieusement la population. Depuis
longtemps déjà elle a fait abstraction, aussi bien de la viande de
bœuf que de celle de baudet qu'on vend pour du veau à 10 francs
le kilo, du beurre à 24 francs et des œufs.

Qu'il pleuve ou qu'il vente, il faut prendre son parti de faire
queue partout pour se procurer des vivres.

Aujourd'hui, c'est au comité hollandais de ravitaillement en épi-
cerie, demain au comité américain, puis aux pommes de terre, tous
les deux jours au pain ; vient ensuite, pour beaucoup, une pose
à la mairie où il faut solliciter un bon pour portrait. Le lendemain,
avec ce bon on fera queue chez le photographe et finalement aux
bureaux qui délivrent les cartes d'identité.

9 Février. — Rue Tenremonde, trop précoce victime de la guerre,
un jeune écolier est blessé mortellement par l'éclat d'un obus contre aéro.

Notre emprisonnement se resserre encore et dans les communes
voisines, punies pour un rien, ce ne sont que plaintes et récrimina-
tions contre l'ennemi de plus en plus féroce.

Nous en avons une nouvelle preuve dans les quelques lignes que
j'extrais de la réponse faite par M. le Maire de Lille au Gouverneur,
lequel réclame en ce moment le payement, *en espèces*, de la contribution de guerre.

« Je devais espérer que ma malheureuse ville ruinée par le bombardement et l'explosion, épuisée depuis 15 mois par d'incessantes
réquisitions, obligée de soutenir de ses deniers les trois quarts de la
population, obtiendrait enfin de l'autorité allemande un adoucissement aux charges excessives qui pèsent sur elle.

« Je constate avec peine que malgré le petit nombre de troupes

·qui constituent la garnison de la ville, vous continuez à lui imposer, pour frais de ravitaillement, la somme énorme de 45.000 francs par jour.

« Je ne puis tolérer un tel traitement sans élever une nouvelle .protestation.

« Je ne puis donc, Excellence, vous faire à ce sujet d'autre réponse que celle que je suis forcé de vous faire depuis six mois...

« Signé : Ch. DELESALLE. »

Du 10 au 16 FÉVRIER. — En ville, un jeune étudiant d'Ascq, assez imprudent pour toucher à un engin émanant de la poudrière, en provoque l'explosion et se fait affreusement mutiler.

Pour accentuer notre misère, qui confine à la famine, les Allemands ne trouvent rien de mieux que de faire surgir un impôt aussi imprévu qu'exhorbitant.

Ils s'apprêtent à taxer nos chiens 30 mark (37 fr. 50).

Quantité de personnes n'hésiteront pas à tuer leur bête pour se soustraire à ce vol déguisé.

A ce sujet, citons cet avis affiché à Roubaix :

« Moris, le chien du commandant est perdu ; bonne récompense à celui etc... »

Ce « Moris », sans doute aussi fatigué que son maître de faire un métier de *chien*, se sera évadé.

Mais si, par malheur, il s'est fourvoyé dans les cuisines boches, il n'en sortira sûrement qu'en détail. L'heure est aux portions congrues et à la saucisse « végétarienne » prônée dans la *Gazette de* ·Cologne.

17 FÉVRIER. — Enterrement du docteur Thibaut, inspecteur départemental d'hygiène, père de l'aumonier militaire décoré, dont nous avons parlé précédemment. M. le Préfet, par intérim, fait l'éloge du défunt.

Madame Binauld, dont le mari, conseiller général du Nord, a succombé dans le midi de la France, est avisée de son décès.

Mais comment l'avez-vous appris, lui dit la kommandantur ? Vous recevez donc des correspondances ?

Conclusion :

En fait de condoléances et conformément à ses actes humanitaires, l'autorité allemande inflige à la veuve une forte amende.

J'estime que plus long est notre martyre, plus grands doivent être notre confiance et notre courage.

Buvons jusqu'à la lie le calice de la patience, car le meilleur moyen de nous réconforter les uns les autres, est de ne paraître ni tristes, ni affectés.

Quelle est donc la nouvelle du jour ? A défaut de la grande manchette du journal, les Allemands, qui jargonnent fiévreusement « Souffren ! » « Souffren ! » nous l'apprendraient. Puis, soudain, on se tait sur cet événement. Plus de « Suffren » coulé ; il y a erreur. Bah ! si ce n'est lui, c'est son frère.

Et c'est toujours à ces expressions vagues : « Reuter ou Havas annonce ; on apprend, on dit, on croit savoir de bonne source, le bruit court, etc. », que se réduisent les perfides entrefilets de la presse tronquée qui nous est servie.

Mais voici qu'aujourd'hui, c'est un tout autre nom qui tinte agréablement à nos oreilles : Erzeroum !

> *Ce n'est plus à toi, vil Boche,*
> *Le tour de sonner nos cloches !*
> *Dans la lointaine Arménie*
> *Ecoute le joyeux bim-boum,*
> *Dont la vibrante harmonie*
> *Chante la victoire d'Erzeroum !*

Une minute de conversation dans les bureaux du *Bruxellois* :

LE RÉDACTEUR. — Tous les journaux français et étrangers annonçant la prise de cette ville turque, que dois-je dire ?

LE DIRECTEUR. — Pendant deux jours, n'en soufflez pas un mot !

LE RÉDACTEUR. — Et ensuite ?

LE DIRECTEUR. — Après-demain vous mettrez simplement : « Reuter annonce que les Russes auraient occupé Erzeroum. »

LE RÉDACTEUR. — Très bien, mais ce n'est à l'heure actuelle un secret pour personne, qu'il s'agit d'une importante forteresse tombée aux mains des Russes après des combats meurtriers pour les Turcs, auxquels ils ont fait plus de 20.000 prisonniers, capturé toute une artillerie de forteresse et de campagne, des munitions, des pontons, etc., mis en fuite le reste de l'ennemi, en un mot, d'un grand succès militaire russe ?

LE DIRECTEUR. — Ne changez rien à nos habitudes. Démentez tout. Ecrivez : « Ville ouverte, sans importance, abandonnée par nos alliés et prise sans combats ». Réduisez les prisonniers à 5.000 et les canons à 50, en ayant soin d'ajouter que ce sont des modèles *anciens et inutilisables*. (Voir *Bruxellois* du 23-2-1916.)

Le Rédacteur. — Comme on a trouvé beaucoup d'hommes gelés sur les hauts plateaux, ne puis-je au moins me permettre d'ajouter à ce maigre butin quelques paires de bottes ?

Le Directeur. — Rompez ! ou je vous mets la mienne quelque part !...

. . . .

En cette fin de février, quelques accidents mortels sont causés à Saint-André par les bombes des alliés. Mais sachez que ces tirs sont toujours provoqués par les Allemands qui, eux aussi, bombardent l'arrière front de notre armée et ne cherchent qu'une chose, c'est que notre population se départisse de son calme et s'agite comme à Berlin et autres villes. Ne tombons pas dans ce piège.

Touchons-nous enfin au point culminant de l'accaparement et du renchérissement des vivres ?

La proclamation suivante de l'autorité allemande tendrait à le faire croire :

« Les négociants de la ville de Lille vendent les denrées et les vivres en dépôt dans les magasins, à des prix extraordinairement élevés. Toute vente qui dépassera les prix maxima fixés par le gouvernement, sera punie de la peine *maximum*.

« A l'avenir, la ville de Lille et les comités d'alimentation seront seuls autorisés à importer des vivres sur le territoire du gouvernement de Lille, vivres qui seront distribués, sans intermédiaire, dans les locaux spéciaux.

« LE GOUVERNEUR. »

Quoique tard, il est encore temps de mettre fin à cette tendance au vol, si on ne veut pas que nous tombions d'inanition devant les vitrines de ces commerçants, affameurs sans scrupules, qui estiment que le malheur de beaucoup fait toujours le bonheur de quelques-uns.

Nous avons à lutter contre trois ennemis : le paysan rapace, le commerçant malhonnête et l'accapareur féroce.

La viande de qualité inférieure est à 5 fr. 50 et 6 fr. la livre, l'autre de 10 à 15 fr. ; une langue de bœuf est vendue 65 fr. ; une poule 32 fr. ; la boîte de lait Nestlé 2 fr. 75 ; le fromage 8 fr. 50 ; le beurre malaxé 14 fr. le kilo.

Il ne nous reste qu'à choisir entre le pâté de foie de cheval et le saucisson de viande de chien, aliments nouvellement en vogue.

Notre éclairage au gaz est fort pauvre et la bougie est devenue un objet de grand luxe.

La chaussure aussi, celle de femme principalement, fait défaut ; la bottine de 18 francs se vend 35 à 40 francs.

Tout est pillé, enlevé et ce qui reste est réquisitionné, jusqu'aux poules, lapins et bouteilles de vin.

Heureusement pour les indigents, que les fourneaux économiques de la ville, dont on ne saurait trop louer la persistante et sage organisation, ont continué à fonctionner.

Sont à plaindre ceux dont l'état de santé réclame des soins particuliers et une alimentation spéciale.

C'est en cet état de pénurie que nous abordons le mois de mars 1916.

Il débute par un stupéfiant coup de théâtre que le *Bruxellois* annonce, tel un coup de trompette !

« PRISE DU FORT DE DOUAUMONT (Verdun) »

Le premier moment d'intense émotion calmée, nous réfléchissons, mais sans comprendre.

L'absence du communiqué français nous rend méfiant. Le « bluff » n'ayant plus de prise sur nous, notre conviction n'est nullement troublée et nous attendrons avec patience la vérité.

Nos froussards sont blêmes de terreur. Nul doute que la feuille de chou qu'ils viennent d'acheter et qui tremble entre leurs mains, ne leur serve aujourd'hui à un double usage !...

Ne savons-nous pas que chaque ligne de ce journal distille son venin, mesure son mensonge, comme chaque minute de l'heure mesure le temps.

Ripostons par ce ton badin de notre esprit gaulois, en disant que pour « Verdun », c'est le moment ou jamais de tenir aux Allemands la « dragée » haute !...

C'est fait ! la sixième armée a quitté Lille pour Ath (Belgique). Voulez-vous un aperçu de l'escorte du prince de Bavière et de sa suite ?

Imaginez un long défilé de voitures chargées de meubles, matelas, literie, glaces, fauteuils, pendules et pianos volés dans les maisons non gardées de Mons-en-Barœul, la Madeleine et Lille.

On entend dire : « Ceux-là encore c'étaient des bons ; les Prussiens qui les remplacent seront bien plus mauvais. »

En somme, que feront-ils de plus, que voleront-ils de moins ?

Il est vrai que pour beaucoup de gens, ces nouveaux venus sont des hordes investies de la noble mission, incombant à toute bonne armée allemande qui fuit ou se retire, de bombarder et d'incendier tout ce qui restera debout derrière elle.

A ce physique qui ne peut mentir, la population constate que la nouvelle garnison est, en majeure partie, l'armée d'Israël.

Aujourd'hui 7, Mardi gras.

Pour tableau d'hiver, la neige, la pluie, le verglas ; comme tableau de carnaval, hélas ! toujours les mêmes *masques !*

Les condamnations à 200 mark d'amende pleuvent sur les marchands de comestibles à prix usuraires.

Les boutiques ferment. Les gens, au teint hâve et desséché, déambulent dans les rues presque désertes. Toutes les personnes que vous rencontrez ou que vous coudoyez dans un tramway, sont à la recherche d'une denrée quelconque à passer en fraude.

Ici, c'est une femme qui a caché six œufs dans son corsage, là, une autre s'est fait une tournure avec un kilo de viande à 12 francs, qui pourra figurer sur le menu de midi sous le titre de *Cheval à la mode !*

Quant aux messieurs, ils dissimulent tant bien que mal quelques pommes de terre dans les doublures de leurs vêtements flottants.

13 MARS. — Par affiche, voici enfin la mise en demeure de payer pour les chiens.

Pour ne pas donner d'argent aux Allemands, je tue ma petite chienne « Mouche ».

Depuis dix ans, gardienne de mes bureaux, c'était l'enfant gâtée des dames employées qui la comblaient de friandises. Demain, privé de ses caresses, j'aurai le cœur serré devant sa niche vide et muette. En allant acheter le poison que l'on vend cher, je constate que j'aurai de nombreux imitateurs.

Cependant, par ailleurs, combien de discussions passionnées et controversées sur ce sujet palpitant !

Est-ce que le chien n'est pas le fidèle ami de l'homme ?

Oui, c'est entendu et il le sera toujours.

Mais par suite de l'impôt illégal dont il est frappé, dans toutes les régions occupées, ne devient-il pas aussi *l'auxiliaire de l'ennemi ?*

Or, en présence de tant de vies humaines françaises à épargner, nous ne pouvons nous résoudre à partager le point de vue sentimental, faux pour l'instant, de ceux qui verseront dès demain, à la caisse de l'emprunt allemand en cours, la somme relativement élevée de 30 mark .

Mais à chacun sa liberté et sa responsabilité !

Et si nous n'approuvons nullement ceux qui narguent les personnes qui font queue, au Palais Rameau, avec leur chien payant tenu en laisse, nous flétrissons plus encore l'argument aussi imbécile qu'injurieux, des tire-liards eux-mêmes, qui prétendent que ceux qui n'acquittent pas la taxe, c'est par avarice.

N'avons-nous pas sous les yeux les noms de nombreuses notabilités de la haute bourgeoisie, de l'industrie, du commerce, des administrations, etc., qui n'ont pas hésité un instant à sacrifier des bêtes dont la valeur dépassait dix à quinze fois la taxe requise ?

Pareil langage n'est tenu, d'ailleurs, que par certaines femmes communes qui, privées des joies de la maternité, concentrent leur vie dans l'amour des écus d'abord, des toutous ensuite, existence égoïste, sans affection, sans but comme sans utilité.

Ce n'est pas par ces commères stigmatisées dans les boutiques et les marchés populaires, que nous tenons à nous voir décerner un brevet de civisme ou.... le contraire!

De leur part nous n'acceptons, « *ni cet excès d'honneur, ni cette indignité.* »

Le violent pamphlet qui déjà circule en ville sous le titre « Au Palais Rameau » et dont la publicité, autant que l'impartialité dont nous voulons faire preuve, nous dispense de citer le moindre extrait, s'impose plutôt à leur méditation.

En tout cas, il vient fort à point pour servir de conclusion logique, aussi bien à notre manière de voir comme particulier, qu'à notre manière d'agir en tant que fonctionnaire français rétribué par l'Etat :

Du 15 au 20 Mars.

Un agent de la police allemande du poste de la rue Brûle-Maison se suicide; un soldat puni, que l'on transférait de la police centrale (Mondiale) à la Citadelle, cherche à s'évader dans le square Jussieu.

Un premier coup de feu le blesse, un deuxième l'abat. Justice expéditive, mais qui pouvait se compliquer terriblement si des passants s'étaient trouvés sur le chemin du fuyard.

21 Mars.

C'est le printemps. Avec lui nous arrive le premier ravitaillement en viande, dite fraîche, attendue depuis des semaines. La distribution, basée sur la carte de pain, se fait à raison de 200 grammes par personne et, au choix, dans les catégories suivantes :

4-7-10 et 14 francs le kilog :

Ce sont encore les agents des Postes et Télégraphes qui sont en grande partie requis pour le fonctionnement de cette « comptabilité-boucherie ».

Et nous voyons là, comme partout ailleurs où il a été délégué, Préfecture, Mairie, Chambre de Commerce, Caisse d'Epargne, Travaux spéciaux de comptabilité, ordonnancement et payement, Docks commerciaux, Comités de ravitaillement et notamment aux locaux de distribution de pain, ce personnel postal faire preuve de zèle, d'initiative et d'organisation pratique.

Par affiche est sévèrement interdit tout achat de marchandises et surtout de vins et denrées, par l'entremise de soldats ou employés de l'armée allemande.

La légendaire autorité de Lambersart (moi je la dénomme perception militaire), après avoir inventorié et réquisitionné lapins et poules, prescrit aux possesseurs de volailles de lui fournir chaque jour 2 œufs ou à défaut, 70 centimes.

De sorte que si vos poules ne font pas d'œufs, *braves gens*, c'est à vous de ....pondre 14 sous pour les *Boches!*

L'ennemi, qui par tous les moyens en son pouvoir entrave notre ravitaillement, est content de voir que la faim commence à nous torturer.

Mais à part cela, il est plein de sollicitude!

N'offre-t-il pas à nos chômeurs des deux sexes un voyage à la campagne, dans le département, où ils pourront, leur dit l'affiche, pourvoir plus aisément à leur subsistance en se livrant à des travaux agricoles ou.... autres?

Même tam-tam que pour l'emprunt : hâtez-vous dès demain de vous faire inscrire, n'attendez pas au dernier moment....

Chômeurs, soyez prudents; suivez l'exemple des braves gens de Lomme et d'Haubourdin qui ont préféré subir amendes et privations, plutôt que de travailler pour les Allemands.

Les Anglais, non loin de Lille, viennent précisément de capturer tout un groupe de civils occupés dans les tranchées ennemies.

Ils ont épargné leur poudre, estimant, avec juste raison, que ces traîtres valaient à peine la corde avec laquelle ils les ont pendus séance tenante.

Et pour nous en faire avertir, ils ont grâcié le plus jeune d'entre-
eux ayant à peine 18 ans.

Le mois de mars s'achève dans de violentes canonnades noctur-
nes sur le front d'Armentières à Nieuport.

Au 1er avril voici l'aspect de la ville.

Les boutiques sont fermées presque partout. Dans les rares qui
restent ouvertes, l'étalage est réduit à quelques liqueurs, des fécules, du savon, du cirage, du tabac et des allumettes.

Plus aucune denrée ou produit comestible.

Une voisine me confie qu'à la charcuterie X, en entrant par une
porte dérobée connue des clients, on sert, aujourd'hui seulement,
du pâté.

J'y cours et je m'offre ce frugal déjeuner dont le prix, en temps
normal, s'élèverait à peine à un franc.

Pain	0,20
Bière	0,25
1/4 pâté	1,75
Tête laitue nouvelle	0,75
Assaisonnement (sans huile)	0,30
Un demi-quart de pain d'épice....	0,65
Total........	3,90

Voyez à quels maigres et coûteux repas en sont réduites les familles nombreuses.

Aussi, n'est-il pas de recettes baroques que nous ne mettions en
pratique pour faire, soit un pâté aux haricots avec du lard d'Amérique, soit des pouddings, des crèmes avec céréaline, des croquet-
tes et surtout des gâteaux de riz.

Ah! le riz, de combien de façons ne l'aurons-nous pas accomo-
dé? au gras, au maigre, aux fruits, fraises, figues, raisins, au chocolat, tantôt chaud, tantôt froid, etc.

Voir même, avec ses congénères,

En chansons, en prose et en vers :

La *crème* dit au pâté :
Vivement sortez du four.
Sur table faites votre entrée,
D'être au feu, c'est à mon tour.

PLACE RICHEBÉ

(Entrée de la Rue de Béthune)

Car pour paraître au dessert,
Où je veux payer de mine,
Nul ne doit voir, à mon air,
Que j'suis en *céréaline*.

Mais l'fâmeux *gâteau de riz*
Entre eux deux s'interposant :
Patience! mes bons amis,
Attendez donc un instant.

Ce n'est pas que j'sois pressé
De m'introduire dans ce four;
Dieu merci! j'en ai assez,
J'y viens plusieurs fois par jour.

Mais comme je sers de biscuit,
Je veux un tour de faveur;
Après l'pâté j'dois être cuit,
Sans atome d'œufs et de beurre.

Quant à moi, « poudding », je n'ose,
Vu le peu d'rhum qu'on me met,
M'offrir pour une autre chose
Qu'un bien modeste entremets.

Nous avons perdu le goût
Du veau, du mouton, du bœuf,
Du beurre, du lait et de l'œuf,
Mais on espère qu'un ragoût,

Qui est le plat des otages,
(Sur ce point soyons discrets)
Accompagnera not'potage,
Le jour du Quatorze Juillet!

CONCLUSION

Nous sommes assez déconfits,
Par dix mois d'mets ascétiques;
Pour carême, cela suffit,
De grâce! rouvrez nos boutiques!   J.-A.

Proclamation de la première revue d'appel à Lille, du 6 au 27 avril ,de tous les hommes de 17 à 50 ans.

Autre arrêté qui, sous couvert de mesure d'hygiène, supprime au marché de Wazemmes, l'étalage à terre et la vente de vieux ustensiles, métaux, ferrailles, cuirs, bibelots, vieux vêtements, etc...

Ce marché calqué sur celui qui se tient à Paris (barrière de Montreuil), est sûrement de date très ancienne.

Il a donné naissance à cette unique et traditionnelle journée de vente de septembre, appelée « Braderie », qui dure une demi-nuit et un demi-jour et qui perpétue une coutume pittoresque et bien locale de la cité des Flandres.

Chaque soir nous nous demandons quel nouveau *verboten* le lendemain nous réserve.

L'ineffable « Bruxellois » triture en ce moment la Hollande expectante. Il dit blanc, il dit noir, il dit oui, il dit non et finalement ne dit rien du tout!

Pour cette phraséologie dont l'art consiste à ne rien dire, tout en parlant beaucoup; pour ce style confus, embrouillé et d'incompréhensibilité absolue et voulue, décernons-lui le premier prix.

Les affiches se multiplient. Voici celle qui consigne nos vins, liqueurs et spiritueux à partir du 10 : « Quiconque cachera ou aidera à soustraire le vin à la réquisition ou bien le falsifiera est passible d'une amende de dix à 5.000 marcks.

Tout ménage dont l'approvisionnement ne dépasse pas 50 bouteilles n'est pas tenu à la déclaration.

Vous pensez bien qu'aussitôt l'affiche parue, on ne rencontre plus que des gens portant de lourds paniers et valises, dont le contenu est mis en dépôt chez les amis et connaissances.

Les caves de beaucoup d'entre eux n'en auront jamais vu autant!

Pour les Lillois, journée des *valises* et des *jupes*; pour les Allemands, journée des *surprises* et des *dupes!*

Cependant, le défaut de précautions de quelques-uns et les dénonciations aidant ,éventent la mèche .Il y aura des amendes, c'est inévitable.

Et nous apprenons que des gens fortunés qui ont fait distribuer, mais trop tardivement, une partie de leurs vins dans des familles pauvres, sont victimes déjà des sanctions impitoyables des Allemands.

L'actualité nous fait mettre dans la bouche de Guillaume, ces paroles du roi Stanislas à Madame de Bassompierre :

« Je me tais, mon Chancelier vous dira le reste! »

Et voici le sous-Kaiser, élogieux de lui-même, pérorant au Reichstag.

Dans quelques heures, son verbiage de parade s'étalera sans doute sur nos murs.

Résumons le : Cris de détresse en face de la famine, vains appels à la paix, à cette paix pour laquelle l'Allemagne montre de p'us en plus de si bonnes dispositions et tant de modération.

Ah! ce chancelant chancelier, surnommé « l'*Homme au chiffon de papier*, » se chargerait à lui seul de réorganiser l'Europe!

Notons toutefois le soin qu'il prend d'insister auprès de la puissance alliée, pour que celle-ci ne l'abandonne pas au moment surtout, où, après sa collaboration militaire, elle devra lui prêter sa collaboration économique.

Son discours nous incite à la recherche amusante de quelques mots typiques, extraits de ce nom « Von Bethmann-Hollweg ».

Et, dans la circonstance ,pour les lui appliquer, voici l'ordre que ma fantaisie leur assigne :

« O Valet blême et bête, menton mal lavé, âne bâté,
« Ménage ton éloge, mange ta bave, glane, vole!
« A ton âge, gobe le blâme, avale la honte,
« En hâte, monte en wagon et va-t-en! »

Du 10 au 20 avril.

On nous accorde une légère augmentation de la ration de pain. Elle est élevée de 2 k. 500 à 3 k. par personne et par semaine.

De jeunes gamins de 17 ans, des bleus (habillés de gris), font sur notre champ de mars leurs premiers exercices et rentrent dans leur casernement en chantant. On les promène d'ailleurs partout en ville, musique en tête.

L'enlèvement des hommes se dessine, il est commencé partiellement à Roubaix et Tourcoing.

Toute la jeunesse, sans distinction de sexe, prise en défaut pour la plus légère infraction ou fraude, est enlevée pêle-mêle et dirigée, partie sur les Ardennes, partie dans la région de Valenciennes où elle doit travailler avec l'ennemi, soit à la dévastation de nos forêts, soit à la construction de routes.

Tout à coup le bruit se répand d'une évacuation plus importante. Motif invoqué : Attitude de l'Angleterre qui rend presqu'impossible le ravitaillement des habitants...??

Aussitôt le Comité Américain donne un démenti formel à cette assertion. Il prouve que d'importants marchés et achats sont conclus en vue de garantir et d'assurer la régularité du ravitaillement.

Viennent ensuite d'énergiques protestations de la part de Mgr Charost, dont la lettre au Général Commandant, est aussi admirable d'indignation à peine contenue que de haute élévation morale; de la députation du Nord, de M. le Recteur de l'Université et de M. le Maire de Lille qui écrit au gouverneur :

« Après les solennelles déclarations affichées, que vous ne feriez « pas la guerre à l'élément civil qui est resté calme, je me refuse « à croire que vous prendriez une mesure si contraire au droit des « gens et à toutes les conventions internationales, etc... »

La population privée de toute correspondance (en réalité il en passe encore et toujours), attache une certaine importance aux avis distribués par les mairies informant tel ou tel qu'un parent ou ami demande de ses nouvelles.

La mesure, si restreinte qu'elle soit, est appréciable, mais n'oubliez pas qu'au début, il s'agissait d'anciens courriers interceptés il y a 5 à 6 mois et dépouillés par les Allemands. Ils ont livré aux Mairies ce qu'ils jugeaient à propos de leur contenu et ont pu se vanter d'avoir organisé ainsi, en bons philantropes, un système de communications entre la France et les pays occupés.

Voulez-vous la primeur du genre de leurs nouvelles propagées récemment? Ouvrez les ailes de ces deux canards démoralisants colportés dans nos rues et vous y lirez ces mutations sensationnelles dans notre Etat-Major général :

« Deux généraux reviennent de Salonique et du Maroc pour remplacer, l'un, le généralissime français, l'autre, le gouverneur de Verdun! » (Bruxellois du 17 avril).

On s'esclaffe! C'est tout juste si le Bruxellois et sa digne sœur « La Gazette », ne nous affirment pas qu'ils sont reliés à la Tour Eiffel, et, de là, à l'Elysée qui les renseigne!

Combien « primeurs » d'une autre nature plus digestive feraient mieux notre affaire!

Grand émoi, voici l'affiche tant attendue en réponse aux protestations. Elle est placardée le 20, à 6 h. du soir.

A huit heures, toute la ville en connaît ce texte :

« Des habitants seront dirigés par ordre sur les régions occu- « pées, pour participer à des travaux d'agriculture et non militai- « res, loin en arrière du front.

« Défense de quitter son domicile entre 8 heures du soir et 6 h.
« du matin. Se tenir prêt avec linge et ustensiles (30 kilogs).

« Invitation au calme et à l'obéissance, car la décision est irrévo-
« cable : « J'ordonne! »

Signé : Le Gouverneur.

Ou mieux, *en jouant sur le mot :* L'ogre revenu.

Dans votre n° du 21 avril, ô Bruxellois, je cherche vainement
la manchette de Pâques : Trébizonde.

Discrètement dissimulé au bas de la deuxième page, je découvre
le pendant au minuscule cliché d'Erzeroum :

« Reuter annonce que les Russes ont occupé Trébizonde. »

« Nous n'avons pas confirmation de cette nouvelle. »

Soyez tranquilles, le communiqué Turc se chargera de vous la
donner et n'omettra pas d'ajouter que c'était *prévu d'avance.*

Précisément sur le n° du 22, ce communiqué dit textuellement :
« Le résultat des opérations, l'évacuation de la ville, tout avait été
par nous prévu d'avance. »

Alors vous êtes satisfaits? Nous aurions tort de ne pas l'être autant et même plus que vous.

Samedi, veille de Pâques. — Une série de jours bien sombres s'annonce. Sous les larges averses d'une pluie froide, les expulsions
ont commencé dans la nuit à Fives. Quatorze cents personnes, sans
distinction d'âge et de sexe, sont emmenées. Il faut attendre sur le
pas de la porte, ou dans son couloir pour se joindre au groupe
que suivent des voitures où l'on entasse les bagages. Des mitrailleuses ferment la marche; d'autres sont postées au coin des rues.

Il y a suspension pour la journée de Pâques seulement, laquelle
est pour nous d'une infinie tristesse et qui s'achève dans les lueurs
d'un incendie qui détruit la Mairie à 9 h. du soir.

Notre mairie, où l'on avait installé et groupé avec tant de peine
quantité de services populaires et où, depuis la guerre, s'étaient
concentrées le mouvement et l'activité de la population.

Ce vieux monument, dont ne subsistent plus que les murailles
noircies, était resté là, debout au milieu des ruines du bombardement, comme un lieu de ralliement qui personnifiait l'union de
tous les citoyens de la malheureuse ville.

Il évoquera à jamais le souvenir inoubliable de l'énergique et
sympathique figure du premier Magistrat de la Cité et celui de ses
actifs et dévoués collaborateurs *du Temps de l'Occupation!*

Il n'est peut-être pas sans intérêt de noter que ce sinistre commence juste une heure après la rentrée de toute la population civile. Jamais l'émotion n'a été plus intense et, pendant 48 heures, c'est la consternation générale .Ne sommes-nous pas tout indiqués d'ailleurs, pour être les premières victimes s'il s'agit de représailles violentes?

Quoi qu'il en soit, l'enlèvement se poursuit : Vauban, Lille-Moulins, le Vieux-Lille, le quartier de l'Abattoir, du Sud, de Saint-Sauveur et de Wazemmes sont visités. Mais à présent le coup est porté, l'émotion s'apaise. Plus n'est besoin de mitrailleuses! Si les Allemands s'attendaient aux vociférations de la foule, aux cris, aux plaintes, à une révolte enfin, ils sont déçus. Ils sont même stupéfaits devant ce calme et. cette résignation. Nos groupes de partants gagnent la gare Saint-Sauveur au chant de la *Marseillaise*, auquel répondent des chants de troupes allemandes promenées musique en tête, avec une rage qui leur tient lieu de gaieté.

Jeudi 27, 3 h. 30 m. — Un bruit de pas lourds nous éveille. Plus de doute, c'est notre quartier Sébastopol qui a les honneurs de l'inquisition.

Les sentinelles s'échelonnent et barrent les rues, après avoir sonné à toutes les portes. En quelques minutes tout le monde est debout, descendu dans le couloir. On attend' là, le passage des officiers qui opèrent.

Après avoir contrôlé, à l'aide de la fiche indicatrice de chaque maison, le nombre des personnes présentes, ils désignent les partants :

Les jeunes gens de 15 à 20 ans, y compris lycéens en pleines études, les mobilisables jusqu'à 50 ans et même au-delà, les jeunes femmes ou jeunes filles robustes, les femmes vivant seules, puis les bonnes, servantes et domestiques.

Ajoutons qu'il existe deux autres catégories qu'on peut appeler les *désignés d'office* : ce sont 1° les femmes de mœurs équivoques, 2° tous ceux ou celles qui ont encouru une amende, une punition ou qui, à un titre quelconque, ont eu des démêlés avec les Allemands depuis l'occupation.

Un factionnaire est laissé à la porte et, au bout de 1 5à 20 minutes, il conduit le partant au local de concentration le plus proche. Les simples soldats sont tellement rompus à l'obéissance passive, qu'ils font preuve de bonne volonté; ils portent les lourds colis des dames ou accompagnent celles-ci de côté et d'autre faire leurs adieux. La plupart ont conscience de la hideuse besogne qu'on leur fait accomplir.

Bref, à midi, mille à quinze cents personnes stationnent dans la gare. Là, on opère les visites médicales ,on examine les réclamations, etc... Finalement, grâce à une foule de subterfuges des plus divers, deux à trois cents peuvent réintégrer leur domicile.

C'est le bon plaisir, le hasard, la chance; c'est tout ce qu'on voudra, excepté le droit ,la logique et la pitié.

Quoi qu'il en soit, ces départs de gens entassés, sans ordre, comme sans égards d'aucune sorte envers les femmes et les jeunes filles, sont écœurants...

Et puisque l'occasion nous en est offerte, stigmatisons une fois de plus l'ineffable « Kultur » des officiers Teutons.

Dans ces trains, leurs voitures de première classe voisinent avec les wagons à bestianx qui ont été réservés aux femmes.

Ces balafrés ,chez qui rien ne vibre, s'accommodent parfaitement de ce manque de courtoisie, de cette incorrecte et révoltante attitude.

Par contre, signalons le dévouement et le zèle infatigables, qu'en cette circonstance, ont montré beaucoup de nos ardents et militants concitoyens.

Nos lecteurs ne seront pas surpris de voir, au premier rang, revenir sous leurs yeux, le nom du très patriote et très populaire curé de Pellevoisin.

Là, comme en maintes occasions, sa conduite se révèle digne de tout éloge.

Disons deux mots de la question des cartes de service qui est d'actualité.

Les employés des administrations publiques qui font partie des Comités de ravitaillement, possèdent des cartes visées de la Kommandantur, alors que d'autres, au même titre, affectés à divers services de la ville, n'en sont pas pourvus.

Cette lacune regrettable, outre qu'elle lèse l'équité, peut être à la fois préjudiciable et dangereuse.

C'est au dernier moment ,et à l'heure où l'autorité allemande ne veut plus les viser, que nous devons prendre l'initiative de nous procurer ces cartes.

Les démarches individuelles ou collectives du personnel intéressé restent vaines à chaque porte.

Une convocation de la « Militar-Polizei » m'arrive à point.

Bien que l'évacuation ne soit nullement de son ressort, je me disposais à poser la question d'immunité, quand l'officier interprète, moins sans doute par amabilité qu'à cause de mes relations financières forcées avec lui, m'offre spontanément une référence et rend permanente ma lettre de convocation.

Quant au personnel attaché à la Caisse d'Epargne, il ne peut que m'indiquer la marche à suivre en vue d'adresser une demande écrite.

Cette requête, qui se confond avec celle de la Caisse d'Eparg privée, se heurte à mille difficultés et n'aboutit pas.

30 AVRIL. — Le soir à 11 heures (Heure allemande), on doit avancer d'une heure nos horloges publiques qui doivent marquer *minuit*.

De cette façon, les pendules officielles seront en avance de 2 heures sur l'heure en usage à Lille avant la guerre, et de 1 heure sur celle qu'elles marquaient déjà depuis l'occupation.

Sous peine de 300 mark d'amende, pour demain 1er mai, à midi, tous les possesseurs d'horloge doivent s'être conformés à cet ordre.

L'action aussi honteuse que mémorable de l'enlèvement des femmes et des jeunes filles, « baïonnette au canon », défraie toutes les conversations, et une sérieuse reprise offensive entre Armentière et Arras, ne retient que très peu notre attention.

On est plutôt préoccupé de savoir ce que sont devenues les personnes enlevées et disséminées au hasard dans les villages, les fermes, les ateliers, les ouvroirs, etc...

Soit ici, soit là, elles sont avec l'ennemi, à sa merci et obligées, soyez-en sûrs, de le *subir et de le servir!!*...

Actuellement, dans le civil, personne n'échappe plus aux méchancetés, aux vexations sans nom pour lesquelles tout prétexte est bon.

Nous en sommes d'autant moins étonnés, que de bonnes nouvelles de Verdun ont transpiré et que la vengeance s'exerce sur nous par des tracasseries dont voici un minuscule exemple. Aujourd'hui même, pour une lettre ouverte que je porte à la « Pass-zentrale », en réponse à une correspondance *de service*, émanant de la Direction Générale de la Caisse d'Epargne de Belgique à Bruxelles, je suis invité à payer 25 centimes.

J'objecte qu'il s'agit d'un renseignement administratif demandé par lettre ouverte, à moi remise par l'autorité allemande, laquelle m'invite, implicitement et en fait, à y répondre dans la même forme.

« Vous devez payer vingt-cinq centimes, reprend l'officier; croyez-vous que nous transportons les lettres pour rien?

— Pardon, Monsieur, ne pensez-vous pas que si l'expéditeur de la lettre avait dû l'affranchir au départ (et la présente enveloppe n'en porte pas trace), il en aurait naturellement conclu qu'il devait aussi joindre un timbre pour la réponse?

— Je suis parfaitement en droit de me dispenser d'écrire.

— Monsieur, vous êtes tenu de répondre, sans cela je dirai que c'est mauvaise volonté et vous subirez toutes conséquences, amende où punition.

— Dans ces conditions, Monsieur, j'ajouterai que l'observation que je présente n'est que de pure forme, puisque j'ai la faculté de me faire dégréver de l'affranchissement.

— Eh bien, puisque votre *patron* est encore bon pour vingt-cinq centimes...

— Oh! oui, Monsieur, et au-delà! car mon patron, c'est *le Gouvernement français!* »

Je prononce ces mots avec une telle « *intonation* » que mon interlocuteur en blêmit.

Je juge à propos d'en finir et j'avance un bon de la ville de Lille. L'officier le refuse et exige de la monnaie française. Par bonheur, je possède tout juste, depuis plus d'un an, comme une relique, vingt-cinq centimes en *bronze!*

Je les verse crânement comme si j'en avais ma bourse pleine et... je tourne les talons. Je m'estime heureux de n'avoir payé que cinq sous le plaisir de tenir tête à cet acariâtre collègue Boche, car c'est bien par un officier de la « poste allemande » que j'étais reçu.

A peine rentré, je reçois deux nouvelles convocations de la police militaire. Là, les rapports sont très corrects.

Relatons la rafle du zinc. Au « Comte de Lille », à la Madeleine; à l'estaminet, dit « chez Labis », à Saint-Maurice; à la « Funquée », pour ne citer que ces établissements bien connus des Lillois, les vandales opèrent en sciant les tablettes des comptoirs; ils enlèvent des tonneaux les tuyaux des pompes à bière, ainsi que toutes les mesures en métal.

A toute protestation, la réponse est invariable :

« Vous, besoin? Nous plus besoin encore! »

Il est affiché que bientôt, sous forme de contrôle (naturellement), ils mettront le nez dans les établissements financiers et les banques.

C'est le moment de nous souvenir de cet avis qui nous vient d'Outre-Manche : « Beware of Pickpocket! »

Autre affiche pour réclamer la présentation de nos cartes, en vue de la reconstitution des souches de fiches d'identité incendiées à la mairie.

A un de mes anciens collègues et ami, en retraite, qui a pu quitter Lambersart avant le 10 octobre 1914, j'apprendrai que sa maison abandonnée est transformée en caserne allemande dont je possède la photographie. On y fait de la musique en soirée bachique.

Deux soldats déguisés, l'un avec ses vêtements, l'autre avec ceux de sa nièce, complètent le burlesque tableau que se sont offert ces boches en goguette !

Notre ravitaillement tend à s'améliorer encore et, à ce sujet, reconnaissons quelle somme de travail et d'efforts a nécessités, de la part du Comité Américain, la tâche d'approvisionner le district de Lille formé de 108 communes, comprenant une population de 660 à 673.000 âmes.

Pour apprécier l'importance du secours qui nous a été apporté par ce comité, donnons un aperçu du prix et de la composition, qui varie, de la ration livrée par quinzaine à chaque personne.

Saindoux, café, sucre, riz, haricots, céréaline, savon, cristaux, prix : 2 fr. 25 à 2 fr. 50.

Aussi, ajoutons-nous avec reconnaissance notre fleur au bouquet de remerciements qui sont dûs à cette grande Sœur du Nouveau-Monde, l'Amérique!

Le Bruxellois, dont le mercantilisme non équivoque, étalé en 4ᵉ page, dénote assez la moralité, nous amuse beaucoup avec le verbe *protester* qu'il fait venir d'Athènes, le conjuguant à tous les temps :

« La Grèce à l'intention de protester, elle protesterait, elle a protesté hier, elle proteste aujourd'hui, elle protestera demain.

Pourvu que tant *de protestations* ne tournent pas au protestantisme! Nous en tremblons pour l'orthodoxie grecque.

Bref! Entre temps, les aéros se bombardent sans répit et le 20 mai, à minuit, au milieu des fusées colorantes qui brillent d'un vif éclat, se déroule encore, au-dessus de la ville, un combat aérien.

Le mois de mai s'écoule et à l'approche de juin l'inquiétant statu quo, non seulement déprime, mais décime la population.

Il est facile de prescrire aux débilités l'usage de la viande, quand on oublie qu'elle coûte 22 francs le kilog, quand un jambon de 18 livres est payé 214 fr. 20, soit 23 fr. 80 le kilog.

Et dire que d'intrépides et maudits acheteurs protègent et encouragent le commerce illégal d'abominables monopoleurs, qui violent les arrêtés et se moquent de la misère publique.

Ah! Français de France, qui n'avez pas été séparés de la Mère-Patrie, de tous ceux qui vous sont chers, qui n'avez pas, comme nous, ignoré pendant des mois et des mois quel avait été leur sort, vous qui, pour tout dire ,n'avez pas vécu sous la férule allemande, ne fût-ce que *provisoirement*, n'essayez pas de vous faire la moindre idée de nos souffrances morales et de nos souffrances physiques.

Dans une visite autour du camp d'aviation de Wasquehal, des gens témoins depuis de longs mois de ce qui s'y passe, nous apprennent que ce dépôt, où il y a eu jusqu'à 37 appareils, s'est trouvé dernièrement réduit à 3.

L'ennemi a perdu là, en avril seulement, 11 avions et 22 aviateurs. Tout récemment, la mort de l'un d'eux qui se disposait à atterrir à la lisière d'un bouquet de grands arbres en avant du camp, a offert un affreux spectacle aux officiers, aux soldats ainsi qu'aux paysans voisins.

Ces arbres masquent en partie le petit château de la Pilaterie, où logent les officiers de l'aviation. Soudain, l'appareil non maîtrisé descend en trombe, heurte une ligne de fils électriques et, capotant, vient tomber dans la pâture qui sépare la ferme à peine distante de cent mètres du château. Nous voyons sur le sol défoncé et labouré par le moteur, l'endroit où l'aviateur, la tête fendue littéralement, fut retiré de dessous les débris de son monoplan.

Mais, quel que soit le genre de mort des leurs, accident, maladie, pendaison, noyade, désertion (et il y en a tous les jours), il est sévèrement ordonné ou de le taire ou de répondre : transféré à l'hôpital de Roubaix.

Quant au biplan monstrueux, à deux hélices, que les gens du village ont baptisé la « Grosse Julie », il paraît se comporter à merveille.

Nous le voyons sortir, élevant lentement sa masse et passer avec un bruit d'enfer à 30 mètres au-dessus de nous.

Pour le décrire en style boche, avec les vieux mots que le journal affectionne, nous dirons qu'il est « *kolossalement* lourd et, *endéans,* n'en sera que plus *idoine* à la guerre qui *perdure!* »

Ce soir nous rentrons une heure plus tard et, au lieu de nous le faire savoir par un simple avis, vous pensez bien, que sur une affiche jaune-serin (toujours), vient s'étaler l'indispensable mot « j'ordonne », bien digne d'être souligné avec un sabre.

A celle-là en succède une autre, rouge-groseille, qui, par ironie sans doute, traite de la modification des prix maxima de la viande et des denrées que nous ne pouvons, nulle part *et à aucun prix*, nous procurer.

Belle occasion d'économiser le papier qui est si cher, oui, si cher, que le « Bruxellois » coûtera désormais dix centimes! (Voilà le mensonge coté en hausse comme le reste).

Parmi les acheteurs à 5 centimes, il n'y avait déjà d'excusables que ceux qui le prenaient pour ne pas le lire et seulement pour le papier.

Espérons qu'il ne se trouvera ni fou, ni criminel, pour le payer 10 centimes.

Thème de conversation courante :

Voyons, mes amis, quelle heure avez-vous?

A ma montre, il est dix heures.

Tiens, la mienne marque 11 heures.

Et vous? Moi, j'ai midi.

Heure française ou allemande?

Avec ensemble : heure française!

Mais alors, deux d'entre nous au moins sont dans l'erreur et, des trois, aucun ne peut certifier l'heure.

Moi, reprit l'un, j'ai l'heure de l'apéritif, entrons donc au café et là, inter pocula, nous pourrons régler tout à la fois, la *discussion, nos montres* et les *consommations!*

31 MAI. — Obsèques d'une jeune fille de 25 ans, blessée à son domicile, Boulevard Victor Hugo. Au moment où elle se disposait à sortir, une bombe d'aéroplane tombant sur une vérandha l'avait criblée d'éclats de verre.

Elle n'a survécu que 5 jours, succombant plutôt à la violente commotion qu'à ses blessures.

JUIN. — Les orages mélangent le bruit de la foudre à celui du canon, et l'habitude aidant, nous finissons par les confondre.

Dans la nuit du 6 au 7, notamment, nous assistons à une canonnade qui, pour n'avoir rien de céleste, n'en est que plus terrifiante. Entre minuit et une heure, les habitations s'éclairent, on se lève effrayé, puis le silence se fait.

Dans une affiche, nous glanons cette perle qui donne une idée du puffisme sans bornes des Germains.

« Pour répondre au désir? de la population, les civils seront admis au théâtre! »

Le résultat souhaité et sans peine obtenu, est que la douzaine de « déesse du bitume » qui arpentent encore notre rue Nationale, vont faire économie de chaussures. Elles vont pouvoir échanger le trottoir, contre un fauteuil ou une baignoire!...

10 Juin. — Promenade sur la partie extérieure des fortifications, non interdite, Saint-André et porte de Gand.

La sentinelle préposée à la garde de la porte de l'esplanade et d'une douzaine d'énormes porcs parqués à proximité, face au manège, s'acquitte avec une sollicitude touchante et toute fraternelle de cette *double* surveillance.

A tour de rôle, les factionnaires caressent amoureusement :

> *Ces gros pourceaux noirs aux yeux vifs et doux,*
> *Desquels ils escomptent déjà le saindoux.*

Vu aussi les canons contre aéros installés sur les remparts, derrière les abattoirs.

On dirait un jardinet d'agrément, avec fleurs, arbustes, tonnelle, etc...

Sur tout le parcours, les ouvertures des bastions ont été murées et, à chaque pas, on se heurte aux écriteaux :

Défense sous peine d'amende, de pénétrer ici,

»	»	»	de franchir ce passage,
»	»	»	d'entrer dans ce jardin,
»	»	»	de toucher aux légumes,
»	»	»	de marcher sur le gazon,
»	»	»	de cueillir de l'herbe, etc...

Guillaume discourt et le canard à deux sous, invendu, se hâte de nous servir sa harangue sur l'engagement naval, dont sa vanité militaire se pare sans pudeur et qu'il qualifie de grande victoire pour la marine allemande. Hourrah!

Çà ébranle d'autant moins notre inaltérable quiétude, qu'au

moment même où il parle avec enthousiasme de l'effondrement de l'armée italienne, nos braves alliés, les Russes, la vengent de façon admirable, en infligeant aux armées autrichiennes en déroute, un *triple effondrement*, qu'on peut, celui-là, véritablement qualifier de victoire... bravo!...

Les nouvelles que nous puisons aux clubs les mieux informés, ainsi que notre fidèle « Oiseau de France », nous la confirment éclatante!

Et, grâce à cela, nos journées de Pentecôte, qu'assombrissent de froides et continuelles averses, nous paraissent moins tristes. Aussi le « Bruxellois » met-il manchettes en berne, se bornant à nous servir pour la centième fois sa ritournelle-rasoir :

« La France, de plus en plus servante de l'Angleterre, a tout intérêt à s'entendre avec l'Allemagne. »

..Pour forcer la vente de ce journal à 10 centimes, l'achat en est imposé aux personnes qui ont besoin de laisser-passer, et, comble du ridicule, nos occupants s'en servent comme appoint pour rendre la monnaie.

Mais rien n'y fait, le pauvre canard retombe à 5 centimes, amputé, réduit à une feuille et c'est encore une de trop!

Toute honte bue, les dévaliseurs de comptoirs, les détrousseurs en métaux, ces voleurs (mot que tout le monde a sur les lèvres du matin au soir), qui trichent sur l'évaluation comme sur le poids des objets enlevés, opèrent dans notre quartier Sébastopol.

Dans une usine de fabrication pour la marine française, en procédant à l'enlèvement de la tuyauterie, ils découvrent une des nombreuses cachettes où sont dissimulées des pièces, vannes, hélices, canons, etc..., constituant une commande de plus de 500.000 francs qui était prête à livrer avant la guerre.

Nous frémissons en songeant à la brutalité avec laquelle, avant de les emmener en Allemagne, ils vont terroriser et menacer les deux malheureux : le gérant et le concierge, restés seuls gardiens de l'usine et, nécessairement, du secret!

Nous sommes heureux d'apprendre que le Comité Américain va pouvoir nous livrer souliers, sabots, tissus et lainages.

Cela nous permettera de regarder, avec autant d'indifférence que de mépris, certains étalages où les chaussures sont affichées 55 et 58 francs!

Au milieu de nos dures épreuves où le devoir est plus impérieux de s'entr'aider, que n'existe-t-il des limites au droit de s'enrichir, alors qu'ailleurs, il n'en existe pas au droit d'exposer sa vie et de se faire tuer!

15 Juin. — Le journal nous donne tardivement l'important communiqué russe du 11 courant.

Pour une fois, il y a acheteurs.

Convoqué ce jour même à la police militaire, au sujet de réquisitions de sommes d'épargne à des sujets allemands, je puis constater que, sur la figure des officiers, se peignent en traits altérés, la fatigue, l'ennui et la déception.

Sous les dehors de l'habituelle et courtoise façon d'être reçu, je sens comme une imperceptible retenue, une attitude plus distante qu'à l'ordinaire.

Je préfère de beaucoup cette froideur qui ne me gêne nullement... au contraire!

De grand matin voici les Boches qui chantent.

Il n'en faut pas davantage pour nous confirmer la prise de Czernowits, par exemple, et la continuation sur le front russe, de succès contre lesquels ils se raidissent avec l'entêtement d'un « kéraban de Jules Verne! »

Bien à regret, le quotidien nous les distille goutte à goutte.

Mais nos aviateurs songent à nous, et le 22, ils nous lancent, dans une pluie de papiers imprimés en français et en allemand, les premiers résultats connus.

Comme chaque fois que les nouvelles sont bonnes, nous voyons réapparaître la traditionnelle affiche qui vient nous rappeler à la réalité, par l'énumération réitérée, accentuée, revue et augmentée, de toutes les peines, prohibitions et défenses qui sont imposées à la population d'une ville en état de siège : ce n'est pas la mort sans phrase, c'est la mort à chaque phrase!

Cherchons à notre tour une diversion dans les faits du jour que nos tablettes peuvent enregistrer à loisir.

A la Madeleine, un soldat tout heureux d'avoir pu se procurer deux boîtes de lait condensé et du riz, afin de les envoyer à ses enfants, se voit refuser l'expédition de son colis. Il est sermonné d'importance pour se permettre de dévoiler ainsi à l'Allemagne affamée, les ressources de la France, même en pays occupé!

Deux heures plus tard, le malheureux est trouvé pendu dans sa chambre.

Et cette mort lamentable, il faut la taire soigneusement.

Par ailleurs, ne convient-il pas de dénaturer le sens trop clair de ce laconique communiqué anglais du 17 juin qui dit :

« La cavalerie anglaise a surpris une tribu arabe et à capturé 200 « *wagons chargés de grain.* »

Ainsi lue, cette deuxième ligne cause une impression trop favorable propre à fixer le souvenir du lecteur.

C'est ce qu'il faut éviter, et voilà pourquoi dans la feuille du 20, nous lisons avec un sens tronqué, cette partie de phrase :

« Capturé 200 « charges? » de wagon de grain! »

La véritable signification échappe.

25 JUIN. — Affiche. — Avis.

Les vétérinaires allemands expriment le désir bien légitime (car il s'agit de contribuables sérieux), de s'informer « de visu » de la santé de toute la gent canine.

A cet effet, du 27 au 30 courant, nouvel exode et revue, au Palais-Rameau, de tous les quadrupèdes trentemarckiens.

On y verra défiler, depuis le gros molosse jusqu'aux lilliputiennes levrettes au nom germanisé et très approprié de « *mark...ise!...* »

27 JUIN. — Des nombreux aéronefs, ces observatoires captifs qui renferment un guetteur et dont la région est amplement agrémentée, quatre sont incendiés ce soir du côté de Wambrechies, par le tir très adroit des Anglais. Ils dispensent ainsi l'observateur boche d'utiliser son parachûte.

Des personnes sont punies pour avoir ri de ce feu d'artifice aérien qui détruit, ce qu'en terme imagé, la population dénomme :

« Saucisses boches ou Paillasse à Guillaume! »

Mais ,chose plus sérieuse, les villes et les communes sont à nouveau mises en *coupe réglée*, et en voici la preuve.
Kommandantur Lille.

Lille, le 16 juin 1916.

A la Mairie de la ville de Lille,

Par suite d'ordres supérieurs, la Kommandantur vous informe qu'il a été imposé par le Commandant suprême de l'armée, au territoire occupé de la France, pour contribuer aux frais des besoins de l'armée et de l'administration du dit territoire occupé, d'après l'article 49 de la Convention de la Haye, un impôt *forcé*.

De cet impôt, la ville de Lille est frappée de la
somme de. . . . . 23.750.000 frs.
dont il est déduit pour les sommes payées depuis le
1er avril 1916, pour l'entretien des troupes, le chiffre de . . . . 3.400.000 frs.

Il reste encore à payer. . . . . 20.350.000 frs.

en payements échelonnés du 30 juin au 25 septembre au plus tard,
à concurrence de 2/10 de bon argent, etc...

En outre, vous êtes informé que pour le paiement des sommes
d'argent dûes par les communes de l'arrondissement, les villes de
Lille, de Roubaix et de Tourcoing en raison des 4/7 pour Lille, 2/7
pour Roubaix et 1/7 pour Tourcoing sont responsables.

Signé : Von GRAEVENITZ.

Lille, le 20 juin 1916.

Le Maire de Lille
    à son Excellence le Général Von Graevenitz.
Lille.

Je reçois votre lettre du 16 courant m'informant que la ville de
Lille est frappée d'un impôt de 20 millions, sur lesquels elle devra
verser à la Caisse de la Kommandantur, au plus tard le 30 juin
la somme de 6 millions $\frac{1}{2}$.

Je regrette devoir vous informer que mon devoir de premier ad-
ministrateur de cette cité, ne me permet pas de me plier à des exigences que je considère comme absolument contraires à l'esprit et
à la lettre de la Convention de La Haye.

L'article 49 que vous invoquez, ne vise en dehors de la rançon de
guerre que nous avons déjà payée, que les frais d'entretien de
l'armée occupante, etc., etc...

Or, vous venez aujourd'hui, sans raison plausible, exiger pour
les 6 mois d'avril à septembre une somme de 23.700.000 frs., soit
4 millions par mois. Cette somme, qui triple le forfait imposé, excè-
de d'une façon exhorbitante la forte contribution de notre ville
déjà totalement épuisée.

De plus vous me demandez le 1/5 en bon argent, alors que vous
savez pertinemment que je n'ai plus aucun moyen de m'en procurer et que toutes les sources sont taries. C'est exiger l'impossible.

Quant à la responsabilité que vous voulez m'imposer pour les autres communes, je dois la repousser énergiquement et ne puis que vous rappeler, comme je l'ai fait l'an dernier, que cette solidarité nous est interdite par la loi française. Chaque Maire, devant le Gonvernement, est responsable de sa propre gestion.

Je regrette donc, etc... Mon devoir m'oblige à une attitude loyale dont je ne me suis jamais départi, mais non à une soumission passive.

Le Maire : Ch. DELESALLE.

Kommandantur Lille.   Lille, 21 juin 1916.
Section II, n° 6182.

A Monsieur le Maire de la Ville de Lille,

Comme je l'ai fait déjà à différentes reprises ces temps derniers, je me vois forcé de protester contre le ton de votre lettre du 20 courant qui ne me convient pas du tout. Je ne veux pas recevoir des leçons de vous sur l'esprit de la Convention de La Haye, interprêtée par vous d'une manière tout à fait arbitraire, et je vous prie de vous en tenir au texte même de la loi sur la guerre continentale. Vous vous convaincrez alors que l'impôt forcé imposé au territoire occupé de la France, reste tout à fait dans le cadre de cette convention.

Il est inexact, ainsi que vous le prétendez, que l'impôt forcé est levé pour 6 mois, car ce n'est que le second depuis l'occupation, de sorte que les deux impôts se répartissent sur deux ans. Si vous les comparez aux impôts directs français, vous trouverez que la contribution se monte, pour un an, à environ le double des contributions, somme qui ne dépasse pas les ressources du pays; il est absolument inutile de discuter sur le montant de la contribution forcée. Je regretterais que l'Administration municipale persistât dans son refus, car je serais obligé d'appliquer des mesures de rigueur qui frapperaient la ville beaucoup plus lourdement que la contribution forcée elle-même. Par contre, je suis prêt à intervenir en haut lieu pour que la partie àpayer en bon argent soit réduite.

Les sommes considérables réunies par chacune des Communes pour le paiement des denrées alimentaires et aussi un échange de lettres qui a eu lieu entre le Maire de Lens et le Receveur municipal Wellhoff, nous donnant la preuve qu'il est possible de se procurer du bon argent. J'attends le paiement exact de la contribution et je demande en outre que vous déclariez accepter la manière qui vous a été proposée par M. le Capitaine Müller, au cours de la Conférence d'aujourd'hui, d'après laquelle la ville de Lille paiera la part imposée aux Communes faisant partie de son groupe financier, sur avis de ces Communes, à leur compte et à leur charge.

Von GRAEVENITZ.

Lille, 24 juin 1916.

Le Maire de Lille,
A son Excellence ,Monsieur le Général Von Graevenitz.

Excellence,

J'ai reçu votre lettre du 21 courant.

Lorsque l'autorité allemande m'a confirmé dans mes fonctions de Maire français, elle n'a pas entendu, je suppose, réduire mon rôle à celui d'un transmetteur d'ordres, purement passif, mais elle a voulu, j'en suis sûr, me permettre d'être un intermédiaire nécessaire chargé d'aplanir les difficultés, de plaider au besoin la cause de mes concitoyens et de défendre leurs intérêts tout en satisfaisant aux exigences du pouvoir occupant basées sur les accords internationaux.

C'est, vous devez le reconnaître, la ligne de conduite que j'ai suivie depuis 20 mois, en m'inspirant toujours des droits et des devoirs que me tracent ces conventions.

Aujourd'hui, une difficulté sérieuse se présente, et vous ne voulez pas reconnaître mon droit à la discussion.

Vous me dites que j'interprète mal les termes de la Convention de La Haye, et vous me priez de m'en tenir au texte même de la loi sur la guerre continentale.

Or, ces derniers textes, si la traduction dont je vous adresse sous ce pli copie est exacte, me paraissent plus nets et plus formels encore.

Les contributions en argent peuvent n'être justifiées que fort rarement par les nécessités de la guerre.

Les seules autorisées sont, etc., etc...

Alors que toutes les prestations et frais d'entretien ont été régulièrement payés par nous jusqu'à ce jour et que le montant de ces frais, en y comprenant la nourriture des officiers dans les res-

taurants, les livraisons de charbon, les salaires payés pour différentes prestations, s'élèvent *aujourd'hui à près de 34 millions*, alors
que nous avons régulièrement payé le montant total des impôts directs pour la première année de guerre, sur quel article vous apuyez-vous pour nous réclamer, pour la 2e année, le double du
montant de l'impôt? Nos forces contributives ont-elles augmenté
durant cette 2e année? N'ont-elles pas, au contraire, subi une dépression énorme du fait de l'explosion qui a détruit un nombre considérable d'immeubles, du fait des réquisitions et de l'arrêt complet de toute activité, du fait des charges effrayantes qu'a fait peser
sur la ville la nécessité d'assurer, de ses deniers, la subsistance des
4/5 de sa population.

Il n'est donc pas équitable de dire que les forces contributives de
la ville peuvent supporter cette année une contribution plus lourde
que celle qui lui a été imposée l'an dernier.

Ce n'est pas par parti pris ou mauvaise volonté, mais en m'appuyant loyalement sur les droits que me reconnaît lui-même le code
de votre grand Etat-Major, que je suis obligé de persister dans mon
attitude et de maintenir les termes de ma lettre du 20.

Le Maire de Lille :. Ch. Delesalle.

Kommandantur Lille.   Lille, 26 juin 1916.
Section II, n° 6362.

Le Maire de Lille à son Excellence Monsieur le Général
Von Graevenitz.

Excellence,

Je réponds sans tarder à votre lettre d'hier sur les termes de laquelle je ne puis me dire d'accord avec vous. Je ne poursuis d'ailleurs, dans cette discussion, qu'une argumentation purement juridique et il n'est jamais entré dans ma pensée d'y introduire un ton
qui ne fût pas convenable. Si dans ma lettre du 23, j'appuyais ma
résistance sur les termes si précis du Kriegsbuch allemand, c'est
que vous-même m'avez invité formellement à me conformer à ces
textes. Aujourd'hui, vous n'en connaissez plus la valeur, etc...

Puisque vous me renvoyez à la convention de La Haye, je suis
donc obligé de reprendre les arguments de ma lettre du 20.

Sur quel article de cette convention vous appuyez-vous pour

m'imposer, après 21 mois d'occupation, une contribution forcée de 23 millions? Est-ce sur l'article 48? Je ne puis le supposer, car cet article vous permettrait seulement de prélever pour la seconde année, le montant des impositions directes, comme vous l'avez fait pour la 1ʳᵉ année.

En outre, vous auriez à nous tenir compte des frais d'administration qui ont été laissés complètement à notre charge.

Reste donc l'article 49. Cet article ne vise que les besoins de l'armée d'occupation. Or, ces besoins qui se sont manifestés depuis 21 mois sur une base sensiblement égale, ne peuvent avoir subitement triplé et quadruplé.

Presque toutes les communes ont contribué déjà pour leur part à ces frais d'entretien et les pièces justificatives des dépenses leur sont fournies. Pour la ville de Lille, un forfait avait été établi.

Si ces justifications n'étaient pas produites, et si le pouvoir occupant, sans motif plausible, augmentait considérablement ses demandes, où s'arrêterait la limite des contributions réclamées et nous serait-il encore interdit de protester, même si vous nous demandiez une somme plus considérable encore?

Le droit de l'occupant serait alors indéfini et il eût été, dans ces conditions, inutile de légiférer à La Haye.

C'est d'ailleurs l'avis unanime du Conseil Municipal, que j'ai consulté.

La faculté d'émettre de la monnaie fiduciaire ne se justifie que dans la mesure où la capacité financière d'une ville peut la supporter.

Je manquerais donc à mon devoir si je laissais dépasser cette mesure et si je ne défendais jusqu'au bout, ce que je considère comme les limites de mon droit.

Le Maire de Lille, Ch. DELESALLE.

Lille, le 26 juin 1916.

A Monsieur le Maire de Lille,

En réponse à votre lettre du 26 juin, je vous informe que je ne puis m'engager dans une autre discussion sur le fondement légal de l'impôt forcé. J'ai dit assez clairement dans ma lettre du 18 juin en vertu de quel article de la Convention de La Haye la contribution était imposée.

Autant que je puis juger de l'état d'esprit de la population, celle ci s'émeut, parce qu'elle ne comprend pas que vous l'exposiez à des mesures très rigoureuses par votre refus de payer cette contribution.

J'attends maintenant le paiement ponctuel dans les délais prescrits.

Von GRAEVENITZ.

Lille, le 26 juin 1916.

Le Maire de Lille à Son Excellence, Monsieur le Général
Von Graevenitz.

Excellence,

Je vous confirme ma lettre d'hier.

Toujours convaincu de la force des arguments que je vous ai soumis, mais néanmoins très préoccupé des souffrances dont pourrait être victime ma population, et, en présence des menaces qui pèsent sur elle, je désire vous faire savoir que je ne prolongerai pas ma résistance, si vous vous bornez à me réclamer ce que je considère être la limite de votre droit, c'est-à-dire le prélèvement d'une année d'impôts comme vous l'avez fait l'an dernier :

Sept millions cinq cent mille francs.

Dans ces conditions, je verserai aujourd'hui même 2 millions à valoir sur cette somme, et je continuerai, comme par le passé, à vous payer les frais d'entretien des troupes sur les dernières bases.

Le Maire de Lille : Ch. DELESALLE.

Cette proposition paraît acceptée, mais seulement à titre provisoire et transactionnel.

Elle reviendra sournoisement sur le tapis, soyez-en sûrs, sous forme d'ultimatum.

De nombreux blessés allemands arrivant du front sont dirigés sur Roubaix, pendant que le lazaret, resté dans une aile de notre Lycée, est évacué.

Le 20, arrivée par la porte de Béthune de 280 Anglais et Canadiens faits prisonniers à Fromelles.

Il faut que ces soldats, en majeure partie des jeunes, soient en route depuis bien des heures pour paraître ainsi exténués. Plusieurs sont blessés et ne peuvent marcher qu'avec l'aide de camarades qui les soutiennent.

Fatigue imposée, sans doute, pour nous impressionner défavorablement en essayant de nous faire croire au mauvais état général des troupes anglaises.

Et si nous ne savions à quoi nous en tenir là-dessus, aujourd'hui 21, nous serions fixés en voyant apparaître un complément de 50 autres marchant fièrement, la tête haute, le sourire aux lèvres.

Il est midi, et voici, au son suraigu et tristement lugubre de leurs fifres, les hommes pour la parade.

Au même instant, escorté de trois soldats, passe le petit détachement de 30 prisonniers russes qui, deux fois par jour, sont conduits à la gare Saint-Sauveur et à Fives où ils travaillent.

29 Juin .— Apparition sur nos murs du minuscule avis suivant :
« On demande de suite ouvriers des deux sexes, hommes : 2 fr.50,
« femmes : 1 fr. 50 par jour, pour travaux agricoles; nourriture
« et logement convenables. »

Serait-ce le prélude d'une nouvelle évacuation par la force, prescrite par l'ambitieux sectaire, auquel d'immenses pancartes apposées dans les gares d'Allemagne, en septembre 1914, donnaient déjà (excusez du peu), le titre d'empereur d'Europe?

Dans la niut, sur Sante, Pérenchies, Prémesques, endroits du front les plus rapprochés de nous, l'assaut d'artillerie est si violent, que nous sommes éclairés par les lueurs du feu des canons.

30 Juin. — Pour le personnel de nos bureaux, pour nous-même, journée de deuil et de tristesse.

Je tiens à la marquer, en reportant ma pensée vers tous ceux que la mort a déjà fauchés dans nos rangs administratifs et, aujourd'hui même, pour la deuxième fois dans ceux de la C. N. E.

Le 18 mai, c'était Mme Demarcy qui mourait à Loos, où ses collègues et moi ne pûmes assister à ses obsèques.

Sur sa tombe, où sont lues par délégation nos paroles d'adieu, est déposé notre souvenir.

Puisse-t-il rappeler à ceux qu'elle chérissait (son mari et son fils, tous deux officiers en campagne), que la dernière pensée de la chère épouse et mère défunte a été pour eux!...

Quant à Mme Lamblin, que nous accompagnons ce jour même au champ du repos, sa vie n'a été qu'une suite d'épreuves, et sa maladie un cruel et trop long martyre.

Dans un discours qui impressionne très vivement la nombreuse assistance, il nous est donné d'accomplir cet impérieux devoir de justice ,qui est de rendre à sa mémoire l'éclatant hommage qu'elle mérite.

En proclamant son amour filial, son courage admirable, son esprit de sacrifice, sa droiture et sa valeur administrative, nous ne faisons que dépeindre le plus incomparable faisceau de vertus, dont sa vie nous a donné l'exemple et dont sa mort nous lègue *l'impérissable souvenir*.

Une série d'accidents, causés par les tirs, contre une escadrille de 12 avions qui survolent la ville à 6 heures du soir, achève cette néfaste journée.

Rue de Bavai, rue d'Artois, rue Malsence à Fives, des engins sont tombés.

Et, dans l'église Saint-Sauveur un obus, d'un tout autre calibre, a pénétré en défonçant le mur; il y a de nombreux blessés, principalement des enfants qui étaient en procession à l'occasion de la Fête-Dieu. Une fillette a succombé.

Ce matin, 1er juillet, à 6 heures, la série noire continue.

Les vitres de toutes les maisons de la rue Jean-sans-Peur volent en éclats sous la détonation d'un obus qui ne ressemble en rien à ceux employés contre aéros. Il effondre en partie la maison contigüe à celle de notre sympathique concitoyen, M. le Docteur Dutilleul, et, par ricochet, va frapper à mort, au n° 15 de la rue voisine « Saint-Augustin », une jeune fille de 24 ans, au service de M. Bottin, dentiste.

Aux abords immédiats, les dégâts matériels sont assez considérables.

De cet énorme projectile, un autre éclat ayant 8 centimètres de long et pesant 630 grammes, est projeté dans une chambre au n° 12 de la rue Gambetta, où il laisse de sérieuses traces de son passage.

Ces accidents répétés coup sur coup, le quartier des Halles, sans nul doute visé à cette heure matinale, suscitent des commentaires variés.

Quoi qu'il en soit, c'est toujours la fable : « Le Loup et l'Agneau! »

« Ces maudits Anglais, en jetant des bombes sur la ville, ont fait à Saint-Sauveur 50 tués et blessés. »

Ce racontar, manifestement exagéré, a paru dans le « Bruxellois » du 2 juillet.

On essaie de le confirmer au public par l'exposition et l'étalage, rue Nationale, des pièces et morceaux d'obus de *marque anglaise*, trouvés sur les lieux.

Bornons-nous tout simplement à rapprocher ces exécutions des menaces que nous avons lues.

Et dans cette affreuse guerre où, suivant de belles règles qu'on appelle l'art militaire, il est convenu que les peuples doivent se dépouiller, se brûler, se tuer, s'égorger et se détruire sans merci les uns les autres, nous restons fidèles à notre immuable façon d'interpréter, *toujours dans le sens contraire*, tout ce qui sort de la bouche ou de la plume d'un Boche.

En conséquence, aucune créance à cette soi-disant preuve, eût-elle en apparence et même en réalité, la triple estampille :

Anglaise, Irlandaise et Ecossaise!

Il n'est pas plus difficile pour les Allemands de montrer à Lille des fragments d'obus anglais, qu'aux Russes d'exposer des centaines de canons autrichiens!

Les escadrilles continuent leurs randonnées sur nos têtes et combattent.

Les plus proches habitants de la ligne de feu, qui vivent dans leurs caves, ceux de nos banlieues, Lomme, Lambersart, par exemple, qui subissent des tirs visant leurs clochers, postes de télégraphie, ou bien qui reçoivent les bombes perdues qui tuent chevaux et bétail dans leurs pâtures, n'ont plus rien à nous envier au point de vue sécurité.

Notre vie morale, c'est le « danger continuel »; notre vie matérielle, c'est le « riz perpétuel! »

Et malgré ce régime, nous restons encore en chair et en os, en os surtout!

Semblables à cette Hollande à l'index, nous sommes comme elle, tout en côtes; un égyptien nous trouverait sûrement en bonne voie de momification!

Pour dépeindre l'existence actuelle, un vrai Lillois, un pur, en sa poésie patoise, nous en donne la note spirituellement amusante et juste, encore qu'embellie par le « *qu'va et les puns d'tierre* », depuis longtemps rayés de nos menus.

I A DU BON

I

J'rincont' l'aut' jour un comarate
D'puis longtemps qu'on n' s'étot point vu
Telmint qu'on avot l'air malate,
On n' se r'connichot pus.
J'li d'mande des nouvelles d'la guerre
I m'répond : Te connos l'valeur
Des Français. Eh ben, mi j'espère
Qu'la France in sortira vainqueur.
Car tout l'monde dit avec raison :
I a du bon, i a du bon.

II

Quand les enn'mis sont v'nus à Lille,
Sans êtes prêts i nous ont surpris.
Fallot les r'tenir dins nos ville
Pour euss' point aller à Paris.
Et puis combatte avec outrance
Quoiqu'on n'étot point à grammint.
Et ch'est pour nous sauver la France,
Qu'on a subi l'bombardemint.
J'ai m'mason ch'est pus qu'un mont d'cron,
Mais cha n'fait rien, I a du bon.

III

Dire qu'avant j'aimos faire bonn' chère
A minger eunn'cuiche d'poulet.
Ach-t'heure, c'h'est tout à fait l'contraire,
J'minche du qu'va ou bien un sauret.
Ou souvint des puns d'tierre à l'pelure
Avec eunn'ratatouille d'riz;
Avec eunn'pareille noriture,
J'vos bien qu'tous les jours j'maigris.
J'n'ai pus d'gamps dins min patalon,
Mais cha n'fait rien, I a du bon.

IV

Comme jsui's un homme économe,
J'ai toudis mis des sous d'côté.
Mais à forche d'mordre dins l'pomme,
P'tit à p'tit j'ai tout boulotté.

Comme ach-t'heure on n'a pus d'ouvrache,
I faut vivre du mieux qu'in peut.
J'sus obligé d'vivre d'chomache,
Et j'tire toudis l'diable pa l'queue.
Dins min saclet j'n'ai pus un rond,
Mais cha n'fait rien, I a du bon.

V

J'avos toudis l'air d'un p'tit riche
Avec mes couleurs, min bedon.
Tous mes compagnons, quoiqu'in diche,
Craignott' pour mi eunn'congestion.
Mais d'puis je n'ai déjà vu des grises,
Au point que j'peux point m'expliquer
Qu'minch' que j'n'ai point eu l'jaunisse,
Et puis l'typhus pa d'sus l'marqué.
J'ai l'visache gaune comme un chitron,
Mais cha n'fait rien, I a du bon.

VI

Je m'rhabille au Bon Patriote,
Ch'est vous dire que j'suis bien r'quinqué.
J'suis tout aussi faquin qu'un aute,
Quoique j'm'habille à bon marqué.
Ach-t'heure v'là qu'tout cha prind d'l'usure,
D'in racater j'n'ai pus l'moyen.
Cha prind aussi drôle de tournure
Et périt par uche qu'in pinse bien.
M'maronne est troée dins l'fond,
Mais cha n'fait rien ,I a du bon.

VII

Infin avé l'persévérance
Et l'corache in arrive à tout.
Espérons que d'cheull guerre, la France
Nous montrera bintôt l'debout.
Ah! comme j'aros min cœur à l'aise
D'les savoir vainqueurs au combat.
Et qu'aux accents d'la Marseillaise,
In verrot r'venir nos p'tits soldats.
Ch'est alors qu'nous répét'rons :
I a du bon, i a du bon!

Les premiers échos de l'offensive et de l'avance de nos troupes dans la Somme nous parviennent.

L'incessant arrivage de blessés, le départ par la porte d'Arras de camions chargés de cercueils pour chefs, nous la faisaient pressentir, car malgré les précautions prises, les Allemands ne peuvent pas tout cacher.

On s'en ressent aussitôt à Lille par la suppression radicale des laisser-passer.

Cela rend le champ plus libre à l'ennemi qui a besoin de masquer les cent cinquante trains de renfort qu'il dirige dans le sud de Lille, pendant que nous nous demandons de quelle intarissable source ces troupes proviennent.

Du 5 au 13 juillet, nouvelles toujours bonnes.

En ville, diminution très marquée de soldats et d'officiers, même de non combattants, de ceux qui ne portent qu'un tiers de moustache, à poils durs, clairsemés et comme grignotés par les rats, moustache informe, accentuant la laideur de ces visages que les médecins, beaucoup plus que le sabre, ont couturés de façon ignoble, n'y laissant plus apparaître que cette indélébile empreinte : la cruauté.

Ce sont ces poseurs pour le torse que nous aimerions voir faire leurs grâces devant la bouche d'un de nos 75, dont chaque nuit nous subissons le roulement terrifiant, mêlé aux longs éclairs livides, à reflets sanglants, des grosses pièces allemandes.

A l'entrée du nouveau Boulevard, Lille, Roubaix, Tourcoing, installé dans des fondations, sur un terrain où doivent s'édifier de grands immeubles, se dressait à plus de 20 mètres de haut, un monte-charge, belle et solide construction en fer.

Il excitait depuis longtemps la convoitise de nos vandales qui aujourd'hui l'escaladent, le déboulonnent et en emportent jusqu'au dernier écrou.

Peut-être que la vente, comme débris de la tour Eiffel dont elle était une minuscule reproduction, ferait florés. Nous la conseillons au profit des femmes ameutées de Cologne, sur lesquelles la police fait feu, pour tomber elle-même sous les balles de la troupe mandée pour lui prêter main-forte.

Une variation est apportée à notre alimentation. Deux fois par semaine nous avons eu du poisson frais. Malheureusement, çà n'a pas duré.

C'était un dérivatif, une opportune trève du riz.

Le Comité fait distribuer gratuitement à chaque personne 1 k. 500 de pommes de terre.

Avec les 130 grammes de café qui nous sont remis, également à titre gracieux, la veille du 14 juillet, c'est, à la fois, une aubaine et une agréable surprise dont nous remercions sincèrement les dévoués organisateurs du C. A. N. F.

La journée de fête nationale a été des plus calmes; magasins fermés, rues désertes.

La population s'est dispersée dans les jardins extra-muros, sur le côté non fermé de la ville, rêvant à la manifestation qui se déroule à Paris, sur nos grands boulevards, des Invalides à la Bastille.

Le 18, une affiche invite les sujets de nationalité Austro-Hongroise, au-dessus de 14 ans et les enfants au-dessous présentés par leurs parents, à se faire inscrire à l'Intendantur, rue de Pas.

A la parade de midi ne figurent plus que 80 hommes au lieu de 150!

Il y a prélèvement d'unités dans plusieurs sections : police, services sanitaires, gendarmerie, boulangerie.

Ailleurs, les départs sont masqués par des contingents plus réduits de troupes volantes sans matériel.

Un aéro, profitant du clair de lune, agrémente notre nuit du 18 au 19 par le lancement de cinq bombes qui explosent sous des détonations formidables.

L'une tombe dans les bâtiments du fond de la gare Saint-Sauveur, lieu dit : « A la Chaumière », les autres en différents endroits sur et à proximité des voies ferrées.

Depuis le 16 courant, les pourparlers relatifs à la contribution financière, ont repris avec la Municipalité dans la forme suivante:

Lille, 16 juillet 1916.

Kommandantur Lille.
Alt. II Section, n° 10.734.

Monsieur le Maire de Lille,

A la suite des propositions faites par correspondance entre la Kommandantur et la Municipalité, au sujet de la contribution, le commandement supérieur de l'armée a conclu qu'il ne pouvait donner aucune suite à vos réclamations sur cette contribution, que le montant doit être intégralement payé. Seulement, en ce qui concerne les délais de payement, la Kommandantur peut se mettre d'accord avec la ville.

. Le total de la contribution se monte à. 26.000.000
Il faut déduire les sommes versées, etc. 8.050.000

Il reste à payer aux trois échéances fixées : 17.950.000

Une fois de plus, je fais remarquer qu'en cas de nouveau refus, des mesures de rigueur seront prises contre la ville, de sorte que je demande qu'au plus tard pour le 25 courant, on me fasse savoir si la ville est disposée ou non à payer les sommes fixées.

Von GRAEVENITZ.

Par lettre du 19 juillet, la Municipalité refuse nettement. Une nouvelle mise en demeure ne se fait pas attendre; voici le... sabre sur la gorge.

Lille, 23 juillet 1916.

Kommandantur, Lille.
118, n° 7567.

A Monsieur le Maire de la ville de Lille,

Je vous accuse réception de votre lettre du 19 juillet et regrette d'avoir à y constater que vous persistez dans votre refus de payer dans son intégralité la contribution imposée à la ville.

Par ordre supérieur, j'ai à vous communiquer ce qui suit : Si à la date du 25 juillet 1916, engagement aux termes duquel la ville se déclare prête à payer la totalité de la somme imposée et si à la même date, c'est-à-dire au 25 juillet 1916, le terme de juillet de 6 millions n'est pas versé à la Caisse de la Kommandantur, le montant total du solde restant à payer sur la contribution, soit 17.950.000 frs, sera exigible et la ville, pour chaque jour de retard, à dater du 25 juillet 1916, sera imposée d'une pénalité moratoire de 50.000 frs qui, à partir du 28 juillet 1916, sera portée à 100.000.

En cas de nouveau retard dans le paiement, la ville s'expose au risque d'une exécution par contrainte, par la violence.

Je compte que l'administration municipale, dans l'intérêt de la population, n'ira pas jusqu'à provoquer des mesures de rigueur.

Von GRAEVENITZ.

Lille, le 24 juillet 1916.

Le Maire de Lille
    à son Excellence le général Von Graevenitz,

J'ai reçu votre lettre du 22 courant.

C'est en vain que j'ai invoqué les arguments du droit international, la discussion m'en a été refusée. C'est en vain que j'ai plaidé pour ma malheureuse ville et fait ressortir les raisons spéciales qu'elle avait d'être traitée avec un peu de ménagements. Rien n'a pu faire fléchir la décision du Commandement supérieur.

Aujourd'hui, vous venez par son ordre, me signifier des menaces si précises, qu'en les bravant, je ne ferais que compromettre davantage les intérêts dont j'ai la charge.

Dans ces conditions, désireux d'épargner à mes concitoyens de nouvelles rigueurs et n'ayant aucun moyen pour appuyer ma résistance, je cède devant la contrainte, mais non sans soulever à nouveau une énergique protestation.

En conséquence, et d'accord avec le Conseil Municipal, je viens vous faire la déclaration que vous m'avez demandée. La ville est disposée à payer aux époques fixées par votre lettre du 16 juillet la totalité de la somme qui lui a été imposée par le Commandement supérieur.

Quant au versement des 6 millions de juillet que vous me réclamez pour demain 25 courant, je serai obligé de vous demander un nouveau délai de 2 ou 3 jours pour régler la totalité de la somme.

Les versements importants que je fais en ce moment pour le compte des autres communes, ont déjà absorbé la plus grande partie de mes disponibilités et le temps matériel manquerait pour le timbrage immédiat d'un si grand nombre de billets.

Je m'engage, en tous les cas, à ne pas dépasser le délai du 31 juillet qui m'avait d'ailleurs été assigné par votre lettre du 16 juillet.

Le Maire de Lille : Ch. DELESALLE.

Dans le pays où il est de mode que toute affiche soit agrémentée des mots : *amende* ou *punition;* que toute lettre ou correspondance officielle contienne une *sommation* et des *menaces*, ce n'est pas un « *aigle* » qui devrait figurer dans les armoiries de ce doux empire, mais plutôt un « *bouledogue* » toujours prêt à mordre.

Varions notre sujet et disons que le Lillois, par contre, est toujours prêt à rire.

Si vous lui demandez ce qu'il sait de la guerre, il sort de sa pochette une carte de visite à double fin, sur laquelle il vous fait lire, en bon patois, suivant les fluctuations barométriques des communiqués du jour : G. toudi l'même ou O. cha va bien.

Cette dernière expression est, depuis quelques semaines, appropriée à des événements heureux, qu'avaient fait présager, à notre grande satisfaction d'ailleurs, les votes unanimes de confiance des Chambres françaises.

Si notre optimisme s'en trouve renforcé, la jactance du « Bruxellois » en est amoindrie.

Ce canard, en son agonie latente, est plus amusant encore que furieux :

> *Pour nous donner la lecture*
> *De nouvelles qu'il triture,*
> *Dépassant toute mesure,*
> *Il taille, il coupe, il pressure!*
> *Et lui-même se... censure!*

24 JUILLET. — Les gros camions automobiles sont embarqués en gare et partent dans la nuit.

C'est donc qu'il n'y a plus rien à... prendre!

Les « travaux » de ces déménageurs, dont les voitures devraient porter comme enseigne-réclame, « une pendule dans une botte », ont pris fin.

Le capitaine chef du service des transports, qui habitait 143 rue Solférino, est à peine parti, que les « *chargeurs réunis* » viennent procéder à un enlèvement.

Nous ignorons si la propriétaire, mal inspirée d'avoir évacué sa maison sans en assurer la garde, rentrera en possession du riche butin qu'elle renfermait, mais ce que nous pouvons affirmer, c'est qu'elle trouvera sous sa porte, déposé par les Allemands, un P. P. C., dont la plus claire traduction, en fait, est celle-ci :

P.illage	P.erfectionné	C.ave
P.révu	P.ar	C.apitaine
P.arti	P.our	C.oblentz
P.assant	P.ar	C.ologne

Et, à défaut de fiche de réquisition, il lui restera une fiche de... consolation!

C'est d'acheter le journal illustré, lequel vraisemblablement reproduira la photographie de la scène de l'enlèvement de son vin, prise devant les fenêtres de notre Café-Club.

Juchés sur une grande auto, des soldats, le verre et la bouteille en mains, entourent un sous-officier.

Celui-ci, les yeux fixés sur son carnet, semble totaliser le Saint-Émilion et le Moulin-à-Vent qui va filer... à *vapeur* et, P. P. C. c'est-à-dire *par prochain convoi!*

Séries de mesures glanées çà et là.

Tout soldat a le droit de fouiller les gens porteurs du plus petit paquet, c'est affiché à Wattignies.

Des commerçants qui veulent passer de Roubaix à Lille des tissus, des étoffes, n'ont plus d'autre ressource, pour les dissimuler, que de les enrouler autour de leur corps.

A Verlinghem, à Saint-André, à Lambersart, précautions à prendre contre les émanations (déjà ressenties) de gazs axphyxiants : s'imbiber avec un linge mouillé, quitter sa cave et se réfugier au grenier.

Les cloches doivent d'ailleurs vous prévenir au moment où il sera prudent pour vous de commencer cette gymnastique.

Sur le Nouveau Boulevard, au Romarin, l'avenue Verdy est baptisée : « Strass Kr. Rupprecht Bayern. »

Nous cherchons si aux alentours une statue ne serait pas érigée déjà à l'inventeur du *fameux tunnel!*

Dimanche 30 JUILLET. — Les journées sont superbes et favorisent les aéros en exploration.

A 2 h. du soir, l'escadrille de sept qui nous visite habituellement est en vue. Elle est furieusement canonnée.

A cette même heure, In der Kirche Saint-Michel, les Allemands donnent un « konsert ». Au programme affiché, nous ajouterions volontiers quelques allégros militaires tout à fait de *circonstance,* comme par exemple :

Prise d'Erzindjan. . . . . (Pas redoublé turc)
                    (air persan)
Chûte de Brody . . . . . (Marche... forcée)
(Avance russe)
As-tu vu Lemberg? . . . (Danse polonaise).

1ᵉʳ AOUT. — Il faut se reporter aux premiers mois de guerre, pour se rappeler un pareil branle-bas de troupes arrivantes et partantes, par les trains, par nos tramways réquisitionnés, en voitures et à pied.

Les quartiers Vauban et Saint-Michel en sont encombrés. Aux uns, qui séjournent 24 heures, on a fait croire qu'ils venaient en repos pour un mois à 80 kil. derrière le front (c'est tout juste 72 de trop!); à d'autres, groupés caserne Saint-Hubert, on a dit que la guerre était finie; ils hurlent, s'enivrent et finissent par se battre entre eux, quand il faut remettre sac au dos.

Ceux de notre quartier sont plus paisibles. Logés dans le théâtre provisoire, ils ne peuvent moins faire que de nous gratifier d'un « konsert » et, durant une grande partie de la nuit, en bras de chemise, installés aux balcons et aux fenêtres, ils chantent mélancoliquement au son d'un instrument plaintif et doux.

Place des Halles, le hasard nous fait assister à la revue d'une de ces compagnies de 100 hommes prête à repartir sur le front.

Equipés lourdement, la face ruisselante, en plein soleil, ces hommes manœuvrent, tel un marteau-pilon automatique. Les sous-officiers affairés se prodiguent; leurs observations, leurs ordres se succèdent brutalement, sans tolérance.

A cheval, voici le capitaine, un grand diable qui a l'air terrible avec ses grosses lunettes à verres fumés. Il sermonne, il bougonne, il gourmande, il commande et son grognement effroyable, autant que cet asservissement exagéré du soldat, nous impressionne et nous stupéfie.

Ce n'est certes plus l'épée aiguisée qu'aujourd'hui même, en ses proclamations larmoyantes, Guillaume essaye de brandir contre ses tremblants (?) ennemis, qui remonte ces hommes, non, c'est uniquement la crainte et la terreur qui font se mouvoir ces blocs s'entrechoquant, rigides, dans un bruit de *ferraille*.

Aussi, à l'issue de cette quasi-parade, nous ne pouvons nous défendre de leur adresser, sans nul souci de la forme infiniment cabalistique, avouons-le, qu'elle prend sous notre plume, cette mordante apostrophe-rimaille, qui traduit à sa façon notre narquoise pitié :

Pauvres soldats,

Valetaille d'une caste de canailles sans entrailles, pour laquelle vous n'êtes que racaille à coucher sur la paille, partez donc, armés de vos ferrailles, sous la mitraille, livrer bataille.

Depuis deux ans, vous enserrant en leurs mailles, ceux qui sans cesse vous tensaillent, sauront (ceci n'est pas une trouvaille), s'octroyer vos croix et vos médailles.

Ils vous raillent en vidant nos futailles, puis ils se ravitaillent en faisant ripaille avec nos volailles.

Leur cri de victoire, le seul qu'ils braillent, c'est :

« A nous la boustifaille! »

Ah! jeunes hommes, adieu vos accordailles, vos fiançailles!

Et vous, maris et pères, en souvenir de vos épousailles, adieu, à vos femmes, à vos marmailles, lesquelles piaillent privées de victuailles.

Et vous tous, chefs prussiens de la Confédéraille! qu'après le sabre le désespoir entaille, adieu les représailles!

Un seul mot les détaille, c'est « funérailles! »

Cette nuit, un aéro, dont on entend le bruyant moteur, dont on voit les feux, sème trois bombes qui détonnent formidablement.

L'une tombe en pleine rue Meurein (au n° 91) qu'elle endommage, ainsi que plusieurs autres façades d'immeubles voisins, les deux autres, cent mètres plus loin, défoncent la toiture du bâtiment annexe des Facultés catholiques, en construction Boulevard Vauban.

Cette attaque, en *bordure du quartier occupé par les troupes logées*, ne fait pas de victimes.

Mais rien à cet endroit, ni à proximité, ne peut-être utilement visé par des aviateurs.

Erreur de leur part, objectera-t-on? C'est improbable et même plus que douteux.

Alors, quoi?

Alors, la locution « non liquet » est ici de circonstance; quand on ne s'explique pas une chose, c'est, dans certains cas, une façon de ne la comprendre que mieux.

Les malheureuses déportées, par ordre, femmes et jeunes filles disséminées dans les villages des Ardennes et de l'Aisne, reviennent peu à peu par groupes.

L'Europe entière et le Nouveau-Monde sont fixés sur ces départs par contrainte forcée, effectués à Lille et relatés en leur temps.

Il n'y a qu'au-delà du Rhin qu'on nie les faits, c'est-à-dire la lumière du jour.

Laissons donc au journal de Cologne ses stupéfiants mensonges qui ajoutent le ridicule à l'odieux.

Du 1er au 10 Août. — Nuit et jour, ce ne sont que tirs, explosions, destructions de tranchées, de redoutes, côté Lezennes et Houplin, éclats de bombes ou d'obus, côté Lambersart.

Des fragments retombent en pluie sur le Moulin-Rouge, la Deûle, Vauban, les docks et jusqu'au minuscule Bois de Boulogne, seul endroit où toute une foule grouillante de femmes et d'enfants peut encore venir s'asseoir sur le gazon.

Dans la nuit du 8 au 9, les exploits de celle du 1er août se renouvellent.

Un lourd appareil volant, qu'éclairent les rayons lumineux du projecteur, laisse choir deux bombes sur les maisons n° 16 et 21 de la rue d'Antin, lesquelles sont effondrées, et celles attenantes très endommagées. Une troisième, Boulevard Montébello, crible les façades du n° 14 au 24.

C'est miracle qu'il n'y ait eu aucune victime.

Vous voyez qu'à cette paisible population qui souffre, la haute « kultur » prend soin de réserver des « taub » de Damoclès! et que, même plongée dans le sommeil ,elle est à la merci des apaches, des assassins noctambules.

10 Aout, *3 heures soir.* — Un corbillard avec trois cercueils que surmonte une maigre couronne de feuillage, se dirige vers le cimetière du Sud.

Un cocher et un homme de peine forment tout le cortège habituel des convois allemands qui sortent constamment des hôpitaux.

Ici, ce sont trois aviateurs, recueillis et apportés mourants à l'hôpital à 6 heures du matin, victimes d'un accident de nuit.

Nous ne savons quelle créance il y a lieu d'ajouter à cette version d'après laquelle ces aviateurs, menacés de tomber en pleine ville, auraient été obligés de délester de ses bombes leur appareil désemparé, et auraient ainsi causé les désastres de la rue d'Antin.

Je ne résiste pas au plaisir de citer quelques échantillons amusants de ce style rusé, non dénué d'artifice, employé par la feuille boche (voir n° du 8 août), pour décrire les reculades devant les différents fronts :

« Nos troupes qui combattent à Ostynia ont été transférées dans
« une position.... *préalablement préparée à l'Ouest;* »

« Au Sud du Dniester, les nouvelles positions commandées sont
« occupées d'après un *plan préconçu;* »

« Les Italiens nous ont amenés à *retirer de l'Izonzo occidental*
« nos troupes qui ne combattaient plus que sur des positions dé-
« truites. »

Et celle-ci, savoureuse entre toutes :

« Nos contingents qui combattent dans cette région, *sont sur le* « *point* d'atteindre la zone qui leur a été assignée... etc...

Le comble est que çà ne mord pas, en somme!

Allons, crac! Voilà que sans y prendre garde, je cite *Combles* et *Maurepas*, dans la *Somme*, et que (ceci est un peu mon faible), je tombe dans un plaisant calembour géographique.

Les circonstances heureuses d'actualité qui le favorisent, l'excuseront s'il en est besoin.

Et devant ces phrases comiquemuent ambigües et attiédies, nous nous réjouissons de pouvoir enfin dénommer nos ennemis :

« Les impuissances centrales! »

Sur le Bulletin de Lille du 13 août, nombreuses condamnations à l'amende ou à la détention pour avoir caché du vin ou avoir consommé celui réquisitionné.

50 marck aussi à Mlle Foucret, de Fives, pour ne s'être pas écartée au passage de deux cyclistes allemands qui courent (lisez bien), derrière elle!

Dix jours de détention à un malheureux marchand, qui vend aux enfants des moulins à vent aux couleurs françaises... (lisez et relisez bien), « manifestation hostile à l'Allemagne! »

Du 13 au 14 Août. — Entre minuit et 1 heure un aéro allié qui vise les ateliers d'Hellemmes, y jette 3 ou 4 bombes dont les détonations font tout trembler.

15 Août. — Après-midi des obus sifflent au-dessus de Lille et tombent sur Lambersart, près de la mairie où une femme est tuée et un jeune garçon grièvement blessé à la tête.

De quel endroit et surtout de quels canons nous viennent ces projectiles? Mystère!

Du 16 au 25. — Un arrêté paraît qui réglemente l'importation et l'exportation des marchandises.

Création par le Comité d'une inspection permanente des boulangeries. Primes, diplômes et récompenses aux patrons et ouvriers qui fourniront le meilleur pain. Excellente chose qu'appréciera la population.

Série d'autres mesures, mais celles-ci profitables aux Allemands, toujours en quête de marck.

Dans les condamnations de la semaine, relatons : 100 marck d'amende à deux bouchers, pour vente de viande de cheval à des prix exagérés; 100 marck à M. Decroix, avocat, place de la République, pour avoir simplement « rapproprié » le mur de sa maison sali par des affiches allemandes en loques.

Amendes aussi à ceux (et ils sont nombreux), qui commettent ce grave délit de cueillir un peu d'herbe au bord des routes. Il faut dire que dans notre ville occupée, il n'est plus un citadin qui n'ait transformé sa cour, sa cave, son grenier, sa plombière, voir même un placard, en clapier!

Un jeune lapin de 5 semaines, de la grosseur du poing, se vend 3 fr. 50.

Partout à Lille c'est l'élevage du lapin, excepté rue Saint-Nicolas, au journal boche, où prime l'élevage du Canard!

Des évacués continuent à rentrer et conteront plus tard ce qu'ils ne peuvent dire à présent.

Les farouches Allemands s'aperçoivent (ils y ont mis le temps), que beaucoup de Lillois lisent leurs communiqués et, par de petites affiches apposées dans les cafés où leurs hommes ont encore accès, ils recommandent la prudence et la discrétion devant les civils.

A notre théâtre, plus encombré de plantes vertes et de fleurs que de monde, les représentations continuent.

En vedette :

« Jungfrau von Orléans »

« et Guillaume-Tell ».

Pardon! copions textuellement l'affiche :

« Wilhelm-Tell ».

Théâtre et cinémas, sont obligatoires pour le soldat qu'on expédie en masse, le dimanche, en ville.

C'est là qu'on essaye de le stimuler en le récréant par l'image appropriée!

Deux nouvelles s'ébruitent :

1° l'arrestation de M. l'abbé Delattre, curé de Pellevoisin.

Avec le système d'odieux espionnage dont certains rouages seront dévoilés plus tard, ça devait arriver;

2° la condamnation à dix ans de réclusion de M. le Doyen de St-Christophe de Tourcoing, pour s'être élevé, en chaire, contre la confiscation, au mépris de tout droit, de nos cuivres et de nos bronzes, contre l'inique prescription qui nous est faite d'avoir à déclarer et à porter nous-mêmes à l'ennemi nos candélabres et nos batteries de cuisine.

Dans les petites localités, l'affichage a été précédé d'un inventaire déguisé, sous forme de visite domiciliaire préalable.

27 Août. — Le mot d'ordre est général : s'abstenir.

Malgré cela, quelques personnes âgées, craintives, domestiques timorés ou mal renseignés, évacués ayant la garde de grandes maisons, vont faire des déclarations.

Voici ce qu'on leur fait signer : « Je reconnais avoir cédé *bénévolement* à la société des métaux (au fondeur Krupp à Essen), les objets décrits, etc... »

La conscience se révolterait à moins.

Et tout aussitôt, comme pour encourager, s'il en était besoin, notre patriotisme, surgissent, tant officielles qu'officieuses, les viriles protestations de M. le Préfet, de M. le Maire de Lille, ue Mgr Charost et de M. le Député, Maire de Tourcoing.

Nous jetons un rapide coup d'œil sur la formule de déclaration (très grand format) et nous considérons sa rédaction comme l'équivalent de ce très sommaire questionnaire :

1° Avec le cuivre que vous possédez, combien peut-on faire de balles pour tuer vos fils à la guerre?

2° Combien avez-vous de pendules de plus qu'en 1870?

3° Quelle est finalement votre fortune, et combien peut-on vous voler sans trop... vous faire crier?

28 Août. — Perquisitions au Café du Boulevard. — Recherches de communiqués ou de nouvelles colportées.

Tous les clients sont fouillés minutieusement, mais la police rentre bredouille; c'est le cas de dire que « *l'oiseau* » s'est envolé.

Néanmoins, le café est fermé... sine die.

A partir du 1er septembre, nous rentrerons une heure plus tôt. Pour cette même date, ordre est donné d'avoir à déclarer le bétail. Comme Pierrette de la fable, nous pouvons nous écrier : « Adieu! Veaux, vaches, brebis, cochons, couvées! »

Ce matin, au cours des exercices sur le champ de Mars, un soldat, fatigué de se jeter à plat ventre dans la boue, sort des rangs, se précipite dans la Deûle où il se noie.

Vous pensez si cette défaillance morale dont nous sommes témoins, rend furieux ces bourreaux à face rasée, molle et blette, où les balafres se dessinent comme en un fromage mou.

30 Aout. — A cette date se place un fait d'ordre administratif qui m'intéresse personnellement.

La Municipalité de Roubaix, sous sa responsabilité, a consenti des avances sur des livrets nationaux français et belges.

Elle apprend que ce service de prêts fonctionne à Lille, mais après autorisation préalable par les agents de la Caisse Nationale d'Epargne.

Elle me fait alors remettre en bloc plus de 2.200 livrets et dossiers à examiner et à régulariser, le cas échéant.

Nous nous mettons à l'œuvre, et, au bout de quelques jours, nous sommes en mesure de faciliter aux dévoués agents des postes de Roubaix, la continuité régulière des avances.

Nous les initions à la tenue de comptes-courants conformément à un système de comptabilité, que, par un minutieux travail, j'ai dû créer moi-même ici.

Dans le local fourni par la Municipalité, nous avons vu fonctionner à Roubaix le service dirigé par M. Beurton, assisté de son très dévoué commis d'ordre M. Perche et d'agents spécialement choisis.

Courte visite mais qui nous procure l'occasion de mentionner, avec plaisir, l'ordre, le soin et la régularité avec lesquels le travail, dont la révision nous incombera ultérieurement, est effectué par nos camarades.

Un convoi funèbre assez pompeux se dirige vers la gare.

C'est celui d'un officier aviateur dont le cercueil, orné de la croix de fer, regagne l'Allemagne.

L'interdiction de lire, de copier, de colporter ou détenir des journaux étrangers est réitérée à la population.

Il faudrait à tout prix, que nous n'eussions d'autres nouvelles que celles affichées au Crédit Lyonnais, où depuis 700 jours, vous entendez bien, nous n'avons pas lu autre chose que des phrases brodées sur cet invariable et amusant thème-cliché :

« A l'est, à l'ouest ,au nord, au sud, sur mer, dans l'air, en un mot, partout et sur tous les fronts, nos vaillantes troupes ont repoussé *toutes* les attaques! »

Plus drôle est parfois cette phrase :

« Ont totalement repoussé... en partie, etc... » Ensuite nous avons la lecture, plus indigeste encore, des deux feuilles locales dont le canevas ne varie pas.

Je l'analyse ici en substance :

Nouvelles des différents fronts par communiqués maquillés; article pour la paix (honorable s'entend!) réclamée sans cesse comme sans succès par la seule Allemagne, hélas! article alternant avec de haineux pamphlets contre l'Angleterre ou la Russie; des conseils d'hygiène, des recettes de cuisine économique et jusqu'à des commentaires sur l'évangile du dimanche.

Nouvelles des pays belligérants.

Ici, ce ne sont que calamités sur calamités.

D'abord en Russie, explosions fréquentes dans les fabriques de munitions, grèves, désordres, révoltes au Caucase ou à Pétrograd; misère noire dans tout l'empire.

En Italie, tremblements de terre à jet continu. Le « Bruxellois » nous ouvre tous les huit jours un cratère dans cette péninsule!

Quant à la France, elle manque de pompiers pour éteindre les continuels incendies qui détruisent ses dépôts de pétrole et d'essence ou ses fabriques de poudre. Elle n'arrive pas non plus, à étouffer tous les scandales auxquels la guerre donne naissance chez elle.

Les tempêtes, les inondations y sévissent à tel point qu'il n'y aura ni vin, ni récoltes, etc.

Dans le pays de Galles, on lutte contre un nouveau fléau, lequel, comme en Australie, exerce de profonds ravages : le lapin dévastateur!

Il y a de continuels soulèvements aux Indes!

D'ici peu les Allemands nous annonceront que, grâce aux Zeppelins qui la désagrègent et à l'Irlande qui la soulève, l'Angleterre ne tardera pas, telle une épave en dérive, à flotter sur les mers et à s'éloigner ainsi, l'infortunée! des deux ports « *Calais et Boulogne* », qu'ils leur ont d'ores et déjà octroyés, et dans les dunes desquels, pourtant, son excédent de lapins aurait trouvé un si précieux asile!

Comme vous le voyez, il n'y a qu'au centre de l'Europe, à Berlin et à Vienne, où le soleil luit, où tout est parfait, tout rayonne, tout abonde.

Toutefois je ne vous conseille pas d'y aller voir!

Pourriez-vous croire enfin, que pendant ces 700 jours, la feuille allemande n'a accusé la perte d'aucun soldat, n'a pas même fait l'aveu d'un prisonnier?

C'est pourtant la vérité.

Un Lillois nous la poétise (la rime sévit à tout propos), dans son « *Voyage du Kaiser* » que je résume brièvement :

Le kaiser désirant enfin savoir combien depuis deux ans, l'Allemagne avait perdu d'hommes, ne voulut point s'en rapporter à son entourage.

Il partit donc en biplan vers... le paradis.

Là, il est reçu par saint Pierre qui lui déclare n'avoir reçu, depuis deux ans, aucun Allemand.

Etonné et d'humeur très noire, le potentat descend en purgatoire. Là encore, même réponse.

Quoi ! s'écrie-t-il, tous en enfer ?

Incontinent, il va trouver son collègue Lucifer. Ici, je cite :

> « *Que me vaut, cher ami, l'honneur de ta visite*
> « *Depuis longtemps, du reste, à venir je t'invite.*
> « *Depuis longtemps aussi, que je m'en faisais fête,*
> « *A mes sacrés côtés, ta place est prête.*
> « *Je veux, dit le Kaiser, voir combien d'Allemands*
> « *Sont arrivés ici depuis bientôt deux ans.*
> « *Pas un seul, et vrai, c'est d'autant plus étonnant*
> « *Que l'enfer n'est presque peuplé que d'Allemands.*
> « *Le Kaiser ahuri, demande où se trouvaient*
> « *Les soldats tués depuis les hostilités.*
> « *Comment, pas un Saxon, pas un Wurtembergeois ?*
>
> . . . .
>
> « *Tu ne lis donc jamais, sire, le « Bruxellois? »*

31 Aout.
> « *Les canons se font entendre,*
> « *Avec rage on les manie*
> « *En cette nuit, veille de septembre,*
> « *Ils saluent... la Roumanie! »*

Aussi, depuis deux jours, avec quel plaisir nous contemplons les nez de tous ces barons Von Ephraïm, qui nous apparaissent comme autant de becs d'aigles courroucés.

A Lomme, un incendie qui détruit complètement un de leurs importants dépôts de fourrage, grains et denrées de toutes sortes, vient accentuer leur fureur.

Les Anglais la complètent en démolissant leurs tranchées aux portes de notre banlieue et voilà deux nuits, qu'en ces parages, les Allemands se servent des cloches comme toscin et signal d'alarme.

Dimanche 3 Septembre. — A 9 heures du matin une escadrille de vingt avions passe sur la ville.

Le lendemain, nos ineffables célèbrent l'anniversaire de Sedan par une fête de gymnastique dont l'organisation est au Palais-Rameau.

C'est l'offensive Anglo-Française dans la Somme, qui, suivant l'expression d'un journal illustré allemand, « *avec ses petits progrès en terrain* », se charge de donner la réplique à cette manifestation.

Le cinquième emprunt mousse bien péniblement à Berlin.

Le tam-tam habituel ne suffit pas, il faut autre chose.

Or, c'est à la Roumanie à faire les frais de la réclame.

6 SEPTEMBRE. — Affichage : Prise de la forteresse de Tutrakan, 20.000 prisonniers, 100 canons.

> *Regarde bien, Bruxellois,*
> *Ce fin sourire des Lillois*
> *Ta victoire de Tutrakan?*
> *Ils la devinent moins que bonne,*
> *Et disent que tu... truquas quand (1)*
> *Tu la mis dans tes colonnes.*

Ce chiffre de 20.000 sert aussitôt de base pour évaluer à 80.000 le nombre des Roumains mis hors de combat en huit jours.

Peste! A ce compte-là, ça ira vite! (v. journal du 11 sept.)

Ce numéro ne se trouve plus. Tout le monde a voulu le mettre sous verre, tant pour l'histoire des 80.000 Roumains, que pour cette autre perle fine que je cite :

« Au front de la Somme, la soirée nous a valu la visite de Von
« Hindenburg, salué par les hourrahs en une ovation si bruyante
« qu'elle frappe de terreur et provoque la reculade (sic) des Fran-
« çais qui avaient reconnu le vainqueur de Tannenberg. Du coup,
« ils négligèrent leur service de garde de la soirée?!! »

Le lendemain, bizarre effet de la peur, nos Français terrorisés avançaient de 6 kil. et prenaient 3 villages.

L'annonce d'une distribution de viande de mouton (200 gr. par bouche) produit une heureuse diversion.

13 au 20 SEPT. — A 3 heures du matin, en chantant, un régiment entre en ville. Nous avons ordre de recevoir les troupes, même sans billet de logement.

---

(1) Ouf! dira le poilu   Mais l'auteur l'a voulu,
    A ce calembourg *moche* ;   C'est bien bon pour un *Boche !*

Nous subissons la répercussion du déplacement qui s'opère du front Verdun à la Somme.

Le 15, ces soldats à peine arrivés repartent, non sans maugréer Nous constatons certains incidents très significatifs.

Les furieux combats de la Somme et ceux non moins violents, chaque nuit, au Nord-Ouest de Lille, ne laissent aux Allemands aucun répit.

Ils s'en plaignent amèrement. Aussi, pour réconforter le soldat, la prose intensifiée ne cesse-t-elle de se déverser depuis 15 jours, assomante, écœurante et désopilante dans leurs journaux.

> *A chaque ligne, c'est Tutrakan!*
> *Mais le Boche reste impassible,*
> *Il ne croit rien du Balkan,*
> *A tout, il reste insensible.*
> *L'éternel chant de victoire,*
> *Pour lui n'est plus qu'une scie,*
> *Il sait ce que coûte la gloire*
> *De la malsaine... Silistrie!*

21 SEPTEMBRE. — Revue d'appel de tous les hommes de 17 à 52 ans. Elle sera terminée le 3 octobre.

Les derniers pillages s'opèrent dans les milliers d'usines de notre région et la destruction du plus formidable, du plus riche arsenal d'artillerie industrielle qu'était le nord de la France, sera bientôt un fait accompli.

23 SEPTEMBRE. — Lille regorge de troupes. Une partie de la 6ᵉ armée y revient et les officiers se réinstallent au nouveau boulevard.

Troupes en recul venant se reformer ici pour repartir au front : voilà ce que nous pouvons saisir, malgré le rigoureux mutisme de commande observé.

A 11 heures du matin, pluie de bombes sur la gare Saint-Sauveur et ses abords.

Les Allemands répondent avec des obus de gros calibre et, soit bombes tombées à 100 mètres en avant de la gare visée, soit obus de la riposte, le beau bâtiment de la Faculté des Lettres et de Droit en reçoit deux qui occasionnent de sérieux dégâts.

Ici, pas de victimes, mais à Fives, quartier souvent éprouvé, en raison de la proximité des usines et des voies, il y a plusieurs morts, des blessés et des maisons très endommagées.

Le lendemain, à 6 heures du soir, un obus qui fort heureusement n'expose pas, tombe devant la grande maison de modes « Chabot », en plein cœur de la ville.

Mentionnons avec plaisir la rentrée du très sympathique curé de Pellevoisin, relâché par les Allemands, après avoir cruellement souffert d'une captivité de quelques semaines.

28 Septembre. — L'amusant Bruxellois veut bien nous confier que : « Le roi Constantin ne prolongera pas son séjour à Athènes ». Il nous rappelle cette invariable raison que donne le domestique renvoyé ou congédié par son maître :

« Je n'ai plus voulu rester chez mon patron. »

Ah! que ce tour euphémique nous plaît dans la bouche de ce roi-valet, valet de l'Allemagne.

> *Toi, qui imbu de haine,*
> *Plumitif du Bruxellois,*
> *Disais : A quand la douzaine?*
> *Es-tu satisfait cette fois?*
> *Ton nez a mis une antenne,*
> *De blafard il devient jaune;*
> *Depuis qu'on régit Athènes,*
> *Il s'est allongé... d'une aune!*

Pour détourner notre attention de l'écho persistant de nos victoires de la Somme, voici, dans nos banlieues d'abord, en ville ensuite, affichées, d'éventuelles évacuations volontaires pour la France. On s'inscrit.

Ailleurs, nous voyons nos occupants à la recherche d'un local à transformer en... Casino! L'hôtel de M. le Trésorier payeur général doit être cédé d'urgence.

Affiche pour notre changement d'heure, le 30, à minuit.

Affiche encore pour une nouvelle visite sanitaire des chiens. La promenade aura lieu du 11 au 14 octobre... rassurez-vous, c'est en 1916!

L'évacuation nous préoccupe et non sans raison, car, comme la première fois, elle nous réserve certainement de nouvelles horreurs machinées dans le but trop évident de faire jeter les hauts cris à la population et de la faire colporter cette légende de paix désirée dans tout le pays occupé.

Ce soir, vers 7 h. 15, la ville s'ébranle sous de formidables convulsions tonnantes. Des obus sifflent à nos oreilles. La foule s'interroge et très inquiète, à la nuit tombante, rentre en hâte dans un apeurement compréhensible.

Partant d'un même point, ils tombent, au nombre d'une douzaine environ, dans le même secteur dont notre très commerçante rue Esquermoise forme le centre. Elle reçoit, à elle seule, 3 obus qui criblent et effondrent çà et là les façades et vitrines de ses riches magasins.

Les rues avoisinantes, des Poissonceaux, rue Basse, rue Masurel, rue d'Angleterre, récoltent le reste. Un seul projectile, qui a légèrement dévié de son but, s'abat sur les galeries lilloises.

Bilan : Plusieurs blessés et des dégâts matériels importants.

Et le cliché connu qui va nous réapparaître dans la presse boche, ne modifiera en rien notre opinion.

8 Octobre. — Le voici dans le bulletin de Lille et dans le Bruxellois, qui rivalisent de zèle pour nous le servir :

« Des tirs anglais, *sans importance militaire*, ont encore eu lieu « contre la belle ville française de Lille, etc... Suivent les précau- « tions à prendre...

« En un mot, Lillois, appelez les Allemands à votre secours, car « ces attaques peuvent se renouveler, etc... »

Je vous crois qu'elles peuvent se renouveler; le contraire nous étonnetait fort.

Un tir, *sans but militaire*, vise donc la population civile.

Or, est-ce que le simple bon sens ne nous dit pas que, si les Anglais avaient voulu, avec leurs canons qui depuis deux ans, stratégiquement parlant, sont à nos portes, il y a longtemps que tous les Lillois et bon nombre d'Allemands avec, seraient ensevelis dans leurs caves sous le dernier pignon, sous les derniers vestiges de la ville entière.

Nos alliés, qui savent utiliser leur poudre à un tout autre usage, semblent au contraire, vouloir venger sur l'heure ce nouveau forfait digne de la vaillance des bombardeurs teutons.

Dans la nuit même et la suivante, leur terrible feu roulant a fait rage contre les Allemands.

Ceux-ci ripostent avec des pièces dont les détonations, monstrueusement sonores, ébranlent le sol durant 10 à 15 secondes.

Aux premiers coups de canons ennemis à Iéna, les vieux soldats de Napoléon disaient en plaisantant :

« Voilà les Prussiens qui toussent, portons-leur du vin sucré! »

Depuis 110 ans, leur toux, leur enrouement n'ont fait que s'accentuer, malgré le rapt de nos sucres et de tous nos vieux vins.

Mais l'infusion moderne se prépare et ce sont les canons français qui auront raison de la dernière quinte...

10 Octobre. — Affichage d'un décret autorisant les maires à réquisitionner d'office les vêtements et chaussures existant dans les maisons évacuées, dans le cas où, soit par achats, soit par les soins du Comité ou par dons volontaires, la population ne pourrait en être suffisamment pourvue.

Plus de 1200 évacués d'avril, en grande partie des femmes, sont rentrés dans la nuit. La plupart ont été malheureux et ont souffert.

Tous n'ont pas le sourire comme ceux et surtout celles dont on a fait un tri, pour les photographier dans les champs, la bêche ou le râteau en mains. Pâture-réclame que la gazette illustrée des Ardennes s'efforce de répandre, tout en préparant l'opinion à une évacuation des hommes, qui doivent nécessairement succéder aux femmes dans les travaux soi-disant agricoles.

Nous, Français reclus, ce que nous sommes heureux de pouvoir lire et *répandre*, à notre tour, c'est le magistral article signé par M. Ch. Humbert, dans le « Journal » du 28 septembre, qui donne un exposé si précis et si heureux de la supériorité et du triomphe de notre matériel de guerre dans la Somme.

Les longues soirées commencent. L'éclairage au gaz de nos rues est supprimé aux trois quarts et on se croirait dans un village.

A domicile, on utilise une espèce de veilleuse au saindoux, qui nous rappelle l'antique gobelet de suif d'il y a 50 ans!

Une petite bougie de médiocre qualité coûte 1 fr. 25.

On peut dire que les *corps gras* sont rares, aussi bien humainement que commercialement parlant.

Du 15 au 20 Octobre. — De tous côtés les troupes ennemies se replient sur nos banlieues. Elles y recherchent les meilleurs abris et toute maison qui possède des caves voûtées, est désignée par un signe extérieur, drapeau, etc...

La Paix! Tel est le cri perpétuel et suraigu des journaux boches! Ecoutez la Gazette d'aujourd'hui :

« Tout l'avenir de l'Europe tient dans l'harmonie des forces fran-
« çaise et allemande.

« La paix du monde sera le fruit certain d'une entente entre elles.
« Donc, la Paix! La Paix! »

En un long article, elle place ce langage dans la bouche d'un
« Français » en pays occupé. Il me suffira de noter que ce Français, qui ne signe pas, est plutôt un Michel des bords de la Sprée
et que son article n'aura d'autre écho que celui des canons de la
Somme.

Les événements se précipitent et l'enlèvement des hommes (car
pour nous le mot chômeurs n'est qu'un masque), est commencé à
Wattrelos, Tourcoing et Roubaix. — L'ordonnance (Vererdnung)
affichée, spécifie que toute personne apte au travail peut y être
contrainte par force, même en dehors de son domicile et de sa ré-
sidence, au cas où par suite de chômage, d'oisiveté, de jeu, paresse,
ivrognerie, elle est à charge à autrui, etc...

Elle est à peine parue à Lille que des convocations individuelles
rassemblent au Palais-Rameau près d'un millier d'hommes.

Ne pas se présenter ou refuser de travailler, ce sera encourir trois
ans de prison et jusqu'à 10.000 marck d'amende.

Mardi 15 à midi, nous voici donc encore devant un de ces spectacles qui émeuvent et étreignent le cœur.

Quantité de jeunes gens d'une quinzaine d'années parmi lesquels
on en remarque en pantalon court, n'ayant sûrement pas plus de
14 ans, défilent entre d'autres rangées d'hommes de tout âge et
de toute condition.

Dans ce groupement, il y a bien un quart d'infirmes et d'affligés,
sans compter les nombreux malades et débilités.

Les uns ont peine à porter le baluchon réglementaire : (2 chemises, 2 caleçons, 2 paires de chaussettes, 2 couvertures, chaussures,
gants, un verre et ustensibles de cuisine, etc...)

Après sélection, 500 environ sont retenus pour le départ et se
rendent, en chantant la « Marseillaise », à la citadelle où ils séjournent du mardi soir au vendredi matin.

Lundi 23. — A 7 heures du matin, un nouveau millier d'hommes
attendent qu'après vaccination on les réforme, ou qu'on leur mette
le brassard rouge de prisonnier civil?

Dans les petites communes des alentours, c'est la terreur, la menace d'être fusillé au moindre refus.

La Raffinerie de Salpêtre et la Rue du Molinel

À la « Verordnung » du matin, en succède une autre à midi, nous l'appelons ordonnance du nettoyage :

« Sont saisis et seront confisqués, tous produits servant aux be-
« soins de la guerre, tels que tous les métaux, les autos, motocycles,
« huiles, graisses, etc... se trouvant dans les fabriques, les dépôts
« et les magasins de gros. »

Parmi les narrations imaginées d'un fléau quelconque qui désole la France, de la guerre au Japon, de troubles sanglants au Maroc, de glaces qui paralysent Arckangel et de la peste qui sévit dans nos armées de Salonique, retenons du Bruxellois cette boutade :

« Les Espagnols prendraient plutôt Gibraltar que les troupes franco-anglaises Bapaume ! »

De celui-là, passons à un autre genre de « bluff » que nous apporte le « Monde Illustré de Hambourg » du 25 octobre. Sur ce journal, beaucoup moins illustre qu'illustré, nous apparaît le Kronprinz arrivant en automobile à Charleville avec le feldmaréchal Von Hindenburg. Franchement, dans cette figure qui s'efforce de sourire, nous cherchons vainement à découvrir autre chose qu'un rictus laid et grimaçant de viveur hébété et idiot.

Une deuxième gravure nous le représente saluant les soldats qui se sont distingués sur Verdun!!?

Or, coïncidence inattendue et combien ironique, le soir de ce même jour, la reprise, en quelques heures de Douaumont par nos troupes alliées, constituait un brillant fait d'armes.

Il y a maldone, ô journal de Hambourg! et ce sont ses propres troupes en reculade que vous faites saluer par le piteux Vulcain de Verdun.

31 Octobre. — Etonnante et douloureuse surprise pour nous.

M. Cussac, un de nos amis, attaché au Secrétariat général de la Mairie, est arrêté.

Avant l'arrivée des Allemands à Lille en août 1914, et conséquemment avant leur proclamation concernant la détention des armes, il a prêté son concours, pour cacher au cimetière du sud deux armes qu'un officier, parti précipitamment, avait laissées en dépôt chez sa fille.

Peut-on imaginer qu'il s'est trouvé un être assez lâche, pour venir, 25 mois après, dénoncer cet homme de 64 ans.

Incarcéré à Loos, il doit y subir, à un régime des plus sévères, des plus inhumains, 20 jours de prison préventive.

Traduit ensuite devant un Conseil de guerre, il est condamné, malgré des circonstances très atténuantes, à la peine abusive de 10 ans de travaux forcés et emmené en Allemagne.

Ses proches et moi, nous nous faisons un devoir d'adresser au parent, à l'ami, au prisonnier, à cette victime innocente et stoïque, nos vœux de santé et de courageuse confiance.

1er Novembre. — Pour la troisième fois, voici revenue la Toussaint, avec son cortège de souvenirs à nos glorieux morts des champs de bataille, ainsi qu'aux nombreuses victimes, martyrs obscurs et ignorés de la population lilloise pendant l'investissement.

Le 1er et le 2 novembre, de 1 heure à 4, il est permis, cette année, de se rendre au cimetière du Sud.

Grâce à un service d'ordre, beaucoup plus important que ne le comportent les circonstances, une foule compacte mais silencieuse, tient à aller saluer les tombes de nos soldats, de nos alliés et le vaste champ de repos des victimes de l'explosion du 11 janvier.

C'est avec une grande satisfaction, une joie émue, qu'on constate qu'aucune de ces tombes n'a été négligée.

Emanant de groupes d'habitants de Lille et principalement de ceux du faubourg des Postes, on voit émerger, au milieu des fleurs, de magnifiques couronnes offertes à la mémoire des soldats français et anglais.

Hommages et remerciements à la population du faubourg du Sud qui a entretenu avec cette persévérance et ce zèle patriotiques, les tombes de tous ces chers disparus.

Dans le secteur allemand, des plaques de marbre, en forme de cadre appuyées sur socle, donnant très lisiblement gravés, les noms, le nº du régiment et la date du décès, sont échelonnées sur les tombes.

Mais cela ne suffit pas aux Allemands. Là, comme ailleurs, ils veulent nous laisser un spécimen de leurs *lourds* travaux. A cet effet, ils érigent un monument très élevé dont l'ensemble est encore aujourd'hui masqué par les échafaudages.

Voici tout à coup l'enlèvement brusque et précipité, le départ subit sur Holzmenden (Allemagne) de personnes notables, industriels, banquiers, juges, avoués, avocats, médecins, professeurs, etc... des trois grandes villes, Lille, Roubaix, Tourcoing et de Douai.

Le gouvernement allemand, insinue le journal, regrette cette mesure de représailles dictée, dit-il, par la détention d'Alsaciens en.

France et la non réponse de notre gouvernement à leur demande de rapatriement.

Ces regrets sonnent faux dans la bouche des boches et nous ne sommes nullement dupes de leur perfidie.

Du 10 au 20 Novembre. — C'est à cor et à cris et même à genoux que les Allemands prônent la paix.

Lisez dans le Bruxellois l'article : *Paraphrase de paix.*

Voyez aussi ses communiqués visiblement écourtés et invariablement bouchés par ce tampon littéraire :

« Toutes les attaques de l'ennemi furent étouffées *presque, géné-* « *ralement, déjà,* sous notre feu. »

Ces trois adverbes, jetés là comme cheveux sur une soupe, feraient les délices de notre chansonnier qui ne manquerait pas de traduire ainsi sa pensée et la nôtre :

> « *Quand je vois ces trois bouchons*
> « *Appliqués sur tous les fronts,*
> « *J'en conclus qu'il y a du bon!* »

Affiches de la semaine : Mise sous séquestre des usines ou exploitations quelconques dont les propriétaires sont absents.

L'autorité allemande pourra à son gré faire fonctionner celles qui chôment et fermer celles qui fonctionnent.

Avis annonçant la création en ville de trois bureaux de placement.

Proclamation du recensement de la population fixé au 15, ajourné au 25, puis reporté finalement à une date indéterminée.

De plus en plus rigoureux est le contrôle des cartes d'identité pour circuler d'une commune à l'autre.

La désertion dans les rangs boches y est pour beaucoup.

Ici, au faubourg des Postes, c'est une jeune fille de 17 ans qui est lâchement assassinée par une sentinelle.

Immédiatement, pour égarer l'opinion, deux couronnes sont envoyées par eux à la maison mortuaire, et leur bulletin annonce hypocritement :

« Des coups de feu ayant été tirés au Faubourg des Postes sur « des soldats allemands, la population des faubourgs d'Arras et des « Postes est punie et devra rester chez elle de 5 heures du soir à 7 « heures du matin. »

Empressons-nous de dire qu'il n'existe plus nulle part une seule arme entre les mains des civils.

Les habitants du faubourg commencent d'abord par enlever et jeter au vent les deux couronnes, puis ils se soumettent docilement laissant l'ennemi tout à sa colère rageuse.

L'indestructible alliance des trois grandes et belles nations, France, Russie, Angleterre, a le don d'exaspérer la presse boche.

Ses critiques, ses mensonges, ses calomnies, elle les déverse sur tout ce qui est Franco-Anglo-Russe : Gouvernements, Chambres, Académie, Finances, nos emprunts, notre presse et celle de nos alliés.

Mais sur ces mêmes pages, vous la voyez prêcher « pro domo » une véritable croisade humanitaire pour la paix.

Pardon et paix, pour Noël, par le Christ, par le divin Messie : Voilà le leitmotiv de ces guerriers féroces.

Toutefois, sur le terrain militaire combien plus accomodants ils se montrent, ainsi que leurs dignes acolytes.

Ils cèdent toujours de bon gré les forts et les villes qu'ils n'ont pu conserver, forts et villes qui, dès qu'ils ne sont plus en leur possession, perdent *toute* leur importance.

Comptons : Erséroum, Trébizonde, Czernowitz, Douaumont, Combles, et aujourd'hui Monastir, abandonnée! (naturellement).

Depuis qu'ils ont adopté la marche en avant de l'écrevisse, mot dont l'étymologie est justement allemand (krebs), ils sont devenus des locataires prévoyants, se réservant toujours du logement... à *l'arrière!*

23 Novembre. — Notre quotidien se charge de centraliser les larmes de tous les peuples (c'est pourquoi il a plu toute la nuit), pour nous annoncer que le vieil empereur d'Autriche s'est éteint doucement... dans le sein du Seigneur!

Combien plus exacte est l'expression : *dans le sang, ô Seigneur!* pour l'homme qui, durant un règne de 68 ans, en a vu couler tant sur les marches de son trône vermoulu.

> *Dans les deuils, dans le sang,*
> *Ce monarque a vécu;*
> *Dans les deuils, dans le sang,*
> *Le voilà disparu.*

Autrichiens, Magyars, Allemands, Slaves, Bohémiens, Tchèques, Ruthènes, Slovaques, Croates (et j'en passe), qui, sous le nom d'Austro-Hongrois, formez la plus curieuse mosaïque de peuples, la plus hétérogène nation qui soit, hâtez-vous de faire disparaître aux regards de l'Europe ce cercueil rougi.

En cette fin novembre un œuf coûte fr. 1,05, 1,10.

Viande, poisson, pommes de terre, beurre, lait, fromage et œufs n'existent plus ici qu'à l'état de lointain souvenir.

Nous devons économiser aussi le charbon qui commence à manquer à la veille du froid.

Faute de cuir, nous confectionnons de la chaussure avec des cordes tressées et du drap.

30 Novembre. — Les trains d'évacuation pour la France, sur demande, sont fixés et, ces jours-ci, 20.000 personnes des pays occupés seront réappatriées. Il y a de nombreuses déceptions et des larmes parmi les inscrits non partants.

Nous sommes heureux d'être au nombre de ceux dont les fils, en campagne depuis 28 mois, vont enfin pouvoir embrasser, pour la première fois, leur enfant, né peu après leur départ.

La pensée de cette joie tempère le chagrin que nous cause, après tant d'autres que nous subissons déjà, la privation des caresses de ces chers mignons.

Et voici nos partants se rendant en gare à minuit, sans argent, sans écrits ou papiers quelconques et sans photographies.

L'enveloppe scellée renfermant valeurs et argent consignés au départ, leur sera rendue à la sortie du territoire allemand.

6 Décembre. — Saint Nicolas nous apporte cette année des milliers de sabots, que le Comité fait distribuer aux enfants de toutes les écoles.

Les plus petits ne seront pas privés, car on remarque beaucoup de gens, de condition très modeste qui achètent des jouets très chers, qu'en temps ordinaire, ils se fussent tout au plus contentés d'envier.

Ah! les pâtisseries et les bazards sont des commerces de tout repos pendant la guerre.

Cela paraît extraordinaire, mais c'est ainsi.

S'il y a beaucoup de personnes qui perdent la vue, la mémoire, il faut dire qu'il y en a pas mal aussi qui perdent la saine notion des choses et même la raison.

Quant aux boches, ils sont de ceux qui ne perdent pas la carte, on peut même dire que stratégiquement ils l'envahissent.

A l'instant même, 8 h. 30 du soir, ils nous en avisent par la subite sonnerie de nos cloches, au repos depuis des mois.

C'est la prise facile de Bucarest, ville ouverte et non défendue.

> *De la riche Roumanie,*
> . *Vous tenez la capitale.*
> *Çà prolonge votre agonie,*
> *C'est un p'tit succès moral.*

> *Mais nous, malgré Bucarest,*
> *Poursuivrons notre idéal,*
> *Qu'en fin d'compte, il ne vous reste*
> *Qu'une ample... veste finale!*

Cet événement va défrayer pendant 15 jours au moins les colonnes du Bruxellois.

Mais ce rediseur saura toujours réserver une place aux articles tels que celui-ci intitulé : « Guillaume II ou un Empereur méconnu ».

Citons : « Guillaume, dès sa plus tendre enfance, a éprouvé pour la France une sympathie secrète, instinctive...

« A chaque catastrophe survenue dans notre pays, il a accompagné de 10.000 mark, ses télégrammes émus...

« En maintes circonstances, il a prononcé des paroles amicales envers la France...

« Comme sur tout étranger, Paris a exercé sur lui son attraction occulte.

« Jeune encore, rien ne lui tenait si fort au cœur que d'assister un jour à la réconciliation de l'Allemagne et de la France...

« Guillaume n'est théâtral que par le *geste*, mais non par l'âme et les paroles...

« Mais les Français lui en veulent et ont rendu inutiles tous ses efforts, etc... »

Bref!

Ce grand sonneur de cloches n'ayant pu venir à Paris et s'y promener en paisible bourgeois, la canne à la main, a résolu d'y pénétrer avec ses *canons*, escorté d'un million de casques à pointes.

Certes! pour nous, le geste, était terriblement théâtral.

Cependant, le *souper* impérial prévu pour le 15 août 1914 sur nos grands boulevards est resté là..., ce qui prouve, (parodions cette locution) :

> *Qu'il y a loin de la soupe aux lèvres!*

13 Décembre. — Bucarest est reléguée subitement au deuxième plan pour faire place à une curieuse surprise.

De grand matin, se propage avec force commentaires et racontars, la proclamation du kaiser :

« Animés du sentiment de la victoire, moi et les fidèles Souve-
« rains alliés, avons fait une offre de paix à l'ennemi... »

Ce moi (étrange politesse de roi), retentit à nos oreilles comme un son de trompe qui se traduit aussitôt chez les soldats boches par une joie délirante. Pourquoi? ils seraient bien en peine de l'expliquer eux-mêmes.

Nos intellectuels l'accueillent par un fin sourire et la masse populaire, par cette réflexion simpliste mais bien judicieuse :

« Ch'est ch'ti qui bat l'zaut qui deminte grâche à c'heure?
« Ch'est fin drôle. »

Nous saisissons à présent le véritable but de cette campagne préalable menée pour la paix. Elle devait nous préparer à cette « *interversion des rôles* », présentée sous forme d'acte humanitaire grandiose et enguirlandée de victoires (?), à ce cri de lassitude, symptôme conscient de faiblesse et d'impuissance.

15 Décembre. — Moi, qui ne suis point roi, je dis : mes amis et moi, avons la certitude qu'à Berlin, on va être promptement fixé sur l'accueil réservé au piège allemand.

Dans les articles de la presse mondiale, qui déjà nous apparaissent, citons du « Daily Mail » :

« Bethmann n'a pas le droit de réclamer une réponse comme un
« cambrioleur dans une maison privée.

« Les Alliés savent que la paix avec une nation de tigres, d'assa-
« sins et d'hommes d'Etat qui considèrent les traités comme des
« chiffons, vaudrait à peine l'encre et le papier! »

C'est là, à n'en pas douter, un avant-goût du ton général.

Du 15 au 24 Décembre. — Une nouvelle victoire des Français à Verdun, que le Bruxellois en délire qualifie de « *démonstration politique* »; d'autre part, les furieux articles qui répondent à l'offre de paix, n'étant pas avantageux à publier, le journal les remplace par des lettres apocryphes des chômeurs belges travaillant en Allemagne.

Dans les numéros des 18, 19 et suivants, voyez ces quelques élucubrations à faire pouffer de rire.

L'un dit à sa femme :

« Ici on ne peut tout manger sans défaire sa ceinture! le petit a
des gouttes au front, tellement il surtasse! »

Un deuxième :

« On peut manger sur toutes ses dents. »

Un troisième :

« On a trop à manger, douze tranches de pain et de la viande
trois fois par jour. » Aussi, le fait-on écrire : « Je sui trè contan
que j'ai venu. »

Que ne lui donne-t-on une tranche de pain en *moins* et une leçon d'orthographe en *plus!*

L'Allemagne étant très riche et très puissante, dit. un autre, « je
ne sais pas si je ne deviendrai pas Allemand. »

Une femme déclare : « A ce régime, je vais rattraper... la gros-
sesse! » Que la *grosseur* vous suffise, Madame!

Enfin, cet heureux mortel :

« Je gagne, sans fatigue, 23 francs par jour et je paye les pom-
« mes de terre 0.10 le kilog. »

Quant à ce dernier, s'extasiant sans doute sur sa performance future, il écrit :

« Chers parents. Je ne manque de rien ici.

« A midi, soupe, pommes de terre, viande, fromage, le tout en-
« semble! Je vous répète que si çà continue, je vais revenir gras
« comme un... cochon! (sic). »

C'est ce que nous lui souhaitons, si telle est son ambition.

C'est un noble hommage rendu au régime allemand du... « tout
ensemble! »

Les sanctions données aux fouilles et arrestations motivées par
la communication de journaux français, faites au café du Boulevard, il y a quatre mois, sont connues.

A la patronne, 6 mois d'emprisonnement en Allemagne et 10.000
marck d'amende.

A M. Barrois, professeur de l'Université, 3.000 marck; à d'autres clients, 500, 1000 et 2000 marck.

Ces fortes amendes tiendront lieu de cadeaux de Noël qui n'arrivent plus d'Allemagne, et pour cause!

A part quelques rares arbres de Noël et deux cérémonies religieuses, les 24 et 25 à Saint-Michel, où sont conduits comme des éco-
liers 1.200 à 1.500 soldats, aucun autre indice ou préparation, de
fête cette année.

Les officiers, ceux que nous avons coutume de voir battre le pavé, en manteaux gris clair n° 1 et le casque à paratonnerre, se promènent soucieux. Cette pensée que la paix, déjà entrevue comme la leur, s'évanouit comme un rêve, comme tout pacte qu'a entaché la main d'un Bethmann, n'est pas étrangère à leur mélancolie.

Le Comité fait distribuer à chaque habitant 75 gr. de beurre, pour 70 centimes, puis, gratuitement, à l'occasion de Noël, 85 grammes de café et 100 gr. de biscuit : C'est le pactole!

Nous qui serions véritablement heureux, si le bonheur consistait à vivre de peu, remercions sincèrement le Comité.

Une affiche fixe pour la nuit du 2 au 3 janvier le recensement de la population.

Laissons de côté la « Gazette des Ardennes », que tout le monde repousse du pied et constatons que les rédacteurs du Bruxellois, marchands d'articles (articles de confection s'il en fût), ne savent plus où donner de la plume!

Dans cette feuille, où l'on se vante de n'abreuver d'outrages qui que ce soit, lisez aujourd'hui même, 25 décembre, cette péroraison :

« En attendant, Noël est rouge du sang de dizaines de millions
« de victimes dévorées par le minautore de la guerre, de cette guer-
« re allumée par la cupidité insatiable d'une nation de proie qui,
« à travers 10 siècles de son histoire, s'est enrichie en volant le
« monde entier, etc... »

L'anglophobe qui dirige, rédige et signe, est blotti derrière un « pseudonyme » que je dévoile en cette phrase :

M écréant,		S upprimant,
A rrogant,	D énaturant,	A bon escient,
R abâcheur,	E ludant,	L es
C onspué,		M ots gênants.

Dans toute la région occupée, d'où cet homme saura s'éclipser à temps, son nom est voué à la postérité.

30 Décembre. — Nous vivons déjà dans une demi-osbcurité, le soir.

Cela ne suffit pas. Une affiche (que je dénomme éteignoir), nous dit qu'à partir du 15 janvier, il faudra que nos lumières à domicile soient à peine transparentes, que celles des magasins, étalages, cafés, estaminets ne projettent pas leurs cônes lumineux au-delà de 5 m. sur la rue.

Ajoutons que si la « lune » se permet de sortir, sans être voilée, toutes les étoiles devront fermer les yeux!

Si le stratagème est nouveau, le but est toujours le même : faire souffrir la population et satisfaire ce gargantuesque appétit du vol par l'amende.

En ville, tout est funèbre;
Mais pour le boche qui perçoit,
Même au milieu des ténèbres,
Il faut que la lumière soit.

Ces vrais suppôts de Bacchus,
« Policemen » à l'affût
Soutiendront mordicus
Que chez vous lumière fut.

Evitons donc de verser à la caisse.

31 DÉCEMBRE. — Si, en ses derniers jours, l'année 1916 expirante a pu entendre des paroles de paix, par contre, le canon qui ne cesse sur le front ouest (La Bassée), et la mitrailleuse sur Ypres, sont les parrain et marraine de l'année 1917 qui naît dans le fracas de la lutte continuée avec acharnement.

Quelques coups de fusil tirés dès avant minuit par les soldats des divers postes de garde, nous annoncent l'année nouvelle.

Empressons-nous de saluer de nos vœux de santé et de victoire, tous les courageux soldats français et alliés.

Fasse le Ciel que ce cri d'espoir de nos cœurs, se concilie avec notre désir très ardent de paix, mais de la seule paix conçue pour le droit et la justice, par la bravoure et l'héroïsme, c'est-à-dire par l'Entente pleinement victorieuse.

Il faut que l'homme qui a mis un premier genou à terre y mette bientôt le deuxième.

Le jour de l'an est triste. Les cafés sont de plus en plus déserts.

Peu à peu, par la force des choses, nos habitudes se transforment, les réunions, voire même les sociétés, se désagrègent.

2 JANVIER. — La ville de Lille reçoit pour étrennes des Allemands, une amende de 100.000 marck.

« Dans la nuit du 11 au 12 septembre dernier, des coups de « feu (???) ont été tirés sur une patrouille de gendarmerie alleman- « de. La population entière est tenue pour solidairement respon- « sable du payement de l'amende. »

Voilà une décision sans appel possible. La version allemande seule dénoue l'affaire, dite du Sud, relatée lors de l'assassinat de la jeune Vannaverbecq, sœur du principal inculpé.

Quelques hommes évacués depuis 9 mois rentrent, et, dans le nombre, il y en a qui repartent avec de nouveaux groupes emmenés pour la première fois. — Tous ces hommes enlevés sont trimbalés, traités et nourris comme du bétail.

A ceux qui refusent de travailler ou de signer, c'est le cachot, la privation de nourriture et les coups de crosse.

Toutes les signatures données, aussi bien à l'usine qu'aux champs, ont été extorquées par ces moyens cruels et violents.

5 au 10 Janvier. — La première affiche de 1917 est apposée et annonce une nouvelle évacuation libre sur la France non occupée.

Une deuxième ordonne la revue des chiens pour le 26 courant, veille de l'anniversaire du Kaiser.

La date choisie nous fait songer que tous ces chers toutous officiels, alignés dans le Palais Rameau, ne pourront moins faire que d'aboyer un hourrah et de lever la patte (geste connu qui, pour une fois, sera geste de salut!), en l'honneur... du lendemain!

Les Allemands mettent à sac les maisons inhabitées.

Furieux de la continuation de la guerre, ils répandent dans la population des bruits alarmants de toute nature.

Tant pis pour celui qui les écoute.

Entre temps, les soldats vont en permission. Voulez-vous le portrait fidèle de l'équipement d'un boche permissionnaire?

Le sac, le fusil et tout l'attirail militaire disparaissent sous un amoncellement de cartons superposés, de paquets de lainage, tissus, objets divers, sous une cargaison de sacs pendants, remplis de riz, de farine, de café, etc...

L'homme a disparu, il s'est transformé en un colis-mouvant, en partance pour le pays affamé.

Ce que ce tableau présente de gracieux ne peut vous échapper, et il aura sûrement un plein succès dans nos carnavals futurs.

De par l'autorité allemande, les femmes doivent remplacer les receveurs de tramways. Les premières sont en fonctions sur notre ligne de tramway E.

Du 12 au 31 Janvier. — Pendant que la Grèce « bout » (calembourg du jour), le journal continue à parler de paix avec autant d'âpreté qu'il en a mis à imprimer des centaines de fois le mot « ultimatum ».

Cet exercice, joint à celui qui consiste à énumérer des kilomètres carrés de pays occupés, est son dada favori.

Rien n'est plus rassurant pour nous que ce rabâchage aussi obstiné que maladroit, *d'avantages militaires* à l'apparence momentanée desquels le lecteur ne s'arrête même pas.

La journée du 2 passe complètement inaperçue.

L'anniversaire est sérieusement en *baisse!*

Nous évitons de la sorte, avec infiniment de plaisir, toutes ces manifestations bochardes dont nous fûmes gratifiés les années précédentes.

Clôturons le mois par un détail rétrospectif.

Lors de l'explosion des « Dix-huit Ponts », un de ces blocs de pierres qui furent projetés sur la ville, vint effondrer la plus belle maison de la rue de Douai, habitation du statuaire bien connu, notre ami, M. Deplechin.

Sans pousser plus loin l'indiscrétion, disons que cette masse aura un jour échangé sa forme de monstrueux bolide dévastateur, en celle de la plus gracieuse et de la plus émouvante « Œuvre d'Art-Souvenir » qu'il sera donné aux Lillois d'admirer.

Par cette température sibérienne nous mangeons de la soupe au rutabaga gelé. Inconnu auparavant dans la région, ce chou-rave est fort apprécié en ce moment. On l'utilise pour se donner l'illusion de manger des frites.

Contre les longs convois de troupes en marche, sur celles au repos, sur les véhicules transportant aux tranchées frontières de Warneten et d'Ypres les équipes de pionniers, nos aviateurs redoublent de vigilance et d'adresse.

Nuit et jour, tantôt au loin, tantôt près, nous entendons les explosions qui suivent leurs attaques efficaces.

Du 1er au 20 FÉVRIER. — Dans l'aube de février un beau soleil reluit. Mais dans ses rayons, ne se dessine que très imparfaitement le mot « Pax ».

Il ne nous apparaît encore qu'en illustrations sur nos calendriers de 1917, malgré tout le désir qu'on éprouverait de reprendre, sous son égide, le grand et sain travail de la civilisation et de la pensée.

Actuellement ont lieu les réquisitions et l'enlèvement des dynamos, électro-moteurs, ventilateurs électriques, presses à imprimer, appareils stéréoscopiques, etc...

Par ordre, sont fermés les estaminets : A la Cloche, A la Presse, le café Papaert et le bar du Tramway Mongy. — Motif : « Il s'y tient des réunions régulières de personnes manifestement hostiles à l'Allemagne. »

A ce compte-là, ô Boches, cadenassez non seulement Lille de **A** jusqu'à **Z**, mais encore l'Amérique, la Chine, le Japon et 15 contrées européennes sur 20!

Tous les magasins de nouveautés sont consignés. Jusque sur les marchés, les Allemands font le dénombrement des mètres d'étoffe.

Nous n'avons plus le droit d'acheter du fil pour recoudre un bouton.

On dit que l'ordre émane de Berlin.

Sans doute et accompagné de ce commandement de circonstance : « Artilleurs à vos pièces... de drap! »

Une dizaine d'hommes, soldats français qui ont revêtu le costume civil et qui ont vécu jusqu'ici sous un faux nom, sont découverts et condamnés à dix ans et un mois de travaux forcés.

Du 20 au 28 Février. — Toutes les écoles sont licenciées sous prétexte d'économie de combustible.

Les trains d'évacuation sur la France sont prêts à partir. On distribue les cartes, ce qui fait que nous pouvons voir ce dont nous sommes privés depuis si longtemps : des gens heureux.

Aujourd'hui les déprédations de l'ennemi revêtent un caractère désolant pour nous, mais avilissant pour lui.

Ces guerriers qui se vantaient de posséder du cuivre pour 30 ans, en sont réduits à escalader nos clochers pour en descendre et enlever les cloches, sans oublier les tuyaux des orgues.

A Ascq, à Hellemmes et autres villages, c'est chose faite. Ils comprennent que désormais, ils n'auront plus de victoires russes à sonner, pas plus que de moissons à récolter, car ils défendent d'ensemencer et s'en dispensent eux-mêmes. Les officiers disent à leurs hommes qu'il faut laisser *reposer les terres!*

Les vieux boches, soldats-agriculteurs, nous répètent ce boniment burlesque en clignant de l'œil.

Du 1er au 10 Mars. — Double succès des Anglais en Mésopotamie et au front ouest, vers Bapaume, où l'ennemi recule chaque jour, mais toujours *volontairement* et *méthodiquement.*

A peine la protestation de l'éminent évêque de Lille, contre l'enlèvement des cloches, est-elle parvenue aux Allemands, que ceux-ci condamnent à 20 jours de prison les prêtres de Tourcoing qui ont refusé de signer une déclaration, un consentement à cet enlèvement.

A leur tour, nos tribunaux condamnent à cette même peine de 20 jours de prison les particuliers qui revendent à l'ennemi les denrées et particulièrement le riz provenant de notre ravitaillement.

A ces antipatriotes, c'est 20 mois, que l'opinion publique voudrait voir infliger.

Bravo! Messieurs les Anglais. En prenant Bapaume, vous portez un rude coup au bluff allemand, d'après lequel ce Gibraltar du front-ouest ne pouvait tomber.

Ces reculades successives ont leur répercussion sur notre usine de Fives, d'où l'ennemi déménage. — C'est trop petit, disent ces fabricants de canon, nous serons plus à l'aise à Charleroi!

Bon vent, jusqu'à ce qu'un jour très prochain, vous prétextiez la même excuse pour quitter Charleroi!

La population souffre en ce moment de la rareté et de la cherté des vivres. Quand j'aurai noté que la viande se maintient de 18 à 22 francs le kilog, le beurre à 24 francs, une farine de fève à 6 fr., les pommes de terre à frs 2.80, et l'œuf à 1 fr. pièce, on jugera de notre pénible existence économique.

Si notre patience et notre soumission sont sans bornes, nos souffrances humaines ont des limites.

Voici, affiché, le moyen de gagner 1000 marck. C'est de dénoncer à la police militaire, celui qui, le 28 février, vers 7 heures 15 du soir, a dérobé sur un camion qui se rendait de l'Hôtel des Postes à la gare, un sac postal contenant de l'argent monnayé.

Ce vol n'est admissible et possible qu'avec la complicité des convoyeurs allemands.

Le plumitif qui s'évertue à fabriquer les lettres de travailleurs belges dont il nous inonde, respectant toujours, dit-il, leur orthographe, en arrive à cette façon de dénaturer notre belle langue française :

« On net mieu en Almagne quand Belgique can y crevai la fin.
« J'ai di qui lo de pom me taire par quins aine, un ération de suc
« que, du lard et du bout din. »

Tout ce que la feuille imprime, y compris la réclame ci-dessus, qui est d'un bête à faire pleurer, est devenu la risée des soldats, les plus frustres, les plus arriérés de ces hordes exécrées.

Comme pendant, on pourrait citer ici le désopilant article sur la mastication... même des liquides! conseillée au peuple allemand, dans un but économique.

L'auteur, ce médecin qui écrit : « L'Allemagne mâche bien », doit lui-même être de première force à faire jouer ses mandibules !

11 MARS. — La température très adoucie nous fait espérer que le printemps arrivera rapide et beau comme celui de la terrible année 1870, dont la sinistre date va enfin s'effacer devant les années vengeresses de 1914 à 1918.

Les Allemands sont pressés d'en finir avec les réquisitions complémentaires. Ordre est donné de tout préparer dans une même pièce et de tenir les portes des placards ouvertes lors du passage des chargeurs-réunis!

Et il ne faut pas que nous puissions voir ce qui se passe la nuit, car à partir du 15 notre éclairage intérieur doit être masqué aussi bien sur cour et jardin que sur rue.

Nous nous consolons en pensant que cette invitation à faire le *noir* pourrait bien être une préparation au fonctionnement de la machine à faire le *vide !*

Si ce recours à l'extinction momentanée de nos lumières et de l'astre lunaire est une mesure dictée par le fétiche Von Hindenburg, il n'y a vraiment pas de quoi nous alarmer.

« Von Hindenbourg » (consonance comique), tinte à nos oreilles comme vainqueur à rebours!

15 MARS. — Deux affiches. Les pillards se divisent en dix équipes chargées de parcourir la ville pour rassembler *d'urgence* les cuivres qu'on doit tenir prêts, y compris les objets d'art qu'on est même requis d'emballer.

Il y a également urgence à payer avant le premier avril la taxe sur les chiens. L'ennemi fait double recette : munitions et argent.

17 MARS. — Hier soir, deux Allemands frappaient à la porte d'une maison. Une jeune fille vint ouvrir, et, tout aussitôt : « Mère, c'est un Boche qui désire te parler. » Du coup, la maman payera deux amendes, l'une pour filtrage de la lumière, objet de la visite, l'autre pour ce « *cri du cœur* » échappé à sa fille.

Ne faut-il pas nous pressurer pour alimenter la caisse allemande, ce kolossal « Tonneau des Danaïdes », toujours à sec.

19 MARS. — Le peu qu'on nous laisse connaître des divers événements politiques ou militaires du moment, suffit pour ranimer no-

tre confiance et la faire renaître chez ceux qui, la lassitude aidant, se laissent aller au découragement.

Heureux, tristes ou fatals, il faut que ces événements prennent fin.

Et cette fin ne vient-elle pas de sourire à toute une région environnant Bapaume?

Ah! ce « Gilbraltar » s'est chargé d'apprendre aux Allemands son nom ancien de « Colonnes d'Hercule! »

Nous assistons au passage des troupes sales et fatiguées qui battent en retraite.

Leur recul a pour effet de nous submerger d'hommes crasseux, aux vêtements troués, usés jusqu'à la trame.

Rassemblés le dimanche et véhiculés à pleins tramways, dans nos rues, c'est la puanteur en marche.

Ils restent aussi mornes, aussi affaissés dans leur promenade en ville, que lorsqu'ils abandonnent leurs positions : C'est toujours *par ordre...* et suivant *instructions reçues*, disons *subies*, pour être plus exact.

Leurs derniers blessés des hôpitaux de Lommelet et de Lambersart sont expédiés sur la Belgique, en même temps que nos cuivres, notre argenterie, nos objets artistiques, qu'ils prennent à domicile et auxquels ils joindront tantôt les œuvres les plus riches, les plus estimées de notre Palais des Beaux-Arts !

De ces faits, rapprochons bien vite les quelques lignes de la première proclamation de l'ennemi prenant possession de la ville.

29 Octobre 1914.

« L'armée allemande ne fait la guerre qu'aux armées françaises,
« anglaises et belges, et pas à la *population* qui ne prend pas part
« à la guerre.

« Elle garantit aux citoyens *toutes leurs propriétés*, pourvu qu'on
« ne commette pas d'actes d'hostilité contre les troupes alleman-
« des. »

Signé : Wahimschaffe,
Général-major.

Du 25 au 30 Mars. — L'affichage abonde 1º revue des chevaux fixée jusques et y compris septembre? 2º On fait appel à la bourse des soldats, en leur recommandant de verser leurs marck à la Caisse d'Epargne de la Guerre (et cela pour hâter la paix ?).

Un troisième placard, libellé en allemand, refait l'historique de la proposition de paix et du refus de l'Entente; puis, après avoir énuméré les exigences de celle-ci, conclut :

« Soldats vous y répondrez avec vos fusils, vos mitrailleuses, « vos canons et vos sous-marins! »

Tel l'orchestre du charlatan sur la place foraine d'un village.

La quatrième affiche réitère la défense expresse de détenir journaux et communiqués, de les copier et de les propager, surtout s'ils ont été jetés par aéroplanes; enfin, une cinquième nous annonce qu'il y aura peut-être encore un train d'évacuation sur la France.

Aujourd'hui, 1er avril, jour du poisson, mais, hélas! au figuré, notons comme très intéressants quelques prix :

Cacao	le kilo	Frs	50
Chocolat	»	»	40
Beurre	»	»	28
Viande	»	»	18 à 25
Sucre	»	»	12 à 15
Farine	»	»	7 25
Oignons	»	»	5
Pommes de terre	»	»	4
Carottes	»	»	3 50
Chou-rave	»	»	0 90
Betterave	»	»	0 40

Du 2 au 12 AVRIL. — Encore une affiche (c'est la sixième en 48 heures), qui ordonne la déclaration et la consignation des machines à écrire.

Et celle-ci, apposée à la Madeleine, est à mettre sous globe. Par ces journées de pluies, rafales de neige, vent de tempête et froid glacial, elle a trait aux précautions à prendre contre les mouches!

En plein été, nous verrons par contre, se déclancher l'ordre de casser la glace sur nos trottoirs : voilà un amusant modèle du fonctionnement automatique de la machine administrative allemande.

Les nouvelles sont bonnes, en dépit de la débauche croissante des racontars et des sornettes du Bruxellois, que nous dénommons « *L'Oie de Bruxelles!* »

La colère lui fait écrire : Sus à Nancy, Belfort, Paris et surtout Kales ! (Calais). Et notre bon sens nous crie : la délivrance est en marche, la France vient à nous.

Pour nous le confirmer, nous avons la bonne fortune, aubaine inespérée, de pouvoir lire un grand journal français du 8 mars.

Il nous donne, avec le compte rendu de la manifestation des associations françaises pour la « Victoire du droit », les discours, in-extenso, prononcés en Sorbonne à cette occasion. A cette lecture, nous pleurons comme des enfants et faisons en sorte que beaucoup d'amis pleurent et se réconfortent avec nous. Pourtant,

> *Pourquoi verser des larmes*
> *Quand, ô douce espérance,*
> *Bientôt l'Alsace-Lorraine*
> *Sera rendue à la France;*
> *Quand l'Amérique en armes*
> *Sur l'ennemi se déchaîne?*

7 AVRIL. — Nous lisons dans le bulletin de Lille, que deux individus, auteurs du vol du sac postal du 28 février, sont arrêtés. L'argent a été retrouvé dans une cave au n° 6 de la rue de Maubeuge que *fréquentent beaucoup d'Allemands.*

Le contraire nous eût étonnés. Passons...

Glanons encore, au milieu de ce qu'on intitule, *actes de l'autorité allemande,* ces deux amendes : 500 marck pour avoir découché à la Madeleine sans permission. Voilà une chambre à 62 fr. 50 l'heure; 3100 marck, pour avoir essayé de passer un camion de son avec une pièce falsifiée.

C'est du son à 4 fr. le kilog!

Affichage de la première revue d'appel des hommes de 17 à 52 ans. Dans les communes, les femmes, les jeunes filles de 17 et 18 ans doivent se faire inscrire. — Pour les uns et les autres, c'est sous prétexte de justification *d'un certificat de travail.*

Pour le jour de Pâques, la pluie, la neige et les giboulées ont cessé et la population a pu sortir sous un rayon de soleil.

Ce terrible hiver, semblable aux Allemands par sa ténacité, se débat comme eux dans ses dernières convulsions.

13 AVRIL. — Pour notre secteur de la Place Sébastopol, voici arrivée l'heure où nous devons subir cette ignoble souillure : la visite de fond en comble de nos domiciles. Toutes les portes, y compris celles de nos armoires et placards, doivent être ouvertes pour recevoir l'ennemi, sous la forme d'une équipe composée de deux fouilleurs, d'un cambrioleur, d'un policier enregistreur et de deux chargeurs!

Chaque ménage est délesté des objets les plus divers, et, dans le fourgon qui est à la porte, s'entassent pêle-mêle dans des sacs numérotés, les cuivres, les bronzes, les candélabres, les objets d'art, voisinant avec les chaudières et les casseroles.

Quand tant de gens offrent bénévolement leur mitraille aux Allemands, disons quelle réelle bravoure ont montrée ceux qui ont tout tenté pour soustraire à leurs recherches, ce qui doit servir à forger des armes contre nous.

Pour mon compte et pour celui de bons amis qui peuvent en témoigner *(car ils en frissonnent encore)*, je ne m'en suis pas privé. Mon devoir de Français et ma haine pour les spoliateurs me commandent d'affronter le danger.

Plomb, cuivre, vélos, caoutchoucs, cuir, laines, rien ne manquait. Minimum de peine encourue : 6 fortes amendes et 15 mois de prison.

Mais il y avait mieux : *Armes, poignards, revolvers.* Ici tarif invariable : collé au mur, sur le champ!

Et quelle atrocité pour celui qui est trouvé en défaut, soit qu'il ait négligé de s'entourer de minutieuses précautions, soit qu'il ait été dénoncé par maladresse ou, ce qui est malheureusement plus commun, par méchanceté.

Dans ce cas, c'est la maison impitoyablement mise à sac. C'est l'insulte, la menace, les fortes amendes, les interrogatoires, la prison et le reste.

Nous assistons de près à une de ces perquisitions révoltantes qui dure près de six heures, et qui leur donne, comme butin, douze sacs pleins!

Et à côté de cette récolte, n'oublions pas de mentionner le vol isolé, individuel. Ici, une montre ou un bijou laissé sur une cheminée, disparaît; ailleurs, ce sera une bouteille de liqueurs ou des provisions réservées; plus loin, une paire de bonnes chaussures opère très habilement sous la houppelande grise, une retraite.... stratégique!

> *Ah! tes sujets ô Guillaume!*
> *Sont cotés à leur valeur,*
> *Ils savent que dans ton royaume,*
> *L'or, l'argent n'ont point d'odeur.*

16 Avril. — Changement de l'heure officielle allemande fixée jusqu'au 22 octobre, et même au-delà?

17 AVRIL. — Un chant de victoire des Français, entre Soissons et Reims, après 11 jours de mutisme absolu, retentit tout à coup et nous est annoncé par l'ennemi en termes stupéfiants pour nous.

Voici ce lamentable gémissement officiel :

« Il se déroule en Champagne un combat gigantesque comme ja« mais n'en connut l'histoire; combat préparé dans le dessein de « *démoraliser* nos troupes et devant lequel notre défense n'est plus « possible! »

Nous saurons à peine la moitié de la vérité par les communiqués anglais et français qui sont de plus en plus imparfaits et écourtés.

Et si c'est une pareille « conduite de Grenoble » que les Allemands appellent « se replier de façon élastique », bienvenue soit la retraite « Caoutchoux-Hindenburg et Cie! »

> *N'est-ce pas lui qui conçoit,*
> *Sans se servir de l'algèbre,*
> *Le prompt recul de Fresnoy,*
> *Qui le rend moins que célèbre?*
> *Lui, dont la valeur altière,*
> *Ne prend l'avance qu'en... arrière!*

Allons, Messieurs les timides, les peureux, vous qui, sous les rafales de neige de ce lunatique avril, envisagez déjà avec terreur l'hiver suivant, rassurez-vous et comprenez enfin que le fameux retrait stratégique n'a été en somme qu'un masque de fuite chez ceux, dont le ventre bourré uniquement de marmelade, n'offre plus celui-là qu'une résistance vraiment élastique!

Du 20 au 30 AVRIL. — Trois à 1200 personnes, suivant la population de nos communes suburbaines, vont être évacuées sur Namur (Belgique). De préférence, dit l'ordre inique affiché, les réfugiés, femmes, enfants et vieillards.

Dans les villages, autre injonction : apporter aux Allemands tous les fils de fer qui entourent les jardins.

Jour et nuit, en partance sur la Belgique, défile de l'artillerie, avec matériel usé, alternant avec des convois de blessés et, par intervalles, avec des camions chargés du nouvel engin de guerre, *les cloches de nos églises!*

Neuf heures sonnent. Pour nous, jusqu'au premier mai, c'est huit heures (heure française); il faut rentrer.

Jusqu'à la fin du jour, après le bruit subitement apaisé de la rue, nous restons silencieux dans notre jardin.

... Des enfants, que l'heure inflexible vient d'arracher à leurs jeux bruyants, babillent aux fenêtres, d'autres prennent une leçon de piano; à quelques mètres plus loin, sous de grands arbres qui abritent une chapelle, le personnel de la « Maternité » est en prières.

.. Heure de méditation relativement paisible, pendant laquelle nous savourons la tournure nouvelle des communiqués pompeux et flatteurs, mais combien désespérés, du journal boche.

. Voyez, comme avec le temps, les mots et le ton perdent de leur fanfaronnade. En ce moment, on distille les phrases, moins pour parler de victoires, que pour exhorter le peuple allemand tout entier « hommes, femmes, paysans, ouvriers et soldats, à la lourde lutte *pour la vie ou la mort, pour être ou ne plus être!* (Bruxellois du 25 avril).

Dans une fable que vous connaissez, le renard dit au bouc :

> « *Lève tes pieds en l'air et tes cornes aussi,*
> « *Que je puisse aisément sortir de ce puits.* »

.. Image très parfaite du dialogue échangé aujourd'hui entre le trembleur

Renardzollern et son complice *Hindenbouc!*

Ah! le voilà bien l'émissaire à face brutale et cruelle, à carrure de tueur des abattoirs, qu'il fallait pour chef à ceux qui font sauter les édifices publics, incendient les villages après les avoir pillés, scient les arbres fruitiers et entassent nos malheureux évacués à peine vêtus et sans nourriture, dans des wagons sans sièges, à destination de Namur. — Autre fait de mentalité bestiale révélé par des témoins. A la réception d'une lettre de sa femme, qui lui dépeint sa profonde misère, un soldat se pend à Hellemmes. Un sous-officier et quelques hommes se rendent à domicile pour enquête et enlèvement du corps. Après avoir trouvé et lu la lettre reçue par le désespéré, le sous-officier, celui que Maurice Barrès a si justement appelé « la plus formidable bête de guerre qui ait jamais paru dans le monde », d'un geste de colère brutale, cravache le pendu!!!

En cette fin d'avril, avec le commencement des beaux jours, s'est opéré le retour de captivité de nos otages lillois.

. En général, ils ont supporté vaillamment ce que j'exprime par le mot très adouci, « l'épreuve! »

Notre ravitaillement, à part les rations de pain et de sucre insuffisantes, est momentanément amélioré.

Nous touchons bœuf, veau, volaille et œufs.

Autre satisfaction : C'est le moment où l'Amérique apporte à la France le secours précieux de ses dollars, et où, fait qui nous réjouit aussi, de Berlin à Trèves, grouillent des corporations en grève.

Bien que je me fusse promis de ne jamais parler de la Gazette des Ardennes, je veux (une fois n'est pas coutume et l'occasion est trop belle), relater les conseils qu'elle fait donner dans une lettre ouverte (anonyme toujours) d'un soi-disant français d'ici, aux femmes qui regagnent la mère-patrie :

« Vous partez. — C'est pour vous comme un avant-goût des joies
« de la paix! Partir, c'est quitter les régions désolées pour revoir
« notre belle France. Aux autorités, dites la vérité sur l'évolution
« qui s'est faite ici et ajoutez que de plus en plus se pose pour nous
« cette question : « Pourquoi la guerre continue-t-elle? » Dites-leur
« que nous sommes étonnés qu'on ne sente pas en France, l'auréole
« formidable *qui grandit autour des empires centraux* de par la
« magnanimité du geste, deux fois renouvelé, offrant la paix au
« monde. Demandez aux maîtres du moment, s'ils sont bien sûrs
« qu'on ne nous aurait pas abandonné ce que nous reconquérons
« en l'anéantissement.

« Enfin, pour apaiser les haines, vous parlerez des *barbares*, avec
« qui vous viviez depuis 30 mois et vous expliquerez pourquoi...
« *Plus nous vivons avec l'ennemi, moins nous le haïssons!!!!* »

Beaucoup de gens lisent çà, qui se demandent si la journée se terminera pour eux sans une amende quelconque ; d'autres, s'ils n'iront pas coucher à la citadelle, pour avoir esquissé un geste de salut amical à un groupe de prisonniers anglais, qu'on promène depuis quatre mois d'un village à l'autre, dans le but de provoquer et d'infliger 50.000 mark d'amende aux communes où ils sont l'objet de démonstrations de sympathie.

Vers minuit, la journée du 1ᵉʳ mai nous est annoncée par six bombes dont les détonations retentissent sur les gares Saint-Sauveur et Porte d'Arras.

Les aéros alliés sont descendus si bas, que les canons de défense, mis dans l'impossibilité d'agir, sont remplacés par les autos-canons et mitrailleuses qui se mettent en chasse et tirent de la rue, ce qui nous vaut un réveil particulièrement bruyant et dangereux.

D'ailleurs, notre sommeil n'est plus qu'un cauchemar que viennent subitement interrompre le canon ou les bombes et qui nous cause cette impression que doit ressentir le naufragé sortant des vagues.

Le général Pétain est nommé chef d'Etat-Major général du Ministre civil de la guerre.

La Gazette de Cologne et le Bruxellois, avec leur tactique démoralisante habituelle, dénaturent ainsi la nouvelle :

« Généralissime Nivelle révoqué, remplacé par le général Pétain. « Motif : A fait perdre 160.000 hommes dans l'offensive avortée en « Champagne. »

4 MAI. — Sur les cartes allemandes de notre front, se détachent en caractères très apparents :

Wo stehen unsere armeen in Frankreich.

Où sont nos armées en France.

Ce titre ronflant n'empêche pas le ruban de jouer au repli méthodique en se recroquevillant chaque jour, et de subir le sort des vulgaires saucisses que crèvent les balles anglaises.

Les Anglais ont lancé, par aéroplanes, aux soldats allemands, une invitatuion à se rendre, s'ils veulent sauver leur vie et mettre fin aux souffrances de leurs femmes et de leurs enfants qui meurent de faim, en un mot, s'ils veulent abréger la guerre.

Et le vent qui souffle en tempête fait parvenir aussi dans ces mêmes tranchées une certaine brochure par Siegfried Balder (de l'Union des Démocrates allemands).

Je résume en quelques lignes édifiantes les 50 pages de cet acte d'accusation.

Guillaume II, Empereur d'Allemagne, nous t'accusons :

« Tu as préparé la guerre mondiale depuis de longues années.

« Tu l'as fait éclater sans raison en été 1914. Tu as éloigné de « toi les conseils de ceux qui voulaient éviter la guerre. Tu as rom- « pu des serments sacrés en violant la neutralité d'un peuple pai- « sible. Tu conduis la guerre d'une manière barbare, violant tous « les droits des peuples. Tu as trompé le peuple qui avait confiance « en toi au sujet de la cause de cette guerre.

« Des millions de veuves, d'orphelins, de fiancés pleurent et « crient. Des millions d'invalides voient leur bonheur brisé ainsi « que leur santé. Les champs ravagés, les ruines de villes et de vil- « lages incendiés t'accusent et crient vengeance.

« Et tu prends Dieu à témoin de tes mensonges et de tes hor- « reurs!... Tu as détruit la culture allemande, traîné dans la boue

« l'honneur de l'Allemagne. Tous les peuples qui nous aimaient
« autrefois se détachent de nous avec horreur.

« Depuis ta jeunesse, tu ne prends d'intérêt qu'à la chasse ou aux
« choses militaires : meurtre d'animaux, meurtre d'hommes.

« Des millions de tes sujets ne t'ont jamais vu qu'en chasseur
« ou en guerrier, paradant devant les bêtes tuées dans la journée.

« Nous t'avons vu en maintes circonstances, cérémonieuses ou
« tristes, toujours avec les gestes du César romain : comme il tous-
« se et comme il crache, tu l'as parfaitement imité.

« Tes professeurs, des officiers, tes conseillers, des officiers, ceux
« qui t'accompagnent, des officiers encore.

« Revues, bénédiction de drapeaux, baptême de navires, inaugu-
« ration de monuments, centenaire de batailles, autant d'occasions
« pour toi de faire éclater tes sentiments.

« A côté des généraux, des fournisseurs de l'armée et en tête la
« maison « Krupp » (amitié personnelle de longue date et, ce qui
« ne s'était jamais vu, intérêts financiers).

« La supériorité de cette firme ne tenait pas à la valeur de ses
« canons, mais à ses intérêts.

« Ta pourpre a même protégé la firme contre la justice.

« Souviens-toi des procès sensationnels d'il y a quelques années...

« Bulow doit partir, n'étant pas assez belliqueux. Bethmann-
« Hollweg le remplace à condition qu'il te fournisse une guerre,
« etc... »

Après avoir ainsi dépeint l'accusé et son entourage, l'auteur
lui reproche d'avoir mis à la tête de ses armées des hommes qui se
déclaraient eux-mêmes incompétents : les Moltke, les Kronprinz, les
Von Kluck, alors que l'Allemagne est provisoirement sauvée par
Hindenburg et Mackensen, deux généraux qui ne figuraient pas
dans son plan ! Enfin, en huit chapitres, avec les mêmes reproches
amers, les mêmes railleries acerbes et une implacable logique, il
fustige de main de maître ce criminel de droit commun et conclut :

« Camarades Allemands, cessez de vous ravaler plus longtemps
« au rang d'esclaves de l'Empereur meurtrier.

« Eveillez-vous et agissez, mais vite, avant qu'il soit trop tard ! »

Du 15 au 19 Mai. — Pendant cette âpre lutte au cours de laquelle
nos soldats et alliés s'emparent des plateaux de l'Artois et de la
Champagne, les Prussiens se contentent d'enlever ici ceux de nos
balances ! Dans la rue, nous ne voyons plus que le camionnage de
nos cuivres.

A l'instant, nous sommes déguisés en porte-faix, en commissionnaires du « Wirschafts-Ausschuss » où, par ordre individuel, nous devons livrer nous-mêmes nos machines à écrire.

...Pour cette besogne, nos gestes sont moins que gracieux. Finalement, on en prend son parti et on rit, encore, toujours et quand même!

. Au moment où, par ordre, ou bien conformément au plan (cliché habituel), l'ennemi cède Bullecourt aux Anglais, le Chancelier, lui aussi, par ordre des démocrates, a parlé au Reichstag.

De son langage réservé, gêné, pathos torturé et ambigu auquel je me plais à donner une tournure un peu comique, mais fidèle, ne retenez, je vous prie, que ce qui est sous-entendu :

« Le Reichstag voudrait que je dise ce que je ne puis pas dire.
« Et si je disais ce que je devrais dire, certains me blâmeraient
« pour avoir dit ce que je ne dois pas dire. Nos conditions de paix?
« Ah! laissez-moi sourire, car, à vrai dire, c'est plutôt à nous d'y
« souscrire. Mais comment le dire? Je n'ose, ce serait pire! »

Après avoir constaté combien ce rôle de premier valet devient difficile, disons finalement que, pour en sortir, cet homme, habitué à parler pour ne rien dire, cette fois encore, bouffon se retire!

Aussi bien, pour l'instant, ce qui importe, ce qui est urgent, c'est d'éloigner de la tribune ceux qui deviennent de jour en jour plus écoutés et plus agressifs.

Or, la « Diète Germanique » ferme brusquement ses portes. Le tour est joué et cet ajournement intempestif contraint les orateurs, eux aussi, à une... diète forcée!

Du 20 au 30 MAI. — Menus faits :

Aujourd'hui, à Pellevoisin, grande solennité religieuse et musicale, au profit des prisonniers, avec le concours des dames du Conservatoire et des Orphéonistes lillois.

Nouvelle occasion pour les habitants, de féliciter le promoteur de cette œuvre, leur sympathique curé, qui, on s'en souvient, eut le privilège d'être lui-même incarcéré. Aussi, avec sa haute et incomparable éloquence, il stimule au dernier degré l'élan de la charité et du patriotisme et la quête est fructueuse.

Un détail. — Pour remercier personnellement les exécutants, il se rend au lieu même de leur réunion (jardins de l'établissement dit « La Funquée »), où les artistes chantent un vivat en son honneur.

Ce à quoi le patriote abbé répond : « A bientôt! pour chanter le Te Deum de la Victoire! »

Le Conseil de guerre a rendu, le 30 avril dernier, son jugement dans l'affaire dite de la T. S. F. (l'Oiseau de France), feuille rédigée par des personnalités attachées au service de la Croix-Rouge, et qui nous a apporté tant de fois ses réconfortantes nouvelles anonymes.

Au nombre de ces patriotes propagandistes arrêtés, se trouvait M. Villot, professeur de pharmacologie de l'Université Catholique de Lille, qui a assumé la plus grande part des responsabilités et a tenu à présenter lui-même sa défense.

Il l'a préparée, dit-il, pendant une détention préventive horrible, qui a duré 119 jours, dont 46 dans un cachot absolument obscur. — De ce plaidoyer qui circule, nous admirons l'exposé précis des faits, leur raison humanitaire, leur but patriotique, de même que les conséquences qui en ont été très habilement et très heureusement déduites.

Mais il eût fallu, c'est l'opinion de beaucoup de lecteurs, en rester là. Discourir trop longuement avec certaines finesses ou subtilités de notre langage, que les Allemands ne sont aptes à saisir que le lendemain, faire appel à leurs *sentiments*, à leur *honneur*, à leur *cœur* et à leur *pitié*, alors qu'on est convaincu soi-même qu'ils en sont totalement dépourvus (la détention subie l'affirme assez nettement); mieux encore, esquisser une espèce de menace, parler de vengeance s'il y a condamnation, c'était détruire toute la beauté de la plaidoirie. C'est d'autant plus regrettable, qu'elle valait la peine d'être jetée très *crânement* à la face de ces juges militaires ennemis qui (on ne doit jamais l'oublier), ne sont que des bourreaux d'un autre âge.

Le verdict que voici eût été d'ailleurs le même : M. Villot, M. l'abbé Pinte, M. Dubar 10 ans de prison; Mlle Nollet, 2 ans et 6 mois de la même peine. Seul, M. F. Fertin, chirurgien-dentiste, impliqué en cette affaire, et qu'à titre d'ami personnel nous félicitons, est relâché après 4 mois de prison, y compris la prévention.

L'Allemagne ne peut plus fournir sa quote-part de farine pour notre subsistance et alors le pain de seigle nous est imposé à nouveau. Par compensation, un petit biscuit, d'abord vendu cinq centimes, nous est finalement donné avec la ration de pain noir.

La République africaine de Libéria, celle du Honduras, forment à cette heure les 25e et 26e Etats en rupture avec l'Allemagne. Vous pensez peut-être qu'elle en sera écrasée de honte? Détrompez-vous, ce mot n'existe pas chez elle et vous la verrez plutôt s'en enorgueillir.

Présentement, notre orgueil à nous, c'est de lire dans le Matin du 24 avril, un article qui se termine ainsi : « La retraite du front de Noyon reste une grande diminution du haut commandement impérial allemand. »

Pages signées par un éminent critique militaire, le colonel Feyler, donnant l'impression juste d'un neutre, qui juge la manœuvre d'Hindenburg et apprécie les débuts heureux de l'offensive Franco-Britannique.

Mardi 22. — De là, retombons dans la lecture du *Bulletin de Lille* (24 mai) et de l'insipide *Bruxellois*. L'un nous sert une trentaine de condamnations de 25 à 800 mark pour : « avoir fait un signe d'ami-
« tié, jeté des cigarettes ou tenté de donner des vivres aux prison-
« niers anglais ; avoir cogné ? (sic) un militaire allemand dans la
« rue ; avoir essayé de corrompre un gendarme ; avoir exagéré du
« double au triple, sur un devis, le bois nécessaire à la construction
« de portes; avoir refusé de montrer sa carte d'identité, etc... »

L'autre continue d'ingurgiter aux soldats dont il connaît la naïveté et l'abêtissement, toute une série de couleuvres inlassablement répétées :

« 1º La presse anglaise attaque le gouvernement; les drapeaux républicains flottent partout en Irlande, jusque sur les poteaux télégraphiques; en Australie, les rongeurs dévastent tous les greniers à céréales;

« 2º Nos succès sur le front ouest peuvent être considérés comme un échec!

« 3º On manifeste contre la guerre à Philadelphie; ça va s'éten-
dre à toute l'Amérique. — Aux Etats-Unis, immenses incendies, pertes : 100 millions de dollars; grand mouvement contre le service obligatoire, etc., etc...

« 4º Imbroglio russe, expression vingt fois servie, se compliquant de trois mutations diplomatiques, France, Angleterre, Italie. Viennent ensuite, en quelques mots habilement glissés, les reproches que, dans le Gaulois, il y a 40 jours, Georges Ohnet adressait aux traîtres de Russie.

« 5º Dans l'armée de Sarrail, maladie, démoralisation, rien à craindre de ce côté.

« 6° Au front italien, pertes inouïes, plus de 180.000 hommes sans compter les 300.000 déserteurs sur la Suisse!... Et, cela va sans dire, un petit tremblement de terre par-dessus le marché!

« 7° A notre chère France, sont réservées les perles : D'abord le découragement dans l'armée française; ensuite, il y a à Paris une grève de *midinettes!* elle entraînera celle des ouvriers de l'industrie de guerre, voire même une partie du personnel des P. T. T. (?)

« Enfin, fléau sans précédent, notre pays va manquer... de soldats pensez-vous? Non; de munitions? pas davantage; d'argent? encore moins; de quoi alors? d'Encre!! »

Devant ces sornettes, comment s'étonner si, en ce moment même, l'Allemagne, dans un bluff formidable, lance à ses agriculteurs cet appel : « L'ennemi est à terre! Pour achever la victoire, apportez-nous tout votre blé, toutes vos céréales, toutes vos réserves et jusqu'à vos semailles! »

En ces jours qui précèdent la Pentecôte, il y a grande activité.

Chaque matin, dévalent par nos portes des troupes venant du front avec des convois intéressants.

26 MAI. — Entre cent autres, déjà vus, décrivons celui-ci dans l'ordre où il défile sous nos yeux : quatre batteries d'artillerie, voitures chargées de caisses, d'autres de foin; une vache tenue au licou, une jument et son jeune poulain que caresse et conduit un soldat; dix voitures bâchées, à l'une desquelles sont attachés un cabriolet, une voiture d'enfant et une chèvre. Sur la dixième s'amoncellent des cabanes à lapins et des cages remplies de poules. Sur le haut figurent deux serins ; l'un est mignon, d'un beau plumage, il sautille gaiement dans sa cage; le deuxième, vous l'avez deviné, est volumineux, d'un gris-roux, sale, vautré plutôt que perché, avec pattes lourdement ferrées.

A la vue de ce dernier qui surveille l'autre, les passants moqueurs sourient avec tristesse. Mais le vieux boche-serin est très fier de son rôle, il nargue les curieux, ayant l'air de leur dire : « A ma place et à mon âge, que feriez-vous de plus? »

27 et 28 MAI. — Fêtes de Pentecôte. — Journées superbes et bien calmes durant lesquelles les Allemands se pressent fort dans notre théâtre.

Audition d'acteurs ou de conférenciers de guerre? nous l'ignorons.

En tout cas, cela importe peu à cet officier supérieur, un de ceux qui savent juger et conclure et sur qui le bluff, qui règne en tous lieux, n'a plus de prise.

Il éprouve, lui, le besoin de se recueillir très profondément avant de quitter cette vallée de... ruines, car c'est au fond d'une cave, dans les décombres de ce qui fut notre rue du « Vieux Marché aux Moutons » qu'il va se suicider.

29 au 31 Mai. — L'enlèvement un peu partout de jeunes gens et de femmes pour travail forcé, au dehors, reprend son cours.

Soudain, apparition d'une ordonnance sensationnelle et sans ambiguité : Défense absolue de la vente de toute marchandise.

Enumération typique d'après l'affiche : soies, tissus, toiles, rideaux, clous, ficelles, casquettes, bouchons, paillassons, mélasses, tabacs, bottines, taureaux, vaches, moutons, chèvres, cochons, etc...

Nous avons de bonnes nouvelles des fronts italien et franco-anglais.

Du reste, les deux nouveaux télégrammes du citoyen Guillaume, l'un à l'impératrice, l'autre à Hindenburg, que le Bruxellois du 3 juin étale aux yeux émerveillés des ignares soldats, ne viennent-ils pas tout à point nous les confirmer?

Le criminel potentat, consterné à l'idée de l'offensive générale si souvent niée et imminente à cette heure, ose encore faire appel au secours du Ciel!

Dix-neuf prêtres de Malines (Belgique) sont condamnés à 100 marck d'amende, pour avoir décliné l'offre d'une estampille sur leur carte d'identité, en vue d'échapper à la levée des chômeurs arrachés à leurs foyers, déportés et forcés au travail pour l'ennemi.

A ce sujet, voici dix lignes extraites de la magistrale protestation du Cardinal Mercier au Gouverneur de Bruxelles.

« Nombreux sont les membres de mon Clergé Malinois qui m'ont « prié de réclamer pour eux une place à l'avant-garde des persécu-« tés. J'enregistre leur offre et vous la soumets avec fierté. Acceptez « leur concours afin de sauver ce qui, d'après vos propres instruc-« tions (si iniques soient-elles), peut encore être sauvé... Nous at-« tendons dans la patience notre revanche, je ne parle pas de notre « revanche terrestre, nous l'avons déjà, car le régime d'occupation « que vous nous faites subir est honni par tout ce qu'il y a d'hon-« nête dans le monde entier. Je parle du Jugement de l'Histoire et « du jugement du Dieu de Justice. »

« Et, à vous, qui êtes, si je suis bien renseigné, *à l'égal du plus*

« *humble de nos ouvriers*, fils de l'Eglise du Christ, j'ose ajouter
« que vous vous chargez la conscience d'un lourd verdict en cou-
« vrant de votre haute autorité, une justice militaire qui assimile
« à un délit, un acte d'abnégation chrétienne et pastorale. »

Combien nous apparaît belle et grandiose cette Belgique qui, du
milieu de ses ruines, peut évoquer d'aussi nobles figures que celles
de son Roi Albert, du Cardinal Mercier, du général Léman, défen-
seur de Liège, et du bourgmestre de Bruxelles M. Max!

Pauvres Français exilés dans notre Patrie, citadins prisonniers
dans notre ville, faméliques et ventres creux, nous continuons à
vivre calmes et dignes au milieu d'un cercle entouré et couvert par
le feu.

Notre principale nourriture étant la salade et le concombre cuit,
nous sommes tout à fait accomodés à la mode de ce dernier (avec
feu autour et par dessus!...)

Ah! le concombre, il va détrôner le riz, car il est en nombre le
concombre, il nous encombre!

Du 3 au 12 JUIN. — Déménagement des tableaux de notre Palais
des Beaux-Arts pour une destination inconnue. Nous ne la soup-
çonnons que mieux.

Lundi 11. — En gare de Fives, départ des jeunes gens et des
mobilisables de tout âge. Ce défilé, renouvelé de 1916, est plus précipité, mais a lieu dans un calme absolu. On compte 2.000 convocations tous les trois jours.

Du 13 au 20 JUIN. — L'île de Cuba, le Nicaragua et la République Dominicaine viennent prolonger la liste des pays en rupture
avec l'Allemagne.

Attendons curieusement quels cataclysmes vont opportunément
surgir du Bruxellois pour châtier ces nouveaux venus.

Ah! Cuba, Nicaragua,
Vous aussi partez en guerre?
Sachez qu'il vous en cuira,
Malheurs ne tarderont guère.

Vous qui suivez le veau d'or
Vous enchaînant à ses lois,
Songez à San-Salvador
Puni par le.... Bruxellois!

Dispensateur des fléaux,
Demain ou un peu plus tard,
Par le sang, le feu ou l'eau,
Il vous fera large part.

C'est sans doute à ce défi,
(O Marseille, prête-moi l'...assent!)
« Té digué li qué vingue »
Jeté aux nègres d'Haïti,
Qu'a répondu Saint-Domingue!

Bref! quelle que soit l'époque
Où marche un belligérant,
Dans la feuille extra-loufoque,
Il trouve sa querelle d'Allemands!

L'avance anglaise sur Messines et Warneton nécessite l'évacuation tardive de quelques villages. La population de Quesnoy-sur-Deûle, fuyant sous les obus, a particulièrement souffert.

A Haubourdin, à Lambersart sont installés des canons lourds. Nous sommes aux premières loges, quand dès l'Angelus du soir à celui du matin, ces monstres vomissent leurs obus sur le sud d'Armentières et jusque vers Messines.

En ces journées de chaleur accablante, nous assistons aux scènes les plus douloureuses et les plus angoissantes de la déportation.

Des enfants de 14 ans sont enlevés à leurs grands parents dont ils restaient l'unique compagnie, la seule consolation. Dans une famille, le fils, le père et le grand-père se trouvent évacués et dispersés chacun de leur côté. Dans une autre, sur huit personnes, la mère reste seule. En plus de quatre fils sous les armes, son mari et ses deux derniers garçons sont mobilisés civilement à 24 heures d'intervalle.

La protestation qui suit nous apprend ce qu'il advient de la plupart de ces malheureux.

Lille, 17 juin 1917.

Le Maire de Lille
à Son Excellence le Général Von Graevenitz, Lille.

Depuis quelques jours me parvenaient aux oreilles des bruits auxquels je refusais d'ajouter foi. Ces bruits prennent aujourd'hui un tel caractère d'authenticité que mon devoir m'oblige à vous adresser une énergique protestation.

Mes concitoyens enlevés la semaine dernière auraient été, en partie du moins, transférés dans des localités telles que Don, Dourges ou Hénin-Liétard qui ne sont éloignées du front anglais que de 8 à 10 kilomètres.

L'évacuation forcée de ces villages par toute la population civile prouve d'ailleurs suffisamment à quel danger ils sont exposés.

Or, vos journaux nous ont appris qu'une convention avait été passée avec les Gouvernements français et allemand, interdisant d'utiliser des prisonniers en-deçà d'une zone de 25 à 30 kilomètres derrière le front.

Cette convention, n'a pas, que je sache, été abrogée.

Si cette mesure d'humanité a pour but de protéger les prisonniers militaires, à plus forte raison intéresse-t-elle des ouvriers civils, violémment arrachés de leurs foyers, et dont une partie sont ou des vieillards, ou (de 14 à 17 ans) presque des enfants.

J'ignore la nature du travail auquel ils sont assujettis et je veux croire qu'on ne les oblige pas à des actes contraires à leur conscience patriotique et interdits par la convention de La Haye.

Je vous serais obligé, Excellence, de transmettre cette protestation au Commandement Supérieur, et serais heureux que des éclaircissements me permettent prochainement de rassurer les familles alarmées de mes malheureux concitoyens.

Le Maire de Lille : Ch. DELESALLE.

En résumé, les exemples de cruauté abondent et se multiplient à mesure que les succès anglais se manifestent et que certians événements politiques ne peuvent plus être cachés.

> *Prussiens qui, ce 14 juin,*
> *Dévalisez nos Beaux-Arts,*
> *Voyez l'Sous-Boche Constantin*
> *Déménagé par Jonnart!*
>
> *Et toi, Reine, on te défie,*
> *Sœur du monstrueux bandit,*
> *De faire encore ta... Sophie,*
> *Ou en route pour Biribi!*

Beglaubigte Abschrift.

Der Kommandant.　　　　　LILLE, den 1. Juli 1918

N. O. Nr. 1061

Gemaess § 18 Abs. 2 der Kaiserl. Verordnung vom 28. Dezember 1899 ueber
das Auslaenderverfahren verhaenge ich

gegen den Buchdrucker DEVOS Ange

in Lille, rue Solférino 204　　　　　　　　　　wohnhaft,

weil er

nach ~~x dem Zengnis~~
eigenem Gestaendnis

in Lille im Jahre 1918 entgegen Artl. 10 der Prokl.,
des Armeeoberbefehlshabers vom 25.11.15 einen Brief durch
einen Zivilarbeiter nach Nectin gesandt hat,

eine Geldstrafe von 21.-- (einundzwanzig)　　　　　Mark,
im Unvermoegensfalle eine Freiheitsentziehung von 7 (sieben)
Tagen. Die Geldstrafe ist bis spaetestens den 16. 7. 1918 mittags 12
Uhr an das Buero des Nachrichten-Offiziers, rue de Pas, 9, I abzufuehren.

Fuer den beurl. Kommandanten:

gez. ~~von Graevenitz,~~

~~Generalleutnant und Kommandant.~~

Beglaubigt:

Rittmeister und Nachrichten Offizier.

KOMMANDANTUR LILLE.

NACHRICHTEN-OFFIZIER

FAC-SIMILE D'UNE CONVOCATION POUR PAYER L'AMENDE

(Voir page 134)

> *Imposteur inféodé,*
> *De l'Acropole fais ton deuil.*
> *Depuis trop longtemps bernés,*
> *Les Alliés ont ouvert l'œil!*

> *Que celle qui toujours conspire,*
> *Cette Impériale punaise,*
> *Soit enfermée en Epire,*
> *Ou dans le Péloponèse !*

Embarqué ici ou là, dirigé sur un pays ou sur un autre, peu nous chaut. Toujours est-il qu'à peine arrivé à Lugano, premier indice de sa popularité, le détrôné est assailli et contraint de se réfugier dans un café protégé par la police en armes.

D'après affiche, les magasins peuvent vendre aux personnes munies d'un permis d'acheter certaines marchandises en partie déconsignées. Pour les cuivres, c'est le contraire, les détrousseurs ont un remords, celui de ne pas en avoir suffisamment enlevé. Un supplément d'instructions les ramène à nos domiciles pour y prendre les ornements en cuivre des lits, les poignées et bougeoirs des pianos, les plaques de boîtes aux lettres, boutons de portes et sonnettes et jusqu'aux entonnoirs de moulins à café!

Et si on veut éviter leurs dégradations, il nous est prescrit de tout enlever et préparer nous-mêmes.

Du 21 au 30 Juin. — Non seulement le charbon fait défaut, mais aussi le gaz dont l'usage n'est toléré que pour la préparation de nos repas de spartiates. Nous traversons des jours bien pénibles, empreints au malaise, à l'inquiétude, à l'incertitude. Nous supportons de dures privations et il n'est personne qui ne soit maigri au point d'avoir perdu de 15 à 50 kilos de son poids normal. Nous ne pouvons compter que sur notre faible ravitaillement et le... gîte, qui, hélas! n'est pas un gîte à la noix!

L'ajournement, qui nous paraît indéfini, d'événements escomptés et attendus nous ronge et nous abat.

Cependant, ce 23 juin, au moment où apparaît sur nos murs l'affiche nous enjoignant d'aller déclarer les dimensions, le poids et la nature du métal de nos coffres-forts, deux faits nouveaux surgissent. — Les gens de Menin, Halluin et autres communes sont chassés précipitamment.

Or, les Anglais, sans nul doute, effectuent une sérieuse poussée au nord-est de Lille.

D'autre part, la Gazette de Cologne qui ne peut plus cacher l'offensive russe dit : « Les dispositions deviennent belliqueuses à vue d'œil. » C'est là une réponse *non grimée* aux agissements de... Grimm!

La haute « Kultur » décide que la maison de confections Thiéry et Sigrand, sera transformée en casino-restaurant.

Après le dénombrement de nos coffres-forts, elle va procéder à celui de nos caleçons, chaussettes, chemises de nuit, etc...

Obligation pour nous d'avoir un bon de fourniture pour remplacer un costume usagé.

Le Bulletin de Lille du 24 juin comporte 45 condamnations diverses parmi lesquelles, à la charge de la maison Cornélis, 20, rue Nationale,

1º 500 marck d'amende ou 50 jours de détention, pour achat de marchandises à un militaire allemand; trafic d'argent illicite avec celui-ci et offre d'avantages spéciaux pour paiement en monnaie allemande.

2º Mille marck d'amende ou 50 jours de détention pour avoir, dans son magasin de fleurs et de victuailles, vendu à 20 francs le kilog, comme bœuf frais, de la viande de cheval payée 14 francs le kilog à l'abattoir. »

Depuis la guerre, cette maison avec ses choquants étalages de marchandises et produits de luxe, est une de celles qui attirent forcément l'attention et dont nos concitoyens sauront garder le souvenir et l'adresse.

A côté de ce tarif du « *cheval* », notons curieusement celui non moins suggestif de son cuir, sous forme de deux lourds brodequins, grossiers et informes (occasion 62 fr. 50!) en vente à l'étalage du magasin « Aux Armes de Saint-Etienne » transformé en bazar.

Je ne perdrai pas mon temps à décrire l'article injurieux que la Gazette de Cologne du 26, consacre à la population lilloise. Qu'il suffise au lecteur de savoir que cette prose émane d'un Allemand habitant la rue Inkerman, où il reçoit depuis 30 mois, dit-il, la dédaigneuse hospitalité des Lillois.

Il ajoute : « Ici, le maudit, le sale boche est et reste malgré tout, l'ennemi mortel.

« Entre nous autres, Allemands et les Français, il y a un abîme infranchissable... « Nous n'aurons pas plutôt tourné le dos à cette ville, à notre arrivée, nid de saleté, foyer permanent d'infection, que les Lillois continueront à tonner contre les Huns-Allemands et nous haïront. »

Ah! comme il est dans le vrai, ce parfait insolent! Eh! oui, sales Boches, car c'est bien le seul nom par lequel nous vous qualifions, nous ne pourrons jamais assez vous noircir, vous maudire et vous haïr.

A l'instant même, écoutez cet autre son de tambourinade :

    « Camarades!

« Je suis venu ici pour vous exprimer la reconnaissance de la « Patrie pour votre lutte héroïque, etc...

« Confiants en Dieu, etc...

« J'exprime à nos troupes concentrées, confiantes en *Dieu.* »
(Encore!)

Décidément ce mot l'obsède, le fascine et, dans son enivrant orgueil, à ça près, il signerait volontiers : « Guillaume-Dieu! » Vous avez deviné, en effet, que c'est lui qui parle ici, au front-ouest. Il est là, debout sur un canon émergeant parmi cent autres des collines de Wyttschaete et de Messines, sous lesquelles depuis 15 jours à peine 30.000 de ses nouvelles victimes sont englouties.

En tout cas ce... « Camarade », ordonnateur sans merci de la destruction du Nord, ce maroufle de la « Compagnie des *Chaudrons Réunis* », voyez-le humblement condescendre à une simple paix heureuse !

29 Juin. — Notre église Saint-Michel est accaparée de midi à quatre heures. Motif ignoré, jusqu'au moment où défilent sur des affûts à canons, les cercueils de quatre aviateurs, qu'un nombreux cortège d'officiers et de troupes accompagnent au cimetière du Sud.

Sept avions viennent planer un instant au-dessus des tombes, rendant ainsi les derniers honneurs à leurs frères d'armes.

Terminons le mois par les bonnes nouvelles que nous apporte un journal français de date récente :

Détails très judicieux et agréablement circonstanciés pour nous, de la victoire de Messines, par le colonel Feyler déjà nommé ; ovation faite par la Chambre française au généralissime américain ; affichage de l'éloquent discours prononcé par M. Viviani, au milieu des applaudissements unanimes de toute l'assemblée.

Je cite : « Ce qui a ému jusqu'au fond de l'âme le peuple d'Amérique, c'est le silence, la dignité, la tranquillité de la France dans les épreuves subies.

« J'entends encore le discours d'un vieillard qui fut longtemps à Londres ambassadeur de l'Amérique, traduire dans cette phrase synthétique, où était concentrée l'âme et toute la pensée du peuple américain : Nous vous avons toujours aimés ; après la Marne nous vous avons admirés ; depuis Verdun, nous vous respectons. »

Et le maire de New-York s'adressant à ses compatriotes leur disant : « Courbez la tête, car il y a 30 ans que la France saigne pour vous ! »

A Chicago, enfin, où oppressé par quinze mille poitrines, lorsque je clamai la restitution de l'Alsace-Lorraine, j'entendis le gouverneur de l'Etat, un fonctionnaire élu par des centaines de mille citoyens, prononcer cette seule phrase : « Jusqu'au dernier sou, jusqu'au dernier homme, jusqu'au dernier battement de cœur ! »

1er Juillet. — L'offensive russe se manifestant nettement dans les communiqués, il faut cacher cette vérité aux troupes dont la ville est archi-pleine le dimanche. La feuille se surpasse donc en nouvelles et insinuations mensongères.

Glanons y en passant (2e page, « Evénements en Grèce »), la gaffe de coutume : « Des groupes de soldats français se montrent sur l'Acropole. De petits détachements campent au « Panthéon » ?

> *Pour « Parthénon » de l'Hellade,*
> *O chroniqueur érudit,*
> *Le « Panthéon »... en ballade,*
> *Ceci par toi nous est dit.*
>
> *Tes sournoises entreprises,*
> *Deutschland, n'aboutissent à rien.*
> *La Grèce se démocratise*
> *Et prouve qu'elle finira bien.*

Du 2 au 13 Juillet. — Nos maisons sur rues et boulevards présentent un aspect lamentable. Les magnifiques plaques commerciales, nom, profession, etc., les poignées des grandes portes et même des entrées de serrure sont enlevées ou en partie arrachées ; nos boîtes aux lettres n'offrent plus qu'un trou noir béant. C'est ainsi que partout l'ignoble violation est signée par les Boches avec une *pince-monseigneur.*

Et c'est aussi, au point de vue économique, le moment le plus pénible à passer. Pour le dépeindre, disons que le kilo de certains produits évalués comme autrefois en sous, se paye aujourd'hui en francs. Ainsi, le kilo de farine qui valait 8 à 10 sous, se vend 12 francs, le sucre est passé de 14 sous à 14 francs, le riz de 12 sous à 12 francs, le café de 40 sous à 40 francs, l'œuf de cinq centimes à 1 fr. 40, etc. Et même pour celui qui peut aborder ces prix là, c'est tout un problème de combinaisons pour se procurer les marchandises.

6 Juillet. — Une satisfaction nous est procurée par le Comité d'alimentation qui va nous offrir gracieusement, à l'occasion de la fête nationale, 125 grammes de chocolat, 200 grammes de fromage, autant de confiture et trois biscuits.

Nos sincères remerciements pour chacune de ces gâteries.

Perspective plus alléchante que celle d'aller aux Halles, où, par les soins du comité, les légumes sont distribués. Là, c'est la longue et parfois vaine attente, la file, la cohue ; ce sont les bousculades, les disputes et même des bagarres. Pourtant, si nous devons acheter à la boutique d'un fruitier, il nous fera payer 80 centimes un assortiment pour pot-au-feu, que nous estimons valoir 7 centimes $\frac{1}{2}$, puisqu'il représente moins de la moitié de celui qu'on payait autrefois quinze centimes !

8 Juillet. — Les Anglais détruisent le champ d'aviation de Froyennes, frontière belge.

Voici que se succèdent trois affiches pour réquisitions des voitures et harnais, de l'aluminium et des enclumes !

Faut-il voir ici une allusion d'actualité au Reischtag, où Guillaume et son valet-servant sont sérieusement pris entre le *marteau et l'enclume !*

12 Juillet. — Par cette claire et chaude matinée d'été, les Boches s'offrent une promenade sentimentale.

Pinces en mains, ils opèrent dans nos chalets de nécessité, où ils détachent les plaques-enseignes, les robinets, les fermetures métalliques, etc...

Quant au contenu des petits tonneaux de nos édicules (seule chose que jusqu'ici ils n'ont pas emportée), nous pensons que l'enlèvement en est réservé à une *équipe d'honneur* précédée de la musique. Ajoutons que pour la circonstance, tout indiqué est le magnifique air de basse du *Chalet* : « Arrêtons-nous ici ! » ainsi que les frais couplets de soprano . « Dans ce modeste et simple asile !... »

14 Juillet. — Au temps nuageux et à la pluie du matin, succède

une après-midi doublement chaude par l'effet combiné de l'orage
et du canon au sud de Lille. Journée assez morne pourtant consacrée surtout aux commentaires des événements politiques en Allemagne.

Les « On dit » les plus variés se donnant libre cours, mettons-
nous à l'unisson.

> *On dit que chez l'ennemi,*
> *L'horizon s'est obscurci ;*
> *Que le Tchèque, sans bruit,*
> *Vers la frontière s'enfuit ;*
> *Que l'Autriche se réduit,*
> *Car la Russie l'envahit.*
>
> *On dit qu'en Allemagne faiblit*
> *Le régime le plus maudit ;*
> *Que la liberté grandit,*
> *Chez ce grand peuple asservi.*
> *Le marck en est déconfit,*
> *Hobereaux se font petits !*
>
> *On dit que dans ce conflit,*
> *Bethmann est abasòurdi.*
> *Le bluff n'étant plus de mise,*
> *Il doit boucler sa valise,*
> *Trouvant sans doute plus que drôle*
> *Cette interversion des rôles,*
> *Où c'est l'Reischstag qui prescrit*
> *Et l'emp'reur qui obéit !*

Une des opérations ,et non la moins pratique, par laquelle se tra-
duisent le banditisme et la colère des Allemands, est la rançon de
nos malheureuses villes. L'extrait suivant d'une nouvelle protestation indignée de M. le Maire de Lille en donne une idée :

> *« A Son Excellence le Gouverneur de la Ville de Lille,*
> *Von Graëvenitz,*

« J'ai reçu votre lettre du 4 courant dont le contenu m'a causé
une profonde stupéfaction. A peine venons-nous de vous verser le
solde d'un impôt forcé de 34 millions, que vous nous réclamez le
versement d'une nouvelle somme de 33 millions.

« Pendant cette troisième année, où la ville est dans la plus extrême détresse, que son commerce est anéanti, ses magasins fermés, ses industries détruites, vous doublez le tribut des années précédentes et élevez la somme à 60 millions. De pareilles exigences sans cesse croissantes sont aussi exhorbitantes qu'injustifiées et contraires, etc...

« Pour finir, vous nous menacez des sanctions les plus rigoureuses en cas de résistance à vos volontés et notamment d'une amende de plus d'un million par jour de retard. S'il n'y avait en péril que ma personnalité et celle de quelques notabilités, je n'hésiterais pas à répondre par un refus formel à des exigences qui m'apparaissent comme un abus de la force et une violation du droit. Mais il y a en jeu le sort d'une population anémiée par trois années de souffrances que je ne me sens pas le courage d'exposer à de nouvelles rigueurs. En conséquence, je viens vous déclarer que la ville de Lille, courbée sous l'oppression, isolée du monde extérieur, payera la nouvelle contribution aux dates fixées, mais qu'elle payera le couteau sous la gorge.

« Le Maire de Lille,

« Signé : Ch. DELESALLE. »

Partout aux alentours de la ville, les Allemands, seuls dehors la nuit, dévalisent les basses-cours, volent les légumes des jardins et des champs, ce qui motive des plaintes aux kommandanturs. Or, celles-ci qui n'ignorent pas ce qui se passe, accusent purement et simplement la population et la punissent par surcroît.

Du 15 au 31 JUILLET. — Départ de diverses organisations militaires. Trois officiers, ingénieurs des chemins de fer, mes voisins depuis 32 mois, partent en recul sur Ath (Belgique).

Par affiche, de nouvelles recommandations sont faites au sujet de messages lancés par aéros ou trouvés sur des pigeons voyageurs, quelle que soit leur origine, France, Angleterre ou Allemagne, car les Boches eux-mêmes nous avertissent qu'ils en lâcheront en pays occupé.

Notre attente des débuts au Reichstag du nouveau chancelier, n'est pas de longue durée.

Le journal du 21 nous permet d'analyser sommairement sa terne harangue :

« *Messieurs*,

« Je suis ici par ordre de l'empereur (on s'en doute bien un peu) et par les temps les plus graves, on a imposé un fardeau écrasant sur mes épaules.

« En fait de politique, laissez-moi tout d'abord vous dire que les blés et toutes nos céréales...

Voix à gauche. — Vous oubliez que vous n'êtes plus ici au ravitaillement !...

« Seront d'un rendement meilleur que celui que nous étions en droit d'espérer. Nous avons aussi les moissons de la Roumanie et celles des pays occupés. Les épis sont courts, mais...

Nouvelle et brusque interruption. — Parlez donc comme chancelier ! (Mouvement d'attention.)

« Partisan des bases constitutionnelles de l'Empire, je serai le fidèle gardien des traditions et des frontières. Je ne suis point d'avis de me laisser arracher les rênes des mains. (Elles tomberont bien d'elles-mêmes et sans tarder !) L'Allemagne ne peut a nouveau demander la paix, car la main qui s'est tendue pour offrir le laurier...

Une voix. — Lequel ? celui du pot-au-feu ?...

« Le laurier de paix, n'a rencontré que le vide. »

Après ce préambule, l'orateur estime le moment venu de sortir le boniment préparé du percement du front russe, mais nous sommes rassurés pour nos alliés, car la percée est faite par un télégramme de commande et non par des *mitrailleuses !*

Il continue : « Les offensives anglaise, française, italienne et russe ont échoué ; l'Amérique sera vaincue avant d'avoir pu arriver en France, faute de tonnage ; le Turc qui sommeille va se réveiller ; quant aux sous-marins, ils s'accroissent chaque jour ! » (En effet, mais au fond des mers.)

En résumé, une Allemagne mise à l'abri de l'isolement économique (elle n'échappera pas à la ligue offensive), purifiée moralement (elle en a sérieusement besoin), puissante (elle l'aura été), craignant Dieu ! (ses innombrables crimes lui en font un impérieux devoir) Telle est la nation que le chancelier semble chercher timidement, comme à tâtons, mais qu'il ne trouvera plus.

Il est à remarquer qu'il ne se trouvait sur la tribune aucun télégramme pour annoncer le sort des vaisseaux marchands coulés ou capturés à la côte hollandaise. De la part de ce chancelier, *ravitailleur à outrance,* je crois moins à un oubli qu'à une... carotte ! Quoi qu'il en soit, nous partageons l'avis du premier ministre anglais qui, en disséquant ce discours, le réfute point par point avec une plaisante ironie et conclut : « Chancelier allemand, vous ne connaissez pas mieux l'Amérique que cette autre nation qui chaque jour vous montre sa *misérable petite armée !* Dans peu de temps vous et vos hobereaux irez rejoindre Bethmann et ses *chiffons de papier*.

L'Allemagne n'a plus de cuirs. Et voici que tout aussitôt la *Gazette de Cologne* (plus sévère que sérieuse), prend fait et cause pour les... va-nu-pieds.

Je cite : « En somme, pourquoi porter des chaussures ? Tous les enfants ne devraient-ils pas aller pieds nus ? Tout le monde doit aujourd'hui adopter cette mesure par devoir patriotique. On s'y habituera très vite et la mode en sera « Select ». Il n'y a d'ailleurs que les pieds difformes qu'on a intérêt à cacher.

« Pourquoi nos femmes allemandes n'exhiberaient-elles pas leurs jolis pieds ? »

Nous pouffons de rire, nous qui sommes fixés sur ce qu'il y a de joli au-delà du Rhin dans le genre de beauté en question.

Depuis trois ans, sans contredit,
Assez vu les pieds mignons.
Quand des bottes ils sont sortis,
C'est la fuite que nous prenons.

25 Juillet. — Dans la matinée, les canons de défense de Wasquehal touchent un avion des alliés. Les occupants, un Français et un Anglais, sont morts.

26 et 27 Juillet. — Des défections partielles sur le front russe permettent aux Allemands de reprendre plusieurs villes de la Galicie. Le fait, pour grave qu'il est, ne doit pourtant pas nous émouvoir outre mesure.

Quand un succès passager, comme celui-là est dû à la propagande chèrement payée, à l'espionnage et à la trahison, mieux vaut le laisser dans l'ombre.

Fin juillet, les troupes russes réopposent déjà une forte résistance aux poussées allemandes. Leur grand chef Kérenski, l'homme au bras gangréné (aurait-il par malheur touché un boche ?) celui qui devait mourir fin juillet, est de nouveau mortellement blessé. C'est publié par le rageur journal qui sait tout, prévoit tout, invente tout, repousse tout, tronque tout et ment surtout.

J'avoue qu'on ne peut décemment pas lui demander l'apologie du Siam.

Un Etat de plus à tes trousses, nation prussienne, réprouvée de temps immémorial ! Je le rappellerai historiquement.

En l'an 1206, époque guerrière entre toutes, où l'empereur Barberousse luttait contre Innocent III, la guerre se déroulait dans le sud de l'Italie.

Un grand capitaine, Gauthier de Brienne, à qui fut confiée la bannière des armées du pape, vainquit à Barletta, à Capoue, les Allemands qui, les historiens de ce temps l'affirmaient déjà, étaient alors universellement *détestés*.

A ce point même, qu'en Sicile, le mot Allemand était devenu synonyme de *lourd, maladroit, grossier.*

Les gentilshommes français parcouraient la Lombardie, chantant des satires contre les Huns, dignes ancêtres de ceux d'aujourd'hui.

Un de nos troubadours, Peire Vidal, disait : « Je ne voudrais à aucun prix être gentilhomme de Frise, car la langue qu'on y parle est un *aboiement* plutôt qu'un langage humain ! »

Cela est si vrai qu'aujourd'hui, ici même, quand ces hommes se récréent, s'amusent, une de leurs distractions favorites consiste à imiter le chant des oiseaux et surtout le cri des animaux qu'ils imitent avec une facilité étonnante de naturel.

Des goûts, des couleurs, du langage et même de ses dérivés, ne discutons pas. Citons simplement ce passage de la correspondance d'un Allemand, Henri Haine (Mag. Pittoresque, 1894).

Parlant de la beauté d'une langue qui, certes, n'était pas celle de son pays, il disait avec enthousiasme : « O parfum de la politesse française, délicieuse comme la saveur de l'ananas, comme tu as fait du bien à mon âme qui a été saturée en Allemagne, de fumée de tabac, d'odeur de choucroute et de grossièretés !

« Mais, indépendamment de la politesse, le langage du peuple français a pour moi, je ne sais quel cachet de distinction : Telle dame de la Halle, parle mieux qu'une *chanoinesse allemande fière de ses soixante-quatre aïeux !* »

Du 1ᵉʳ au 15 Aout. — Victoire franco-anglaise sur le front de l'Yser où, depuis dix jours, pas un instant, la formidable canonnade n'a cessé, où tout tremble sous les innombrables pièces de gros calibre qui sans trêve, lancent au ciel leurs lueurs de flammes.

Pour masquer le lamentable communiqué allemand de ce jour, deux proclamations amphigouriques du kaiser entrelardent la pre-

mière page du *Bruxellois* avec cette aberration finale, vieux jeu :
« Nous vaincrons, le Seigneur Dieu sera avec nous ! »

Ce que j'en pense *imo pectore*, c'est qu'au moment même où Guillaume, impuissant, implore la Toute-Puissance, la bataille de l'Yser, — ironie persistante du sort, — inflige un démenti catégorique à l'obsédante assertion du vantard impérial.

Malgré cela, la comédie se poursuit par ce dialogue :

L'Empereur. — Chancelier, rédigez d'urgence un télégramme de félicitations à l'adresse de Rupprecht, sans omettre d'y faire ressortir le *doigt de Dieu !*

Le Chancelier. — Je crains de m'être mal fait comprendre de vous, Sire, car en Flandre, c'est une défaite pour nous ; l'ennemi a avancé de quatre kilomètres, enfonçant nos lignes, prenant dix villages, faisant 6.000 prisonniers, etc...

'L*Empereur*. — Je ne le sais que trop, mais plus terrible est le coup qui nous frappe, plus *Kolossal* doit être le « bluff » qui le transforme en succès.

Le Chancelier. — Sire, voici le télégramme, mais permettez-moi d'ajouter qu'en cette affaire, c'est plus que le *doigt* de Dieu que j'aperçois, c'est son *bras* tout entier, lequel... s'appesantit sur nous...

L'Empereur. — Vous êtes novice dans ma maison et dans mon entourage, c'est là votre excuse. Quand vous nous connaîtrez mieux, vous comprendrez que si Dieu est notre ennemi, il sera terrassé comme les autres !!

Le Chancelier (à part). — C'est égal, moi qui suis déjà d'une certaine force en fourberie (du haut de la tribune française, M. Ribot, me comparant au plus fameux de mes prédécesseurs, falsificateur de la dépêche d'Ems, ne me l'a point caché), j'avoue qu'auprès de Traîne-Epée, prince du Mensonge, je ne suis qu'un modeste élève. Mais petit « Michel » deviendra grand, si Reichstag lui prête vie !

8 Aout. — Pendant que les hommes d'Etat sont en conférence, que les diplomates travaillent aux rapports internationaux, que les Chambres, en des séances qualifiées secrètes et qui ne le sont pas toujours assez, discutent sur les buts de guerre, les effets des alliances, etc., il est une chose certaine, c'est que les armées ennemies continuent leur marche en avant sur le front Est (Galicie et Bukovine).

Il est non moins évident aussi que la population de nos grandes villes occupées, ravitaillée à grand renfort de légumes aqueux, meure de faim.

La tête martelée par le canon sous toutes ses formes, exercices, essais, feux d'aéros, tirs de défense sur nos remparts, jusqu'au formidable feu roulant du front, et, pour intermèdes, bruit de tonnerre et orage : telle est l'atmosphère de vie dans laquelle nous végétons, privés de nourriture, de sommeil, épuisés, brisés de fatigue morale et physique.

9 Aout. — Après les pieds nus, apprêtons-nous à voir les oreilles des allemandes dépouillées de leurs boucles. Ces bijoux, ainsi que nos cuivres français volés doivent, paraît-il, aller se rejoindre sur l'autel de la Patrie !

Moi je penche plutôt pour l'hôtel des ventes de Berlin !

Et, ce qui est étrangement paradoxal, c'est que, pour la suppression de cet ornement inutile aux oreilles (mais combien précieux pour le Trésor), les Allemands invoquent précisément la meilleure raison pour laquelle ils devraient le conserver, à savoir que c'est un reste de *barbarie* !

A l'heure où j'écris, en voici de la plus moderne. Une affiche nous enjoint d'avoir à déclarer nos poulets, poules et poussins et à indiquer le nombre de nos pondeuses.

Vous voyez d'ici l'arrachement de plumes que va provoquer cet ordre inique.

Les Boches s'évertuent à chanter depuis quelques matins. Cet indice nous trompe rarement et nous supputons déjà le front sur lequel ils ont reçu une volée.

Les cloches de nos églises intra-muros sont réduites en morceaux et enlevées. A Saint-Martin d'Esquermes, à Saint-Pierre-Saint-Paul, à Vauban c'est terminé. Dans nos grandes usines, c'est non seulement le riche matériel qui a disparu, mais aussi les coûteuses installations, soubassements, sommiers, poutres, vitrerie, etc... Ce qui ne peut être emporté est brisé ou faussé, de façon à être mis hors d'usage.

La marche des Anglais progresse sur Roulers et Courtrai.

A Roubaix, en pleine nuit, au coin de la rue de l'Alma, quatre maisons s'effondrent sous un projectile dont la provenance, en dépit des affiches tendancieuses, ne fait pas de doute dans l'esprit des habitants. Il y a neuf morts et des blessés.

Dans la nuit du 13 au 14, même exploit ici. Rue des Jardins, l'hôtel de l'Académie est atteint, les dégâts sont considérables et l'aspect en est lamentable.

Le pillage est poussé jusqu'au raffinement et voici que nos appareils fixes, nos lustres à gaz, installations de chauffe-bains et accessoires nous sont enlevés.

Le luxueux café Bellevue, où partout on se mirait dans le cuivre, est mis à nu ; c'est d'un effet saisissant.

Le cardinal Mercier vient de commettre un nouveau méfait, un crime de *lèse-Boches*. Prêchant à Sainte-Gudule à Bruxelles, il a pris pour titre de son sermon : « Jérusalem est devenue l'habitation de l'étranger ; ses jours de joie se sont changés en jours de deuil. »

Le feu roulant des paroles de l'éminent prélat Malinois, est chèrement tarifé. Les Allemands frappent la ville d'une amende minima d'un million de marcks !

Ils n'ont garde de laisser échapper cette superbe occasion qui leur est offerte de combler la caisse vide, de redorer le casque de Guillaume et même de lui ressemeler ses bottes !

Pour qualifier ce procédé habituel, nous n'avons qu'un terme et c'est précisément le mot : inqualifiable !

Dans la nuit du 16 au 17, nouveau bilan de morts violentes. A St-Martin, rue à Claques (elle aura au moins une fois justifié son nom), un claquement formidable causé par l'explosion d'un obus des canons de défense, effondre une maison. Sous ses décombres, on retire deux personnes tuées et plusieurs autres blessées.

Du 17 au 25 Aout. — Dans les églises Saint-Michel et du Sacré-Cœur, ce ne sont pas les chalumeaux liturgiques d'autrefois qui font leur apparition, mais bien les chalumeaux oxydriques avec lesquels nos vandales scient les cloches pour les emporter. L'heure ne sonnera plus aux horloges de nos tours.

Dans la population, parmi les enfants de 14 à 15 ans et les hommes de 58 à 62 ans, un millier sont convoqués.

Chaque soir nous voyons des canons démolis ramenés du front et d'autres y repartir.

La presse boche s'empêtre dans une avalanche de démissions, qui visent aussi bien les chefs d'Etat que les humbles fonctionnaires alliés.

Elle en tient toujours en réserve d'aussi imprévues qu'improbables et nous les sert tour à tour.

Ces insidieuses annonces figurent au milieu des articles et des commentaires variés sur la conférence de Stockholm, laquelle pâlit aujourd'hui auprès de ce nouveau cri du jour : « Médiation du pape pour la paix ! »

Ne nous attardons pas à l'éphémère histoire de paix *sollicitée* par l'Allemagne, *convoyée* par Vienne et *expédiée* par Rome-Vatican. Elle se perd en fumée.

En Belgique, les Anglais s'emparent de Langemarck. Devant Verdun, les Français prennent une crête à l'est de la Meuse. Bagatelle que cela ! C'est une position abandonnée depuis des mois et que les troupes alliées viennent occuper sans combattre !

Ainsi va la continuelle litanie, clôturée par des adresses de félicitations toujours prêtes à aveugler le peuple germain.

> *Le ciel à Guillaume étant inclément,*
> *Ce Teuton traqué, ce royal dément*
> *Décontenancé et ivre de rage,*
> *A ce double échec, voulant rendre hommage*
> *Fort embarrassé, honteux et confus*
> *De faux télégrammes ne se prive plus !*

Un adjoint, M. Rémy, est emmené en Allemagne où il fera deux mois de détention : A refusé catégoriquement aux Allemands de fournir des hommes et du matériel pour l'emballage et l'enlèvement des œuvres de notre palais des Beaux-Arts.

22 Aout. — Après les nuits affreusement inquiétantes, voici l'aube matinale qui, en nous tirant d'un cauchemar, nous rejette dans un autre.

On sonne et j'entends annoncer : « Deuxième visite pour les cuivres ! » A peine ma porte est-elle ouverte, que quatre opérateurs, de ceux qui prononcent *quifre* se ruent dans mon couloir. Le premier coupe le cordon de sonnette et en détache la boucle en cuivre qui vaut bien deux sous ; le deuxième réduit mon porte-manteau à l'état de planche lisse, pendant que deux autres inspectent les chambres, les armoires, la cuisine, les caves, les bureaux, archives, etc., frappant du marteau sur les caisses, les conduites d'égout, contre les cloisons et les murs. Des ustensiles de cuisine que la première équipe avait laissés, me sont enlevés par celle-ci. Enfin, deux chevaliers de la tenaille s'attaquent à mon lit tout rutilant de cuivre et, en cinq minutes, me le transforment en un article dénudé de bric-à-brac quelconque. J'ai de la peine à garder mon sang-froid. Chaque coup de cisaille augmente ma nervosité qui est prête à

me trahir, surtout quand les affreuses bottes éculées (bottes de
3ᵉ année !) frôlent ou heurtent en certains endroits...

Bref, après un coup d'œil jeté dans une armoire à linge ouverte,
d'où l'un des fouilleurs subtilise d'une main experte *une chemise
de femme*, la visite prend fin et l'équipe passe chez le voisin.

Nous voici en présence du discours annoncé du chancelier. Nous
y cherchons en vain une réponse nette à la note du pape et nous
n'y rencontrons que feintes.

Retenons donc simplement du discours, cet aveu dénué d'artifice
autant que de rhétorique : « *En ce moment ,il n'y a qu'une chose
possible pour nous, défendre notre peau !* »

C'est parfait. Et la dépêche d'Hindenburg n'empêchera pas que
cette peau, si horriblement balafrée déjà, ne soit sérieusement
tannée !

Voici comment, d'après le *Bruxellois* (22 et 23 août), s'exprime
la presse viennoise, digne sœur cadette de celle de Berlin : « La
bataille de l'Isonzo poursuit son cours à notre avantage. Nous
avons lieu d'être pleinement satisfaits de la tournure des événements. »

Cette lecture nous est fournie au moment même où nous puisons
à bonne source le résultat tangible de cette *tournure des événements !*

Depuis trois ans, nous voyons réimprimer ces expressions : positions imprenables ; retrait stratégique ; évacuation méthodique ;
situation nettement favorable ; succès décisif !

Et voilà plus d'une année que cet ennemi invincible, sûr de
vaincre, victorieux à tout prix, implore une paix sans annexion
ni indemnités et accepte même la formule : *Paix sans victoire !*

Quelle modestie ! quel noble désintéressement !

Nous n'imiterons pas l'exemple de l'*apprenti homme d'Etat de
Berlin* qui, l'oreille basse ,est contraint de venir réfuter, après son
déjeuner, le langage qu'il a tenu deux heures auparavant.

Dans ses commentaires et sa critique peu tendre, le *Berliner
Tageblatt* du jour nous indique combien pénibles ont dû être la
digestion d'abord, la rétractation ensuite.

Or, c'est dans le vide que prêchent l'ardent et talentueux polé-
miste Marc de Salm (un réapparu !) et ce fougueux chroniqueur,
qui hume (ce verbe doit lui plaire), si fortement l'odeur de paix,
qu'il nous incite à attribuer à son pseudonyme d'Humanus, toute
sa saveur boche !

1er au 10 Septembre. — Le ravitaillement en légumes bat son plein et les halles regorgent de tomates, de haricots énormes et de choux monstrueux. Il nous en est attribué un du poids de 8 kil. 860. Nous lui réservons la première place dans le tonneau à choucroute, car c'est le moment où, avec du mauvais sel, on prépare des conserves pour l'hiver. Partout on se perfectionne aussi dans la confection de chaussures en étoffe, avec semelles de ficelles ou de bois.

La ration de pain est légèrement modifiée, en ce sens qu'un pain de froment alterne, une fois la semaine, avec celui de seigle et que le biscuit se paye.

La ville n'a plus assez de chevaux pour assurer les services de voirie, ravitaillement, pompes funèbres et vidanges. Actuellement, près de 900 fosses sont à vider.

Nous avons le vif plaisir de lire la réponse des Etats-Unis à la note de Rome. Nous espérions beaucoup du président Wilson ; nous ne sommes pas déçus.

La superbe page d'histoire avec laquelle il foudroie moralement l'Allemagne, aura de retentissants effets.

Nous en avons une première preuve dans les grossières injures que vomit le *Bruxellois* du 2 septembre, en la commentant.

La colère de cet acolyte du journal est d'autant plus significative qu'il se voit forcé de conclure à la façon du renard de la fable : «Ils sont trop verts et bon pour... » Et il peut hardiment ajouter : « Le goujat, c'est moi ! »

5 Septembre. — Aujourd'hui, il faut que nous laissions à l'ennemi le soin de fêter Riga.

Une victoire, çà ? Ah ! certes, non, tout au plus un succès militaire facile et du genre de ceux auxquels peut encore prétendre un ennemi qui ne se risque plus que contre des troupes qui ne veulent plus combattre, ni même se défendre.

Fi de pareils exploits !

Aussi, comme cri de triomphe, en sommes-nous quittes pour deux télégrammes lancés par l'homme de Berlin et pour une proclamation dans laquelle, à l'instar du chancelier et avec la même expression vulgaire, il parle également de défendre sa peau !

Ajoutons-y un article sur Riga, extrait du «Larousse », signé Marc de Salm et nous aurons résumé le quotidien du 10 septembre.

Pour nous ménager une diversion intéressante, nous voulons avoir sous les yeux l'aspect d'un bois dévasté et saccagé par les Allemands. A cet effet, nous allons visiter ce qui fut autrefois la forêt entourant le château du comte de Montalembert, à Annappes.

Tous les plus gros arbres, y compris ceux de nombreuses et longues avenues, ont été sciés à un mètre du sol ; il ne reste plus que les milliers de troncs qui ressemblent à des pions rangés sur l'immense échiquier de la forêt. Seuls, quelques arbres rabougris, tordus ou rachitiques, sont debout, projetant leur maigre silhouette au milieu de ce désert balayé par le plus terrible cyclone qui fut jamais : la hâche allemande !

Le spectacle est à la fois lamentable, mais curieusement pittoresque dans sa réalité.

Toute la population des villages voisins, privée de charbon, est occupée à tailler, à émonder, à ramasser ce qui peut être utilisé comme combustible. C'est à travers champs, une procession ininterrompue de centaines de campagnards, pliant sous le poids d'énormes tronches, branches, fagots, écorces, etc...

Le beau pavillon de chasse construit au rond-point central ressemble à un chalet incendié.

En bordure, c'est le grand établissement des Frères et le Séminaire qui servent d'asile aux dévastateurs.

Les uns sont là, au repos, mollement étendus sur la mousse du parc, pendant que d'autres s'exercent à la mitrailleuse sur la lisière du bois.

Il est midi. De petits tourbillons de fumée s'élèvent et sortent çà et là des taillis. Ce sont des feux allumés entre quatre briques, au pied d'un tronc d'arbre du mur de clôture et sur lesquels, en quelques minutes, les soldats chauffent leur soupe. Sommaire installation et plus sommaire pitance encore ! Nous sommes en plein voisinage des camps d'aviation de Wasquehal et d'Ascq où, jour et nuit, les attaques par aéros endeuillent la population rurale.

Hier encore, sous les décombres de deux maisons effondrées à Ascq, on retrouve, littéralement écartelés, deux cadavres, la mère et la fille.

En jetant un coup d'œil sur l'amusant quotidien des 11 et 12 courant, nous sommes pris d'un fou rire, comme d'autres éprouveraient une attaque de nerfs.

1° Front de Macédoine : « Nos troupes se retirent sur des positions *préparées d'avance !* » Inusable cliché.

2° L'Angleterre désire et demande la paix !

C'est Lloyd George, premier ministre qui, dans un cri d'*angoisse* le laisse entendre.

On rit aux larmes quand on pense que le moment choisi pour lancer ce canard, est celui où depuis plus de 100 heures consécutives, sans une minute d'interruption, les canons anglais faisant rage sur le double front d'Artois et des Flandres, se chargent de dissiper pour nous toute *angoisse !*

Pleinement rassurés, nous le sommes aussi par des journaux français, lesquels, trop rarement à notre avis, glissent d'un aéroplane pour nous dévoiler ce qu'on nous cache le plus : *les bonnes nouvelles de France.*

3° En Flandre : « Si la situation est un peu colorée, il n'en ressort pas moins qu'à la route Cambrai-Arras, les Anglais ont été *repoussés* et qu'ils ont prononcé sur Lens une *poussée* qui a été *repoussée !* » (sic)

Allons, crieurs, annoncez :

> *Voilà le journal*
> *Pour l'usage intime,*
> *Repousseur central*
> *Vendu cinq centimes !*

A partir du 15 courant, on a le droit de cueillir, en petite quantité, de l'herbe à l'intérieur des remparts.

Je puis me tromper, mais derrière ces lignes anodines, je vois déjà poindre, avec l'oreille des lapins, celle du Boche tout prêt à les réquisitionner.

16 SEPTEMBRE. — L'Epicerie Parisienne, Grand'Place, est accaparée par le capitaine allemand Himmel, qui y fait installer sa grande librairie-papeterie. Ce balafré, ignoble chef de l'espionnage, est le grand *manitou* de nos trains d'évacuation.

A 6 heures du soir, comme chaque dimanche d'ailleurs, voici, vers la gare, l'exode des prisonniers civils qui, sac au dos, avec brassard rouge ou blanc, leur permission de 24 heures expirée, s'en retournent par force travailler avec l'ennemi.

Nous sommes à la veille de la réquisition des laines. Les Boches n'ont plus de vêtements. La chasse à nos matelas est donc virtuellement ouverte et déjà de tous côtés, fuit inutilement ce gibier laineux.

A Templemars, tous les habitants sont requis de couper et d'apporter à la kommandantur un kilo d'orties sèches.

> *Si tous ces fibres textiles,*
> *Au nez du fou commandant,*
> *Etaient frottés à la file*
> *Le mal ne serait pas grand.*
> *Mais chaque poil urticant*
> *Que cet ogre fait cueillir,*
> *A ses loqueteux croquants,*
> *De culotte va servir !*

A l'usine de Fives, un pan de mur ébranlé s'abat sur les démolisseurs. Huit Allemands et quelques malheureux prisonniers russes trouvent la mort. Pour ces derniers, c'est une délivrance, car ces hommes maltraités et affamés sont astreints au dur et déprimant labeur de la destruction commandée.

Ce 21 septembre, dans l'après-midi, à deux pas de la ville, sur la promenade, dite du bois de Boulogne, quatre hommes sont atteints par les éclats d'un projectile qui tombe à leur côté.

L'un d'eux, M. Cappart, professeur à l'Ecole Supérieure de Commerce, mon ami personnel, un familier des réunions de notre société, est mortellement blessé. On le transporte à Saint-Camille, où il expire à 9 h. 30 du soir. C'est un deuil affligeant pour nous tous.

23 SEPTEMBRE. — Si vous avez le courage de lire cent lignes dans lesquelles vous ne rencontrerez aucun sens défini, aucune idée précise, aucune décision nette, parcourez aujourd'hui le long et banal accusé de réception, qu'est la réponse de l'Allemagne à la Curie Romaine. -

Réponse évasive dont le vague est délayé dans des phrases interminables et où, finalement, à bout d'haleine, on perd de vue sujet, verbe et complément, pour aboutir au... néant !

Passons à celle de l'Autriche. De prime abord elle cause une impression meilleure, mais, en réalité, bien que plus onctueuse de ton et de forme, elle ne diffère en rien, quant au fond. Ce sont là des phrases mielleuses, imprécises, s'ajoutant à cent autres incompréhensibles, pour former une seule et même trame *hypocritement inintelligible !*

Une affiche demande des couturières et des blanchisseuses à trois francs par jour. Renfort pour hôpitaux, pensons-nous.

Fin septembre, la République Argentine s'ajoute aux nations en rupture avec la pieuvre allemande. Costa-Rica, l'Uruguay, le Pérou et avant peu sans doute, toute la fédération sud-américaine, d'un même élan, se dressera pour saisir les dernières tentacules encore libres du monstre sous-marin.

Du 1ᵉʳ au 10 Octobre. — La cherté des vivres n'a d'égale que la rareté du combustible. Ainsi, les prix du beurre, du cacao et du café varient entre 45 et 60 francs le kilo ; le pain de blé vaut 6 fr. 50 la livre etle reste est à l'avenant. Une bougie se vend 3 francs et la petite boîte d'amidon que le Comité nous cède à 0 fr. 25, sa valeur réelle, se revend 5 francs aux étalages et sur les marchés. Le tabac mélangé de feuilles de rhubarbe séchées est par sa qualité et son prix de nature à rebuter le plus invétéré fumeur. Le moindre cigare se paye 45 à 75 centimes. En dehors des insuffisantes rations de 360 grammes de pain de seigle par jour et de 200 grammes de viande salée ou de lard par quinzaine, nous n'avons plus aucun des principaux produits suivants : Viande fraîche, lait, beurre, œufs, café, farine, haricots, pommes de terre.

Je viens au devant de votre point d'interrogation et je vous déclare que, pour le moment, nous vivons exclusivement de tomates, de carottes et de choux.

Ainsi, à midi, chou *rouge*, carottes *blanches* et tomates *vertes* ; le soir, chou *blanc*, carottes *vertes* et tomates *rouges*.

Demain notre menu restera le même, les couleurs seules étant interchangeables à notre gré. N'omettons rien et disons que ce régime aqueux nous met dans la nécessité, pour être en règle avec les exigences de notre vessie, de doubler nos... nécessaires de nuit !

En résumé, le plus clair pour nous, c'est qu'à la veille de l'hiver, les trois principaux caloriques nous font défaut : le ravitaillement plus substantiel, le chauffage et la literie dont, suprême ignominie, les ennemis nous dépouillent à cette heure ! Nous subissons le joug d'une oppression imposée par la triple force militaire, morale et économique.

A l'instant, le *Bulletin de Lille*, nᵒ 304, nous en fournit la triste preuve. Dans une lettre, M. le Maire de Lille, après avoir dépeint les souffrances, les maladies et la mortalité qui déciment une population anémiée par un régime de famine trop prolongé, implore le secours des mandataires du Nord auprès du haut comité de ravitaillement, C. R. N. F. Nous ne sommes pas sans appréhension devant ce navrant et public cri d'angoisse.

Les Anglais prennent d'importantes positions sur le front Ypres-Menin et avancent méthodiquement de deux kilomètres.

Encore un succès à l'actif des Allemands !

Comment cela ? C'est bien simple.

Remarquez que les Boches assignent invariablement et après coup, un objectif qu'ils fixent à 5 ou 10 kilomètres au-delà du point où leur adversaire s'est arrêté.

Ainsi, quand les Anglais prirent Zonnebeke, ce fut un échec, car ils ne parvinrent pas jusqu'à Roulers ; quand ils furent à Roulers, échec encore, ils n'atteignirent pas Courtrai. Mais alors, quand ils auront Courtrai ? défaite toujours, vous dis-je, car le but à atteindre sera vraisemblablement Bruxelles, Cologne ou... la lune !

Depuis trente mois, nous sommes saturés de ces grotesques comptes-rendus stéréotypés dans le *Bruxellois*.

D'ailleurs, plus les artilleurs de plume de ce journal s'acharnent après les ministres de l'Entente, qu'ils attaquent injurieusement dans chaque édition, plus haute est l'idée, plus grande est la valeur que nous attribuons aux hommes d'Etat qui se nomment : Wilson, Ribot, Briand, Viviani, Lloyd George, Asquith, Churchill, Bonar Law, Carson, etc., pour ne citer que ceux vus à l'œuvre sous le fardeau gouvernemental en ces terribles moments.

L'avance des Anglais en Flandre fait du bruit.

Le chant des troupes sur toute la ligne, ce 10 octobre, 3e anniversaire de la prise de Lille, est impuissant à réagir. Comme diversion, quelques bombes sur Dunkerque détourneront mieux l'attention. Et voici à l'instant la ville en flammes, atteinte partout, dans son port et jusque dans ses immenses bassins. Ne cherchez plus la patrie de Jean Bart, elle a disparu, il n'en reste rien, pas même un approvisionnement pouvant éviter aux Anglais d'aller ce soir... souper à Douvres ! Racontars exagérés du *Bruxellois* des 5 et 8 octobre.

Du 11 au 20 Octobre. — Déplacement considérable de troupes qui font halte sur nos places publiques et y stationnent sous la pluie dans un état de délabrement peu ordinaire.

Le temps n'est plus où l'on voyait trois chevaux attelés à une petite voiture ; à présent, il y a trois voitures remorquées par un seul cheval. Après avoir transformé la riche région du nord en un amas de ruines et en avoir tout emporté les richesses, quelle amère déception pour les Boches d'y afficher en ce moment leur usure, leur dénûment et demain, leur défaite !

13 Octobre. — Scène du jour prise sur le vif. Au 239, rue Gambetta, on voit à l'étalage d'appétissants petits pains blancs (200 gr., 3 fr. 25) et du pâté très noir à 7 francs la livre. Bientôt trente personnes, les unes se tâtant le gousset, les autres le ventre, se bousculent devant cet étalage et se livrent aux réflexions les plus diverses.

Il est dix heures, lorsque deux clientes (apparemment des trafiquantes de ravitaillement venues du dehors), entrent et se font servir chacune un pain fourré d'un quart de pâté (5 fr. pièce).

Ceci en dit long sur le prix auquel ces paysannes ont écoulé leurs denrées !

Affiches du jour : 1º Une revue d'appel ; 2º Des conférences allemandes qui dureront du 14 octobre au 14 novembre. On chuchotte qu'elles ont pour but de préparer les soldats au krach final. Beaucoup ne mordront plus à ce bluff ridicule essayant de prouver qu'un vaincu est un vainqueur ! 3º Consignation de toutes nos laines, avec ordre de vider nos matelas, traversins, coussins, etc., en vue d'un prompt enlèvement. Comme d'habitude, menaces de perquisitions et, le cas échéant, de punitions rigoureuses.

18 Octobre. — La nouvelle d'un raid accompli par onze zeppelins qui sont venus bombarder des villes anglaises circule à cette heure. Le retour de cinq d'entre eux, égarés par le brouillard et venant échouer en territoire français, constitue une prompte et inespérée revanche pour nos voisins d'Outre-Manche.

Quant au sixième, faisant route de Manchester sur Berlin et venant survoler Lyon (en guise d'escale) pour atterrir piteusement vers Sisteron, il a fort amusé la galerie.

Voilà certes une *prouesse* bien digne de figurer en tête du premier numéro à *deux sous* du *Bruxellois*, annoncé pour novembre. Toutefois, nous pensons que ce tarif nouveau fera fiasco. J'emploie le terme appliqué par la *Gazette de Cologne* au voyage des zeppelins.

Dans le voisinage du faubourg du Sud, deux jeunes aviateurs anglais, obligés d'atterrir, ont le temps d'incendier leur appareil avant d'être faits prisonniers. Moins chanceux est un officier aviateur français, dont l'appareil désemparé descend à faible hauteur et tombe sous les projectiles allemands. Cet officier a la jambe broyée et succombe le jour même.

Fin Octobre. — Le chancelier d'*occasion*, dont nous avions prédit et annoncé le règne éphémère, opère sa culbute. Il pourrait être affecté à la réception de nos matelas, actuellement en partance pour l'Allemagne. (Via pendules, bronzes d'art et Cie.)

Octobre disparaît dans le fracas formidable et ininterrompu des canons anglais d'Ypres à la mer.

1er NOVEMBRE. — Jour de Toussaint de la quatrième année de captivité. Le temps est beau et tout le monde se dirige vers le cimetière du Sud où il est permis de faire une courte visite. En ce jour de deuil, nous n'avons plus une seule cloche qui puisse mêler sa voix plaintive au souvenir si cher de nos glorieux morts.

Le monument funéraire érigé par les Allemands est terminé ; il a été inauguré le 28 octobre. A cette cérémonie, M. le Maire de Lille a prononcé l'allocution suivante :

« Monsieur le Général,

« Les murs de cette enceinte sont depuis trois ans battus du bruit du canon et du fracas de la mitraille et pourtant, dès qu'on en a franchi le seuil, tout cri de haine s'étouffe, toute clameur de lutte s'éteint.

« Sous cette terre que le prêtre a bénie, sont couchés de vaillants fils de France tombés pour la défense de leur sol et vers lesquels se tourne mon souvenir le plus ému. A quelques pas d'eux, sous cette même terre, des guerriers d'Allemagne dorment aussi leur paisible sommeil.

« La mort a réuni dans sa paix éternelle les adversaires les plus acharnés de la veille.

« Tous ces hommes, sous des drapeaux divers, sont tombés pour la Patrie.

« Ils ont acheté l'honneur au prix de leur sang. Leur tombe a un droit absolu au respect.

« Excellence,

« Au nom de la ville de Lille, je prends possession du monument élevé par vos soins et le place sous la sauvegarde de mes concitoyens, jusqu'au jour où nos gouvernements respectifs auront échangé à cet égard les ratifications nécessaires. D'ici là, vos soldats peuvent dormir en paix. Nul ne doit troubler le repos de ceux qui ont sacrifié leur vie au devoir. »

Les Allemands ont couronné les tombes des soldats français, anglais et russes.

Toutes ces tombes, de même que celles des victimes de l'explosion, sont bien entretenues.

Le monument qu'on visite avec curiosité est bien allemand. L'amoncellement tassé de grosses pierres bleues de Soignies, lui donne une impression de lourdeur. Une Walkyrie chevauchant à travers les nuages et emportant au séjour des héros le corps *nu* d'un soldat mort au combat : tel est le langage allégorique du sujet.

Assurément, ainsi présentée dans un cimetière, cette œuvre compte beaucoup plus de détracteurs que de partisans. La conversation de deux femmes qui examinent longuement ce mausolée, nous apporte, en termes populaires ,une note plaisamment comique. La première laisse entendre qu'elle ne comprend rien à ce qu'elle voit là. Pressée de lui en donner l'explication, l'autre répond : « *Tes biète, te n'vos point qu'à ch't'heure, des q'miches, in' nont pu gramint !* »

Sur ce, nos commères satisfaites, plus heureuses et plus à l'aise qu'elles ne l'ont jamais été avant la guerre, rentrent, non pas chez elles où il y aurait tant à faire et où elles ne font rien, mais sur le seuil des portes où elles bavarderont jusqu'à la dernière minute du jour. Demain, vous les retrouverez devant les guichets ouverts pour recevoir ce qu'elles appellent leur *élocation* ; puis aux locaux de distribution des rutabagas, des fruits, etc... A peine sorties, vous les verrez mordre à pleines dents dans les pommes du ravitaillement, épuisant en moins de trois jours les provisions de la semaine. Pour le reste, elles végèteront jusqu'à la bienheureuse réouverture des guichets.

Du 2 au 12 Novembre. — Victoire de la Malmaison (en Champagne) bientôt suivie de la prise de Passchendaële par les Anglais au front des Flandres.

Or, il s'agit d'en diminuer l'importance et le journal, entre autres moyens, choisit de suite le plus grotesque, le plus boche ! Ecoutez : « Au Chemin des Dames, les Français n'ont capturé que de vieux canons ; en Flandre, les Anglais sont entrés dans Passchendaële, mais ils n'ont pu s'y maintenir ; les Allemands se trouvent encore sur la lisière est. »

Faisons leur grâce de l'omission volontaire de nos captures en Champagne, puisqu'ils veulent bien nous apprendre qu'eux-mêmes sur ce front, n'avaient plus que de vieux canons !

Et pour comble, les Anglais ne leur laissent plus que des lisières ! C'est bien là, Prussiens, le lot qui vous convient.

En attendant, infligez-nous à tour de bras la prison et l'amende. Au *Bulletin de Lille* du 8 octobre, nous ne totalisons pas moins de 113 mois de prison et 3.570 mark d'amende. Faites promener sous la pluie les gens avec leurs chiens et, pour graduer la forte taxe, de l'oreille au bout de la queue, mensurez nos *kiens*, mensurez-les bien.

Un personnage nouveau apparaît sur la scène : c'est le chancelier allemand Von Hertling.

Politiquement, est-ce au nord ou au sud du Reichstag qu'il va dresser sa tente, ou bien, à son tour, campera-t-il seulement sur la *lisière* ?

Ce Messie attendu pour sauver l'Allemagne reconnaîtra bien vite que l'opération offre quelque difficulté et préférera, sans doute, se sauver lui-même comme son... peu illustre prédécesseur !

Concédons lui, à défaut d'autres, le privilège de l'âge et voyons le au pied du mur de ce palais où, peu à peu s'enfle le murmure ! Depuis quelques semaines, les comestibles passés en fraude, réapparaissent à nos étalages, mais à des prix commerciaux défiant la vraisemblance.

Un petit gâteau dit « chausson aux pommes », 3 fr. 95 ; une bouteille de vin, 12 à 15 fr. ; un litre de cognac de guerre (25°), 24 fr. ; la boîte d'allumettes, d'une valeur de 2 centimes $\frac{1}{2}$, vendue 25 et 35 centimes, c'est-à-dire 12 à 15 fois son prix. Le riz, dont l'an dernier on critiquait les trop abondantes rations qu'on négligeait de prendre au comité, est en vente à 22 fr. le kilo. Les imprévoyants se mordent aujourd'hui les doigts au lieu de pouvoir se les lécher.

Avec l'aide du gouvernement français, le secours des amis et des « marraines », nos prisonniers de guerre en Allemagne sont mieux traités que nous et à meilleur compte.

Ici, prisonniers spéciaux, nous n'avons qu'une marraine commune : le comité. Malheureusement elle n'est pas assez riche, ni assez libre pour contenter, comme elle le désirerait, ses 600.000 filleuls !

Ici, c'est le règne de la galoche, du sabot et de la sabotine !

Après la mokaïne, la phosphatine, la torréaline, sabotine vient compléter ces nouveaux mots russifiés qui finissent en... ine. Exceptons-en pourtant Lénine, qui finit en... prison et la **guerre** rapine qui ne finit... jamais !

13 Septembre. — Réquisition des cuivres à la préfecture. Les Allemands, avec désinvolture, jettent tous les objets par les fenêtres, affectant de donner ainsi à cet enlèvement officiel un caractère méprisant.

Le café de la Paix, riche en clientèle allemande noceuse, est fermé. On donne à cette mesure deux raisons, dont la... *seconde* est qu'il s'agit de réprimer un commerce et un trafic illicites. Passons.

Un coup d'œil jeté par hasard sur le journal illustré de Hambourg du 15 courant (1re gravure), nous montre Guillaume, hôte du sultan, paradant en voiture à Constantinople.

La mascarade serait complètement réussie si ces deux personnages, à face de hyènes féroces avaient l'idée d'échanger leurs coiffures : au Turc, la pointe ! à l'Allemand, le fez !

Mais combien plus comique est la seconde gravure avec cette légende : « L'empereur en conversation avec... les (?) ambassadeurs des puissances amies ! »

Voyons, cherchons et comptons bien : Un, deux.

En effet, l'Autrichien et le Bulgare à peine visibles, perdus dans l'encoignure d'un vaste salon photographié, suffisent pour motiver un pluriel. Mais pourrions-nous ne pas sourire devant un pluriel aussi singulier ?

Du 18 au 30 Septembre. — A la figure de paisible vieillard du nouveau chancelier, la Chambre française peut, ce jour même, opposer celle plus vivante et plus énergiquement expressive du *leader* français, M. Clémenceau, nouveau chef du gouvernement.

Pendant que les Boches brûlent notre charbon, la plupart de nos écoles sont fermées faute de combustible et d'éclairage. Quantité de malheureux grelottent près d'un maigre feu fait de poussière de coke.

Les brigades de cuivre opèrent en plein air ; elles dégarnissent les becs de gaz des rues, emportent les lanternes. A 4 heures du soir, la ville tombe dans les ténèbres. On ne peut aller chez le voisin qu'à tâtons ou avec une lampe électrique de poche.

De la part de notre comité, voici une surprise et un adoucissement : c'est la distribution de 6 à 10 kilos de pommes de terre à 0 fr. 50 le kilo au lieu de 4 fr. 50 (cours du jour)

Ajoutons que le navet de Suède (rutabaga) nous est abondamment distribué à 0 fr. 10 le kilo.

Le premier écho de la déclaration ministérielle nous parvient. Nous la résumons avec une réelle satisfaction : « Le nouveau cabinet est pour la guerre à outrance et partisan d'énergiques répressions contre les pacifistes et les défaitistes. Le président du Conseil dit : « Mon but de guerre ? Je vous réponds : C'est d'être vainqueur ! » Fière et impressionnante parole qui soulève une tempête de bravos.

28 Novembre. — Affiche requérant machines agricoles, charrues à vapeur, instruments de laiteries, etc...

Avec le mois de décembre, surgissent au front italien et du côté russe des faits inquiétants. Moment habilement choisi par l'insatiable ennemi pour mettre à nouveau, ainsi qu'il ressort de la lettre ci-après, la ville de Lille en coupe réglée.

> « *A Son Excellence le général Von Graëvenitz, Lille.*
>
> « *Excellence,*
>
> « J'ai reçu votre lettre du 23 courant, m'informant que la ville de Lille est à nouveau frappée d'un impôt fixe de 65 millions, dont 20 sont exigibles à la date du 7 décembre prochain.
>
> « En mars de cette année, vous nous avez imposé une contribution de 30 millions ; nous avons protesté.
>
> « Néanmoins, quatre mois plus tard, vous doubliez encore, etc...
>
> « Nous vous avons déclaré alors que nous ne paierions que le couteau sur la gorge.
>
> « Or, l'année n'est pas encore terminée que etc...
>
> « Cette fois, la mesure est comble et nous manquerions à tous nos devoirs, si nous nous inclinions devant ces exigences dont l'arbitraire dépasse *toute limite.*
>
> « Si une contribution normale et régulière, nous était imposée, etc... ; mais dans les conditions où se présente votre demande actuelle, nous la considérons comme absolument inacceptable.
>
> « Le Maire de Lille,
>
> « Signé : DELESALLE. »

C'est aussi le moment où le nouveau chancelier est à la tribune. Son discours est une interminable apologie des victoires allemandes. Il les énumère, il en cite, il en forge, il en voit partout !

Avec lui, un combat sans victoire allemande, ça ne peut exister, Tout le déploiement d'éloquence de ce très bavard « bavarois », se résume en cette péroraison qui ne pêche certes pas par excès de crânerie : « *Attendre, endurer, tenir bon !* »

Du 5 au 24 Décembre. — Le gouverneur supprime les représentations théâtrales privées données au profit d'œuvres diverses sous ce grave prétexte qu'un des organisateurs a laissé mettre en vente des fleurs, qu'on peut réunir pour former l'emblème des couleurs nationales françaises *proscrites !*

Mieux encore, voici toute la population punie. Voyez l'affiche-réponse de l'éminence boche à M. le Maire de Lille :

« L'administration municipale ayant refusé de payer la contribution imposée etc... j'ordonne :

« 1° Pour chaque jour de retard une amende *journalière* de 10 % sur la somme échue, sera payée (ci : deux millions) ;

« 2° Tous les habitants doivent rester chez eux à partir du 8 courant depuis 4 heures du soir à 8 heures du matin, heure allemande.

« Je me réserve de prendre encore d'autres mesures.

« LE GOUVERNEUR. »

Notre claustration de 16 h. sur 24 ne durera que juste le temps nécessaire pour faire comprendre aux esprits chagrins, toujours enclins à critiquer les actes des gouvernants, qu'il n'y a de justifications ni de raisons, si justes qu'elles soient, qui puissent être opposée à la barbarie allemande.

L'Equateur entre dans le concert des belligérants contre l'Allemagne ; les Anglais lui enlèvent ses dernières possessions africaines et, par ailleurs, font leur entrée solennelle dans Jérusalem prise aux Turcs.

C'est dur à digérer pour les journaux boches.

Pour en finir, voici deux des derniers extraits parus :

1° Déraillement dans le tunnel du Mont Cenis, d'un train rempli de soldats français : 1.200 morts, pas un de plus, pas un de moins. Quant aux survivants (s'il en reste), le canard ne nous dit pas si, pris de frayeur, ils se sont enfuis... sur le Pô ! ;

2° Ouragan à Tokio, 500 morts, 200.000 personnes sans abri ; 3.000 maisons détruites, 15.000 sous l'eau, 250 millions de dégâts.

Voilà ce qu'il en coûte aux troupes franco-anglaises de passer en Italie et à celles du Japon d'aller à Wladivostock. Jugez si on rit !

Ecoutons aujourd'hui même Lloyd George les traiter de menteurs, de vantards, de pillards et de bandits. Et sur le Nouveau Continent, une autre voix autorisée, celle de M. Taft, déclarer que :

« Conclure un traité avec ces gens-là, autant vaudrait l'écrire avec de l'eau. »

L'image est parfaitement trouvée.

Aujourd'hui 19 décembre, deuxième affiche pour l'évacuation

volontaire avec prespective d'une quarantaine probable en Belgique. Ce probable paralyse l'enthousiasme d'un grand nombre. Par ces jours de blancs frimas qui précèdent Noël, c'est le désarroi habituel jeté par les feuilles de départ.

Le premier train quitte Lille le 26, provoquant une joie mitigée de crainte parmi ces centaines de femmes et d'enfants dont beaucoup sont malades, que l'on parque dans des wagons à bestiaux, sans siège et sans feu. Cela donne le frisson !

Ainsi nous trouve le jour de Noël, lequel, contrairement à ses devanciers, ne nous épargne ni les rafales de neige, ni celles du canon.

Dans cette morne tristesse, de rares abres de Noël chez les Boches. Le plus grand se remarque dans notre Hôtel des P. T. T.

Le bruit circule que le kaiser pérore dans la région. Il est venu tout exprès, dit-il, apporter la victoire au front ouest, en enfonçant la porte « de son poing d'airain et de son épée flamboyante ! »

> *On ignore, affreux hâbleur,*
> *Que ton bras est fait d'airain.*
> *Or, ce qu'il perd en longueur,*
> *S'équilibre, c'est certain.*

Nous concilions mal le rôle de l'épée qui *flamboie* à l'ouest, avec celui de la négociation pacifique qui *larmoie* à l'est.

Un soldat hébergé à Canteleu, surpris par la maîtresse de maison à s'approprier des objets de son salon, répond avec arrogance : « Tout ce qui est ici est à nous et nous appartient. Estimez-vous très heureuse si nous daignons vous laisser la cendre de nos cigares ! »

Et ce boche se targue d'être étudiant séminariste ? *Ab uno disce omnes !*

Pour clôturer l'année 1917, nous éprouvons le besoin de nous réunir et, le 30 au soir, sociétaires, amis et camarades, fidèles au rendez-vous, nous sommes rassemblés. Bientôt un religieux silence se fait et c'est avec une émotion contenue qu'est écoutée notre allocution, pieux hommage rendu à la mémoire de nos regrettés disparus et au souvenir de nos chers absents.

« *Messieurs et Chers Camarades,*

« A la veille du jour où tant de pensées et de souvenirs nous viennent au cœur, où parmi tant de souhaits heureux, celui de notre délivrance, le plus vivace de tous, se presse sur nos lèvres, mes regards se tournent vers le groupe des membres de notre belle Société Mutuelle, qu'a réunis tant de fois ici même cet établissement.

« Et quand je songe à la touchante et fraternelle camaraderie qui nous unissait tous, je me sens imposer le devoir, particulièrement doux, de venir adresser àtous nos amis et camarades absents, qui ont le bonheur d'être dans la Mère-Patrie et de servir la France nos vœux de santé, de victoire et de prochain retour.

« S'ils ne nous ont pas oubliés, ce dont je suis certain, qu'ils sachent bien que notre chère affection pour eux ne s'est pas ralentie un seul instant, depuis le jour où, brusquement séparés par les événements, ils se sont dirigés vers la terre promise, tandis que nous, rivés à la cité jadis si florissante, aujourd'hui ravagée et déserte, véritable séjour de la désolation et de la souffrance, nous y subissons depuis 40 mois, la plus cruelle captivité, la plus tyrannique oppression qui eussent jamais existé dans l'histoire du Monde !

« Vous me permettrez, Messieurs, vous qui êtes nouveaux venus parmi nous, de saisir l'occasion qui m'est ici offerte, pour vous remercier d'avoir bien voulu apporter à notre groupe si émietté, si dispersé, hélas ! le concours de votre effectif au grand complet, autrement dit, en langage d'actualité, pour avoir amené du renfort sur notre front. Nous vous adressons donc, mes amis et moi, nos souhaits de fraternelle et cordiale bienvenue.

« Je veux aussi sans plus tarder, me souvenir que les années précédentes, à pareil jour, j'avais à mes côtés, indépendamment des fidèles sociétaires et de notre très zélé secrétaire ici présents, mon excellent ami M. A. Cappart, professeur à l'Ecole Supérieure de Commerce.

« Vous savez tous de quelle façon horriblement tragique, il y a trois mois, il disparut dans la tourmente. Je sais par avance que j'interpréterai fidèlement vos sentiments à tous, en saluant ici d'un souvenir ému, la mémoire de notre infortuné camarade.

« Et ce sera malheureusement, hélas ! le lot de beaucoup d'entre nous, pour ne pas dire de tous, que d'être inscrits au chapitre des deuils.

« N'en connaissons-nous pas déjà de bien cruels, au sujet desquels nos vives et sympathiques condoléances vont à ceux d'entre nous qui savent les supporter, les surmonter avec cette résignation, cette dignité, que seul peut donner un patriotisme ardent, basé sur l'esprit de sacrifice et surtout, sur l'indéfectible espoir du triomphe vengeur de nos héros !

« J'en termine sur ce pénible sujet en partageant avec vous, chère et sympathique patronne de notre cercle, l'inquiétude douloureuse dans laquelle vous plonge l'absence de toute nouvelle de votre cher mobilisé et en vous exprimant également les profonds regrets que nous a causés la perte de ces deux vénérables figures qu'étaient ses bons vieux parents de Flers.

« Enfin, chers Amis, quelles que soient nos peines et nos douleurs, armons-nous de courage et de patience pour supporter jusqu'au bout, l'éphémère, mais bien dure épreuve. Et puisque nous venons de rendre hommage à ceux à qui une mort glorieuse a tressé la couronne qui immortalise leur souvenir dans nos cœurs, apprêtons-nous à glorifier ceux des nôtres qui reviendront chargés des lauriers que procure la guerre, honneurs chèrement acquis, sans doute, et au prix de quels sacrifices ? nous l'ignorons encore.

« Quoi qu'il en soit, en applaudissant de tout cœur à la vaillance et à la bravoure de tous, nous allégerons le lourd fardeau de nos longs et mortels ennuis.

« Soyez aussi bien convaincus que nous voudrons oublier nos malheurs, dès que de nos poitrines oppressées, pourra enfin s'échapper ce triple bravo :

« Vive Lille ! Vive l'Armée ! Vive la France !   J. A. »

31 DÉCEMBRE. — Il est minuit, quelques coups de feu retentissent : c'est le salut de 1918. Souhaitons que ce soit enfin l'année de la Victoire, de la Délivrance et de la Paix ! Mais écoutons, de ce nouveau-né le premier vagissement :

> *Je suis mil neuf cent dix-huit,*
> *A ma naissance... j'ai faim !*
> *Des ans, pour prendre la suite*
> *Où manger d'ici demain ?*
> *Oh ! soyez la bienvenue,*
> *Dit à cette année nouvelle*
> *Le riche hôtel de « Bellevue »,*
> *Très fier de sa clientèle.*
> *Pour tous nos nouveaux venus,*
> *Voici quel est le menu :*

Pain (150 gr.).................................... Fr. 1 75
Potage .... 1 »
2 œufs sur le plat (1.85 pièce)..................... 4 50
Viande (200 gr.) et légumes...................... 7 »
Fromage 1 60
Dessert 1 50
½ bouteille de vin................................. 6 »
Café .... 2 »

Total......................... Fr. 25 35

Le prix de ce déjeuner, sans extra, n'est pas exagéré, il est tarifé à la valeur minima actuelle de tout ce qui est comestible.

5 Janvier. — Décidément le vent tourne aux voyages, car les négociateurs russes sont subitement pris du désir d'aller conférer à Stockholm !

Les boches et sous-boches sont ahuris de ce coup de théâtre bien joué, qui les laisse en plan à Brest-Lithowsk : C'est le dégel !

Heureusement que deux Ukrainiens, lisez délégation ! sont là pour prendre part à cette espèce de... *manille parlée.*

Et voilà le sort de la nation russe qui se discute et se joue entre deux casques à pointe et deux bonnets à poil !

Du 12 au 25. — Un renfort de cavalerie nous arrive ; nos rues sont tellement grouillantes de soldats qu'à chaque pas nous nous heurtons à un de ces sales vêtements gris, crasseux, usés jusqu'à la trame... et au-delà ! Quant aux gradés, du plus infime au plus haut, nos regards s'en détournent fatigués, saturés qu'ils sont de la vision continuelle de ces têtes uniformes, de ces nuques invariablement blondes, replètes, boursouflées, épilées, graisseuses et luisantes ,dont le poli est proportionné à l'âge du galonné.

Chez tous, indistinctement, elles acquièrent cette ressemblance frappante avec celles qu'au sortir des échaudoirs, nous voyons mettre à l'eau fraîche, persil aux naseaux !

Voici le défoncement de nos rues pour l'enlèvement des câbles électriques et téléphoniques souterrains.

Un nouvel arrêté nous supprime presque tout éclairage. Le moindre jet de clarté qui filtre coûte 25 mark d'amende. Les lampes électriques sont consignées.

27 Janvier. — Ce jour anniversaire est plus que terne, il est sombre. Nous sommes loin des guirlandes de cyprès parant lourde-

REQUISITIONS-SCHEIN.

.ORDRE DE RÉQUISITION.

À retourner à la M
dans les 4 jours

40627

in LILLE

...hat abzugeben — doit livrer

folgende Waren — les marchandises suivantes :

...NZAL ...ANTITÉ			BETRAG MONTANT
		à 0.30	1.5

... les montants sans engagement pour les auto... allemandes

Bezeichnung des requirirenden Truppenteils

Unterschrift des Empfängers:
Signature du réceptionnaire :

Unterschrift & Stempel des Lieferanten
Signature et Cachet du ...

Unterschrift & Stempel
(Signature et Cachet)
der
Mairie Lille:

...ne Copie dieses Scheines erhalt der die Waren...chaffung beantrage...Truppenteil.

IMPRIMERIE F. LITHOGRAPHIE
A. DEVOS
15 AVRIL 15
...Rue Solferino LILLE

SPÉCIMEN TRÈS CURIEUX D'UN BON DE RÉQUISITION ALLEMANDE

(Voir page 105)

ment notre déesse en 1915 et des carpettes poussiéreuses étalées sur nos murs en 1916. Pour Guillaume, c'est la lune rousse !

Nuit du 28 au 29 JANVIER. — Les aviateurs se décident enfin à semer quelques bulletins. Nouvelles que nous attribuons aux cris de détresse et de pitié poussés par les derniers évacués arrivés en France.

Mais malheur à celui qui s'empare d'un de ces *courriers de l'air*, car les soldats le poursuivent, revolver au poing.

1er FÉVRIER. — Notre secteur a les honneurs de la troisième ou quatrième visite (on ne les compte plus) pour la prise des appareils d'éclairage. Six Allemands font irruption dans nos maisons. En quelques minutes, pinces et marteaux ont terminé les opérations qu'on hâte en ville.

Du 9 au 15 FÉVRIER. — Passage de l'équipe pour la dernière perquisition des cuivres qui dure 15 minutes.

Examinons de près, à leur sortie, ces cinq hommes qui offrent un curieux spécimen de la brillante armée occupante : Un sous-officier maladif (il a 20 ans), un boîteux, un myope et deux vieux paysans de 62 à 65 ans qui, sitôt l'exécution faite et lestement troussée, emportent triomphalement, dans de vieux sacs à charbon effilochés, les crémaillères des cordons de stores, boutons d'entrée de portes oubliés et les capsules métalliques de bouteilles à liqueur !

Mais voici qu'apparaît le compte-rendu du conseil de guerre de Versailles. Jamais plus formidable coup de massue ne fut asséné sur la tête des plumitifs de la *Gazette* et du *Bruxellois*.

De même à ce journaliste qui écrit : « Un million et demi de Français qui désirent la paix, souffrent ici la faim et pleurent une patrie qui les oublie », nous répondons :

> *Boches, quittez ce vain souci*
> *Malgré de bien dures souffrances,*
> *Pas un seul ne pleure ici*
> *Des fiers exilés de France !*

Aujourd'hui, il faut déclarer nos lampes électriques et demain livrer les cloches qui nous restent. Ironie des choses, les derniers vestiges de l'alliage béni vont se transformer en balles meurtrières !

Du 16 au 28 FÉVRIER. — Réquisitions : fil, ficelle, savons, bougies, blé, haricots, fèves, etc...

Ajoutons, qu'en vue de l'offensive projetée, les Allemands réquisitionnent jusqu'aux langues de leurs hommes.

Ainsi, dans les tramways, chez les coiffeurs, ils affichent une tête de soldat, le cadenas aux lèvres, avec cette légende : « Si tu veux être inflexible et victorieux, ferme la bouche ! »

Chez une dame amie, l'équipe des laines enlève à deux mignonnes fillettes de 5 et 7 ans, leur petit matelas sans aucun égard pour les larmes de ces enfants et les supplications de la jeune veuve, dont le mari est tombé au champ d'honneur. Partout et toujours, c'est l'âme tendre française qui se heurte à l'ingrate rivale.

1er MARS. — Période d'impatientes attentes et de dures privations. Comme unique légume, nous avons l'herbe des champs, le pissenlit vendu de 40 à 60 centimes l'hecto.

Un discours du vice-chancelier déchaîne la tempête au Reischstag, où les pangermanistes poussent nécessairement des cris de... paon !

Dans tous les commentaires de la presse étrangère, ce verbiage est caractérisé et flagellé par ce mot : Méfiance !

Allons, Prussiens ambulants, en route ! les villes du front russe, librement abandonnées, sont préparées à vos assauts victorieux ; ces prouesses-là vous sont familières.

Ici, vous forcez les portes des maisons fermées et bien garnies ; là-bas, à Dunabourg, à Luck, à Kowno, vous les trouverez ouvertes et vides.

Du 4 au 15 MARS. — Six à huit mille personnes des communes, rive gauche de la Deûle, sont brusquement déversées dans Lille.

La plupart ont dû abandonner sur place ou jeter dans les fosses d'aisance de précieuses et importantes provisions plutôt que de les livrer à leurs bourreaux.

Il est hors de doute que tout cela a été prémédité et voulu pour qu'à Lille, où la viande se vend 40 francs le kilo, les pommes de terre 6 francs, où un lapin vaut 35 et 38 francs, la population qui souffre de la famine, ne puisse profiter du léger supplément de nourriture que lui auraient apporté, avec plaisir, tous ces expulsés suburbains, victimes du farouche mot prussien : *J'ordonne !*

Répartis par secteurs, les réfugiés ne doivent pas quitter les maisons qui leur sont assignées, même s'ils ont en ville des parents qui les hébergeraint volontiers. Ces malheureux gravissent un véritable calvaire et ajoutent, à tous ceux que nous avons déjà sous les yeux, un spectacle nouveau, poignant et douloureux.

On prétend qu'Hindenburg préside une réunion dans la salle de la Société Industrielle. En tout cas, une très longue conférence, précédée d'un court repas à l'hôtel de l'Europe, est immédiatement suivie de l'affiche que voici, texte et orthographe respectés :

« A partir du 14 courant, il est défendu aux habitante du territoire de la kommandantur de Lille de séjourné hor de leur domicile légale, de 6 heures du soir à 5 heures du matin. »

C'est à croire que les rédacteurs embusqués sont enfin dirigés sur le front et que c'est le planton ou le concierge qui rédige les ordonnances.

En voici une autre : « Il est défendu de transporter des meubles et du linge d'une maison à une autre sans autorisation. »

Du 16 au 25 MARS. — L'Allemand Von Hertling éprouve le besoin de faire savoir qu'il est mécontent. Ce qu'on nomme la paix à l'est ne le satisfait qu'à moitié ; le Japon l'inquiète. Cependant, se reprenant à espérer, il conclut suivant la formule connue : « Dieu nous éclaire ! Dieu est avec nous ! »

Si nous admettons, par impossible, que cela puisse être et que l'Allemagne est guidée, illuminée et éclairée comme par un flambeau, nous consentons volontiers à ce que ce vieux Bavarois prenne le titre de *Chandelier de l'Empire !*

Après 9 jours de claustration à 5 heures, nous voilà libérés.

Le défilé des troupes, des canons et des cages à poules est terminé. Il a coïncidé avec l'offensive déclanchée de Cambrai à Verdun et c'est pour ce vautour royal, dont la nichée est à l'abri, pour ce vampire qui vient au front ouest faire exterminer encore un demi-million d'hommes, l'occasion d'adresser à sa « Guillaumette », ce télégramme : « La bataille Monchy-Cambrai-Saint-Quentin est gagnée. Dieu nous a *splendidement* aidés. »

> *Regarde, ô femme candide,*
> *Dans l'horrible sarabande*
> *Ce qui surtout est... splendide,*
> *C'est l'hécatombe allemande !*

La population parisienne commence à ressentir, toutes proportions gardées, un aperçu des frayeurs que nous subissons, nous, depuis plus de 1.300 jours !

Du 26 au 31 MARS. — La municipalité prend en considération la scandaleuse cherté de la vie, et fait opérer, en faveur de chaque habitant, une diminution de 4 francs par quinzaine sur le pain et les denrées du ravitaillement. Qu'elle soit par tous remerciée !

Mars prend fin et avec lui, deux formidables bluffs : le canon à longue portée et la marche sur Paris.

A raison de 50 kilomètres par jour, en trois fois 24 heures, voilà les Prussiens installant une *kommandantur* aux Champs Elysées, pendant que d'autres gagneront *Calai...sse* et la côte : Tel est le mirage qu'on fait entrevoir aux troupes.

Quant au nouveau canon « Clyso-Krupp », dit Grosse Bertha, il fait couler des flots d'encre. On nie, on disserte, on conteste et bien qu'on soit tenté d'établir une relation avec la date de demain 1er avril, il convient cependant de se rendre à l'évidence des faits, de ne pas les dénaturer, ni s'en émouvoir.

La journée marque un des derniers actes de brigandage de nos occupants. Ils se disposent à enlever, en les brûlant au chalumeau, comme les cloches, les statues dressées sur nos places publiques, y compris notre belle Jeanne d'Arc (œuvre de Frémiet), érigée nouvellement et par laquelle ils commencent.

Trois ou quatre resteront peut-être sur leur socle : *Napoléon, Pasteur, Négrier* et *Faidherbe.*

Les désertions dans leurs rangs nous valent cet ordre affiché : « Ne détenir aucun effet d'habillement ou d'équipement militaire, sous peine de graves sévérités. »

Les troupes du front de la Somme envoyées au repos, refluent déjà dans nos maisons et campements retenus d'avance, pendant qu'ici, après de grandes démonstrations de réconfort, *allocutions, messes, sermons, musique,* il en part sans discontinuer sur ce même front.

Par suite de cette rencontre, une marée puante de gris sales nous submerge.

Il nous est interdit de cueillir de l'herbe et même de la fouler aux pieds. Nos verdurières en profitent pour nous la vendre 0.60 le kilo !

Avez-vous oublié votre carte d'identité ? Avez-vous omis de placer un couvercle sur votre boîte à ordures ou foulé par mégarde un pied d'orties ? Amende, amende partout, en marge de tout.

En vous promenant, dimanche, avez-vous pris le trottoir de gauche au lieu de celui de droite ou vice versa ? Le lendemain, vous devez verser 15 mark ou faire 3 jours de détention. La raison ? Au cours de votre promenade, un gendarme n'a-t-il pas pris note de votre carte d'identité ?

Il vous signalait simplement comme ayant pénétré sans autorisation sur une commune voisine. Et comment cela ? Parce que du trottoir de gauche, *qui est commune de Canteleu,* vous êtes passé sur celui de droite qui est *territoire de Lambersart.*

C'est un des mille pièges boches. Nous devenons des délinquants par persuasion.

Le 11 avril, se succèdent de minute en minute, des voitures d'ambulance pleines de blessés qu'on déverse dans les hôpitaux de fortune aménagés. Nous avons une idée des pertes effroyables au prix desquelles l'ennemi paye son mince succès dans les marécages des bords de la Lys.

Camions, voitures et canons démolis reviennent des entonnoirs du front, comme des amas de boue et les hommes en sont couverts de la botte au casque.

Comme conséquence, tous les matelas, traversins et coussins de laine y compris ceux qui peuvent appartenir et servir au culte, doivent être apportés au local désigné.

La mairie, par ordre et en toute hâte, doit évacuer la préfecture où ses bureaux avaient été installés après l'incendie de l'Hôtel de Ville.

Dans la presse boche, le clou du moment est le conflit Clemenceau-Czernin, *clou* victorieusement rivé par notre ministre-président, auprès de qui le petit Autrichien ne nous apparaît que comme un pygmée ! En un tour de main, le voilà descendu de son piédestal comme une simple statue de nos villes du Nord.

1er MAI. — Voici 80 prisonniers français dont la belle et propre tenue, la bonne allure, la jovialité pleine d'espoir nous réjouissent. Près de la gare, soudain un officier français fend la foule et s'élance dans les bras d'un vieillard : C'est son père !

La *Gazette de Cologne* du 28 mai qui relate cet incident pathétique, l'agrémente de cette bourde inepte :

« A Lille, la population est stupéfaite de voir arriver des prisonniers français. Et on entend dire : « Ça va donc bien mal pour que nos soldats soient amenés au front des Flandres. Les Anglais nous trahissent ! Ah ! pauvre France ! »

Du 8 au 16 MAI. — En ville, où le prestigieux mouvement des troupes bigarrées continue, où le bariolage des multicolores uniformes et des casquettes allemandes nous aveugle, où des musiques infernales débouchent à tous coins de rue, où les magasins étalent des marchandises à prix d'or, on se croirait dans une cité cosmopolite : Lille représente l'Odessa du Nord !

Sur les trottoirs, c'est une caserne mouvante mêlée au flux de la population civile. Et pourtant, dans l'étrangeté de ces deux vies parallèles, qui se coudoient sans se confondre, il y a plus que la distance d'une race, il y a l'infranchissable abîme du souvenir.

Les soldats au repos repartent au front. Ils sont tristes, les plus jeunes pleurent ; on leur distribue vin et au-de-vie.

Ils se groupent alors dans une maison où la beuverie commence, graduant à la fois le hurlement des hourrah et l'ivresse, au moyen de ce grossier amusement qui consiste à vider les verres coup sur coup, au commandement !

En moins d'une heure, voilà tous ces hommes abominablement ivres.

Au petit jour, l'orgie a pris fin ; ils sont partis.

Venez, me dit un de mes voisins, voir la chambre de ces saligauds là ! Tout d'abord, la carcasse-lanterne du bec de gaz et la rue sont parsemées de petits paquets de journaux, au moyen desquels ils ont, par les fenêtres, vidangé en partie ladite chambre. Le surplus, qui na pas emprunté cette voie aérienne, souille le parquet, se dissimule sous les meubles ; les placards recèlent le trop plein des estomacs ; quant aux dégradations, glaces et vitres brisées, c'est un complément indispensable.

A ce tableau, mille fois constaté, quelle expression plus vraie que celle de mon voisin : « Ces saligauds-là ! »

Des canons sont installés sur les plates-formes des maisons (Café des Beaux-Arts, préfecture, rue Nationale, 119). C'est rassurant !

Nos adolescents de 14 ans, pris sur les bancs de l'école, où ils abandonnent études et examens, sont dirigés sur le front pour servir de paravent contre les attaques anglaises.

FIN MAI. — Prélèvement d'hommes embusqués, car le front de Champagne, dénommé *Front du singe*, réclame impérieusement tous les fricoteurs et jusqu'au dernier *tire au flanc !*

1er JUIN. — Nous assistons à un dîner de première communion. Ce repas, comme la cérémonie, est d'une grande simplicité. A titre de curieux document, qui en remémorrera l'époque, voici le menu peu compliqué, mais très substantiel, servi pour 9 personnes :

Potage (1 fr. pr pers.)...	9 »	Fromage (1 camenbert)..	8	»
Hors-d'œuvre » ...	9 »	Dessert (2 gât. à 8 fr.)..	16	»
Filet de bœuf (2 k. à 40 f.)	80 »	Graisse, sel, poivre, ail,		
Pommes de terre (6 k. à		moutarde	7	05
6 francs)	36 »	Pain (1 k. ½ à 12 fr. 50).	18	75
Salade (6 à 0.70)........	4 20	Café sucre (1 fr. pr pers.)	11	25
Assaisonnemt (saindoux,		Cognac (1 fr. 50 le verre)	13	50
vinaigre)	2 85			

A ce total de 275 fr. 60, ajoutons 50 pour les boissons et nous aurons déjeuner à 30 francs par tête.

10 JUIN. — Une affiche nous ordonne d'écheniller les arbres fruitiers et d'acheter aux Allemands la chaux nécessaire pour ce travail.

Une carte aux 80 millièmes, affichée sur les murs de la préfecture et sur laquelle, desssiné au jour le jour du 27 mai au 11 juin, le front nous présente l'avance allemande sous forme d'une gigantesque *boursouflure* figurée de Noyon à Soissons et de Soissons à Château-Thierry, tend à produire cette impression que les armées allemandes sont aux portes de Paris.

Le galonné en casquette qui n'est réputé brave que si sa figure le prouve par de multiples tailladures, trouve son réconfort devant 1 kil. de cervelas, deux cruches de bière, de gros cigares et la *Vie de Bismarck*, bible de foi de tout balafré.

16 JUIN. — Nous devons inscrire sur la porte d'habitation le nombre d'habitants, celui des matelas et sommiers élastiques en tous genres. Il n'est pas un Lillois qui, ce soir même, n'aura démoli au minimum deux ou trois sommiers.

Du 20 au 30 JUIN. — Fait local : Il y a foule au tribunal correctionnel pour y voir comparaître une douzaine de nos rabatteurs du ravitaillement, de ceux qui, depuis quatre ans, ont édifié une fortune au détriment des pauvres, des malades, des enfants et des vieillards, qu'ils ont contribué à priver de *lait*, de *farine lactée*, de *sucre, phosphatine etc...*

Nous laissons au *Bulletin de Lille* le soin de donner les noms et les condamnations de ces criminels des deux sexes.

La presse ennemie attaque les ministres-présidents de l'Entente. Mais rien ne peut mieux consolider au pouvoir MM. Lloyd George et Clemenceau.

Le ministre anglais gêne les Allemands et celui de France qu'ils nomment « Le Tigre », leur fait peur. Tant mieux.

20 JUIN. — Le communiqué qui avoue la défaite du Piave (*Bruxellois* du 26 juin) est naïvement grotesque, parce qu'il qualifie ce recul « d'exécution ordonnée d'un changement de rive ! ! »

Suivant ordre affiché, toute française (désormais indigne de ce nom) qui voudra contracter mariage avec un Allemand, doit en demander l'autorisation quatre semaines à l'avance.

Un deuxième, chiens à museler et à tenir en laisse ; un troisième, fenêtres sur cour et lanterneaux à tenir plus sombres et plus obscurs encore.

27 au 30 Juin. — Un train est annoncé pour lequel on doit s'inscrire les 2 et 3 juillet. Or, dans la nuit du 30 au 1er juillet, les obus d'une grosse pièce située au nouveau boulevard, viennent décimer par fractions, la paisible population.

Bref ! depuis dix jours nous enregistrons plus de 20 morts et 50 blessés, glorieux exploits dus à l'armée, au vocable cabalistique : l'A. O. K. 6 ! Dans la nuit du 8 au 9, l'usine Peugeot flambe.

Les maisons de ma rue, excepté les miennes, sont abondamment pourvues de logeurs pour 20 jours.

Sur ma feuille de maison, j'ai inscrit : « Geschafts-Sparkass ». Fonctionnaire en relations avec la kommandantur pour payer à l'autorité allemande, etc...

Quand les Allemands se présentent, soit pour rechercher des locaux vides, du logement, etc., j'attire leur regard sur la fiche. L'effet est magique : vivement un salut presque... respectueux et ils tournent les talons.

Ce contre-bluff de mon invention m'a favorisé personnellement et m'a permis de conserver intact mes documents administratifs.

Mais j'ai ma part du concert, car chez mon voisin de droite, un boche s'époumonne atrocement avec un clairon ; en face, c'est sur le tambour que s'exerce un des trois logeurs, les deux autres alternant avec harmonica et chant, pendant que chez le voisin de gauche, un officier prélude au piano.

Dans la nuit du 16 au 17, dans celle du 18 au 19 et les suivantes (nous ne pouvons les énumérer toutes), nous subissons pendant des heures, sans répit, 3 à 400 coups d'une canonnade formidable concentrée sur nos maisons ainsi menacées, d'une minute à l'autre, de l'écroulement.

Au matin, un rapide coup d'œil jeté sur la grande carte nous rassure si bien, qu'au-dessous de la légère échancrure en profondeur, tracé en *bleu* sur e grand carton *blanc*, nous voudrions pouvoir écrire, en gros caractères *rouges*, ces mots : Pour les Boches, fiasco complet ! Vive le 14 juillet !

Dans la presse, le mouvement rétrograde en désordre sur la Marne est ainsi qualifié : « Le passage inaperçu du large fleuve est une de nos performances les plus brillantes ! » (*Bruxellois*, 22 juillet).

Pour eux, un terrain n'est jamais cédé ou perdu, il devient : « L'avant-terrain de nos nouvelles positions ! » (*Bruxellois*, 29-7).

Sur nos portes est collé ce placard avertisseur : « Keller für fliegerschutz ». Nos caves voûtées deviennent des refuges publics en cas de danger.

En ces derniers jours de juillet, revue d'appel de tous les hommes.

A Thumesnil, l'indemnité de logement sera supprimée si le soldat hébergé se plaint de la malpropreté des chambres.

Ici il faut s'entendre, car si par hasard, le boche a pu constater parfois la présence de l'insecte odorant qui vit dans les mansardes, il n'oublie jamais par contre de laisser dans la literie de son logeur quelques centaines de... poux, sans compter le persistant *relent* qu'il dégage lui-même.

La compensation est donc plus que suffisante. Plaignons toujours le logeur !

2 Aout. — A propos du quatrième anniversaire de mobilisation, il fallait s'attendre à un manifeste de Guillaume. En cette langue si peu faite pour oser parler de Dieu, il réitère ses immuables devises : « Dieu est avec nous ! Dieu y pourvoira ! Dieu etc... »

Suit la série des phrases personnelles à majuscules : « Je... Moi... Mon armée... Ma marine... Mes sous-marins », toute une gamme usée qui n'a plus rien de l'effet tonitruant de jadis.

A l'ouest, Hindenburg-Fracasse tire fortement sur le mors de son cheval et commande : « En arrière ! arr...rche ! »

Du 6 au 15 Aout. — Ces jours-ci ont eu lieu les funérailles d'un chef de police. Au physique, phénomène de laideur que les fraudeurs et maraudeurs du faubourg du Sud avaient surnommé « Tête de veau ».

Il avait la spécialité de malmener et de brutaliser tous ceux qui comparaissaient devant lui. Mais ce partisan de la schlague et de la giffle a trouvé son maître. Un de nos jeunes faubouriens lui a logé dans la tête les balles de son propre revolver.

Par suite de nouveaux départs, la population de Lille est réduite à environ 120.000 âmes. Mais cela ne modifie en rien notre ravitaillement. Le paysan, l'intermédiaire ou le revendeur, nous font payer un oignon, par exemple, 1 fr. pièce, alors que le comité le livre à 1 fr. le kilo.

Pris au hasard, constatons qu'une pelote de fil de trente centimes, une noix muscade de cinq centimes, une cigarette de deux centimes, se vendent respectivement 15 fr., 0 fr. 80 et 0 fr. 20.

Ce n'est plus un mystère, le soldat allemand recule, déserte, se sauve ou se rend et l'officier et le sous-officier, pour éviter d'aller au feu, usent et abusent de la seringue de Pravaz.

C'est la démoralisation due en partie aux notices en *langue allemande* semées à profusion par les aviateurs anglais.

Ne perdons pas cette *perle* au sujet de la défense allemande :
« Hindenburg et Ludendorf n'entendent pas se laisser mener par Foch ; ils gardent toujours l'initiative, *au moins en ce qui concerne la retraite !* »

Chaque jour nous voyons des réfractaires, menottes aux mains, conduits en prison.

Avec septembre, commence la nébuleuse aurore d'une joie que nous n'avons jamais ressentie aussi vivement.

Le kronprinz, ce foudre de mauvaise guerre, pérore, loue, s'excuse : « L'armée française, dit-il, notre plus redoutable adversaire et les maréchaux de France sont l'objet de mon admiration.

« J'apprécie également la vaillance des soldats anglais et américains. On nous traite de barbares, c'est faux ; moi, de belliqueux, c'est inexact, mais j'avais prévu qu'un jour se liguerait contre nous etc...

« Quant à nous battre, si nombreux qu'ils soient... jamais ! »

> *Ainsi parle, en substance,*
> *Celui qu'au siècle dernier,*
> *Un « Napoléon » de France,*
> *N'eût pas fait... sergent-fourrier !*

4 Septembre. — L'état-major de l'A. O. K. 6. venu s'implanter, il y a trois mois à peine, Dieu sait avec quel sans gêne dans l'expulsion brutale, déménage de notre préfecture, la nuit, en sourdine.

Du luxueux intérieur, des inestimables richesses que renfermait ce bâtiment vous pouvez juger de ce qui reste par ce fait que le cuir de Cordoue des chaises et des fauteuils et jusqu'aux toiles des sommiers de lit, ont été coupés au rasoir pour être emportés.

Pour faciliter les mouvements de l'occupant, les tramways sont supprimés et la circulation des voitures interdite le dimanche ; un camionneur doit être seul sur son véhicule et le cheval ne doit marcher qu'au pas... (de parade, sans doute ?)

Des officiers partent d'ici la nuit sur Douai évacuée et rentrent chaque fois avec leurs automobiles chargées de butin : C'est la curée !

Leurs devanciers de 1870, avec nos « pendules », n'étaient que de vulgaires apprentis-détrousseurs !

Mercredi 11 Septembre, 3 heures soir (nous précisons). — Une compagnie (exactement 137 hommes), désarmée, entourée de policiers, se dirige vers la gare. Spectacle réjouissant pour nous que ces boches qui en ont assez.

18 Septembre. — Le seul moyen de converser avec l'Allemagne, c'est d'utiliser les canons. » Tel est le coup de massue, qu'en réponse à la note Berlino-Viennoise lui assène notre *Journal Officiel* donnant le discours de M. Clemenceau au Sénat. Superbe cri de victoire bien digne d'être orchestré (et il l'est spirituellement), sur notre *Marseillaise !*

21 Septembre. — Journée d'affichage : 1° Nouvelle évacuation en perspective. Mais les amateurs diminuent et 2.000 personnes se font rayer ; 2° Ordonnance concernant la réquisition des papiers de tout genre, vierges ou imprimés ; 3° Celle prescrivant l'enlèvement, devant nos portes, des débris de verre et objets gênant la circulation (corvée de balayage imposée à tous).

30 Septembre. — A midi, affiche sensationnelle : c'est la convocation générale, dès demain 1er octobre, de tous les hommes de 15 à 60 ans. Sous peine d'être fusillés, se présenter avec bagages à la main.

A 3 heures, ce sont tous les chevaux *sans exception*, avec harnais et voitures. Poste, chemin de fer, intendance, police, tout décampe peu à peu.

2 Octobre. — A 7 heures du matin, 12 obus tombent dans notre secteur (de la rue des Postes à la rue Jean-sans-Peur). Bilan : 5 personnes tuées, des blessés et des dégâts sérieux.

Malgré cela, d'heure en heure, le courage et l'espoir se raffermissent sous l'influence de ce qu'on apprend et de ce qu'on voit.

L'assommante litanie des mots : Wardar, Doiran, Ochrida, Cerna, va finir et nous pouvons enfin écrire :

> *C'est sur les rives du Wardar*
> *Que sont battus les Bulgares !*
> *Sur les bords du lac Doiran,*
> *Que s'écroulent les Balkans.*
> *Dans la boucle d'la Cerna*
> *Et sur le lac d'Ochrida,*
> *E finita... Comédia !*

Le gouvernement des trois casques a vécu ; il n'a même, à l'heure actuelle, plus droit à la parole !

Les dynamiteurs, pionniers de la dernière heure, sont arrivés ;

ils minent les ponts et les portes de la ville. L'ennemi furieux ruinera jusqu'à nos ruines !

5 OCTOBRE. — La ville, où s'amoncellent des milliers de mètres cubes d'ordures, n'offre plus que le navrant spectacle de la dévastation et du dénûment.

6 OCTOBRE. — A 4 heures du soir, coup de théâtre ! Affichage du message aux pourparlers de paix. C'est une traînée de poudre. L'effet se traduit aussitôt.

> *Au nez de nos Boches,*
> *La foule en délire,*
> *A chacun décoche*
> *Son malin sourire.*

A cette heure où à deux pas de la ville déferlent les bouches à feu, où fuite et débâcle s'avèrent de plus en plus, une pauvre musique (oubliée ici ?) joue sur nos places publiques.

Dans la pire détresse, la mentalité allemande s'accomode encore d'un air de *Faust* entre deux coups de canon.

Lille se vide à vue d'œil. Les ouvriers et ouvrières embauchés par l'ennemi déguerpissent avec lui. Quant à ses femmes poudrées, elles n'ont pas attendu au dernier moment pour échanger nos trottoirs contre ceux de Bruxelles ou de Cologne.

10 OCTOBRE. — Il y a aujourd'hui 4 ans que les Allemands bombardaient Lille. Ce quatrième anniversaire, fêtons-le palmes en mains et joie au cœur.

L'animation en ville continue à être bruyante. Dès 5 heures du soir, les artistes de la dynamite commencent à faire sauter les voies du chemin de fer de ceinture et la gare des Postes.

Poudre sèche, épée aiguisée, glaive étincelant, épée flamboyante, arme au bras, mur d'airain, bras de fer, roc inaccessible, front inébranlable, lignes élastiques, troupes inflexibles et encore, à l'heure présente, sous l'écroulement, *épée invaincue ? !*
Ah ! non. Relègue çà au musée des vantardises, Guillaume-Pyrrhus et n'en jette plus : Nos poubelles sont pleines !

O grand Hindenburg, enlève au kaiser son ceinturon avec sa devise ; coiffe-le d'une casserole lilloise et que son manteau rutile sous les boutons de nos portes.

Ainsi paré, le dément
Auteur de cette guerre inique,
Sous ce digne accoutrement,
Ornera vos places publiques.

Toi, jadis fier Manitout,
Maréchal qui n'es plus rien,
De l'effigie de ce fou,
Constitue-toi le gardien.

Dans l'usine aux canons vierges,
Chez « Krupp », le désabusé,
Ludendorf étant concierge,
Vous serez tous deux casés.

Au fronton du monument,
Emblème du vol, du pillage,
Tu écriras hardiment
Dans notre très pur langage :

Oui, blasphème est la devise
Que cache cet ample manteau,
Car des siècles l'ont acquise
A un plus noble drapeau.

MORALITE

Ce puissant voleur de laine,
A vomi l'Alsace-Lorraine !

Résumons les journées qui s'écoulent. Agitation fiévreuse mêlée d'anxiété.

Le général commandant quitte la ville le 14 au soir.

Vers 5 heures, la démolition des voies ferrées reprend sous l'action de la dynamite. De violentes explosions ont lieu vingt-quatre heures durant.

Le 15 au soir, la gare Saint-Sauveur, ses dépôts et ses magasins flambent : le premier acte est joué.

Deux affiches, les dernières sans doute, sorties du fantastique arsenal-imprimant boche, sont placardées : 1° Fermeture de tous les magasins ; 2° Obligation de ne pas sortir de notre domicile et de ne pas fermer nos portes à clef.

Cinq grosses pièces de canon sont installées : quatre sur l'Esplanade, face au champ de Mars, et une en plein jardin Vauban.

Vous pensez dans quel fracas vont s'émietter les riches maisons du quartier et du boulevard Vauban.

Dernière affiche de la nuit : Note qui permet que nous *fermions* nos portes et que les magasins soient *réouverts !* Trop aimables, merci !...

Les Allemands commencent un feu roulant qui dure douze heures consécutives. Dans la soirée, par suite du bruit de l'effondrement des ponts qui se marie à celui des canons, nous vivons les huit dernières heures comme sur les bords d'un volcan. Il est 2 heures du matin, le silence se fait ; de plusieurs côtés des lueurs d'incendie projettent la lumière sur le tableau de ce deuxième acte qui est sinistre.

Un camion automobile prend feu dans la rue Inkermann ; les fuyards l'abandonnent comme ils ont abandonné vingt-huit obus de la pièce de 220 installée au jardin Vauban.

Ce feu d'auto sert de veilleuse à notre quartier jusqu'au lever du jour, c'est-à-dire jusqu'à l'heure où des curieux matinaux qui viennent de constater que l'œuvre sauvage était terminée, nous crient : « *Toutes les portes ont sauté, tous les ponts sont sous l'eau, les bandits sont partis, tout est fini !* »

La nouvelle paraît, malgré tout, si extraordinaire que de tous côtés surgit spontanément cette interrogation :

« Mon Dieu ! est-ce possible ? Peut-on y croire ? »

Nous en avons bientôt la confirmation par quelques traînards boches, blêmes de peur, qui se rendent à tout venant.

Non, ce n'est plus un rêve, l'horrible drame est achevé : C'est la délivrance !

Il est sept heures. L'animation commence dès qu'apparaissent aux balcons et aux fenêtres les premiers drapeaux, auxquels en succèdent d'autres tellement nombreux, qu'à neuf heures, les ruines de notre malheureuse cité disparaissent sous le ruissellement des couleurs nationales fièrement arborées de tous les pays alliés.

Dans cette belle matinée d'automne, l'élan est magnifique et l'enthousiasme redouble quand, vers dix heures, une escadrille vient saluer la foule qui acclame les aviateurs alliés.

Ils continuent ainsi pendant cette journée de folle allégresse, à survoler la ville et à nous protéger (cela est visible), contre le retour offensif possible et à craindre des taub.

Estimons-nous favorisés, car dans les localités environnantes évacuées sans nécessité, rien n'est resté intact, tout est brisé jusqu'à la dernière assiette. Cependant, dans chaque maison, il faut en excepter, ici un saladier, là, une soupière et le plus souvent la marmite du pot-au-feu, placés bien en évidence au milieu des débris qui jonchent le sol.

Je n'insiste pas. Vous en devinez l'immonde contenu : C'est la façon allemande de prendre congé.

> *Rage, dépit, elle dépeint tout,*
> *Cette abjecte signature*
> *Apposée dans nos... fait-tout :*
> *Elle résume bien leur kultur !*
>
> *A vrai dire, très mécontents,*
> *Ces clients de... l'A. B. C. (1)*
> *Contraints d'filer en douze temps,*
> *Dressent l'ignoble... P. P. C.*
>
> *Mais nous, spirituels Gaulois,*
> *Doués de philosophie,*
> *Nous disons que ces Badois*
> *Nous laissent leurs photographies !*

Des patrouilles anglaises sont en vue près de la ville. Un détachement destiné au service de garde près des portes et des ponts effondrés y fait son entrée.

D'autres arrivent en autos et sont acclamés.

Les femmes, agitant de petits drapeaux anglais, se jettent à leur cou. Ce ne sont que poignées de mains et embrassades.

Comme nous sommes heureux de voir ces hommes proprement équipés, agiles, souriants et empressés.

Fiers de leur belle victoire, ils se montrent plus joyeux encore de la délivrance qu'elle nous apporte. Ils caressent nos enfants qui en profitent pour envahir leurs autos et filer avec elles en chantant la *Marseillaise.*

En quelques heures, quel changement ! quel entrain ! quel contraste !

Les casquettes à cocardes, les insignes variés, en cuivre, tranchant sur le bel uniforme kaki de nos alliés ; les grands chapeaux (genre tyrolien), fièrement retroussés et campés sur l'oreille des Australiens, d'autres avec coiffures bosselées avec art de quatre coups de poing, tout contribue à donner à nos militaires d'Outre-Manche une allure à la fois sportive et guerrière.

---

(1) Nom de la rue *aux maisons closes.*

Plus curieux encore, les Ecossais avec leurs petits jupons et leurs bérets enrubanés.

Ils nous égayeront tantôt avec leur musique étrange, composée uniquement de cornemuses, d'une grosse caisse et de tambourins.

Sur ces derniers instruments, ces musiciens exécutent, avec une dextérité aussi habile qu'originale, de continuels et très compliqués moulinets.

Les rues se transforment : Voici une marchande de drapeaux qui a tracé à la craie, sur sa baladeuse, ces mots : *Lille en fleurs ! Berlin en pleurs !*

Nous lui prédisons le succès mérité d'une vente fructueuse.

Affichée sur papier tricolore, apparaît aussitôt la proclamation de M. le Maire (1).

« Enfin ! le terrible cauchemar qui pesait sur nous s'est dissipé, Lille est délivrée et le cri si longtemps étouffé sur nos lèvres peut sortir librement : « Vive la France ! »

« Mon premier devoir est de vous remercier de l'attitude que vous avez observée pendant ces longs jours d'épreuve.

« Je vous demande maintenant de rester aussi dignes et aussi unis dans la joie que vous l'avez été dans la douleur etc...

« Le soleil de la paix glorieuse se lève resplendissant déjà bien haut sur l'horizon.

« Vive la France ! Vive la République ! Vivent les Alliés !

« Le Maire de Lille, Ch. DELESALLE. »

Après cet appel, notre magistrat va au-devant du premier officier français qui *descend* dans Lille, M. le capitaine-aviateur Delesalle, maire de La Madeleine, son fils.

A un moment donné, l'officier français, chevalier de la Légion d'Honneur et son père, étroitement unis, viennent saluer la population massée devant l'hôtel.

A cet instant, détail bien touchant, une femme s'avance et présente au vaillant aviateur une tarte des plus appétissantes. On applaudit et on devine aisément que cette brave française, dont l'offrande, à l'heure actuelle, a bien son prix ! accomplit là un vœu formé en faveur du premier soldat entrant dans Lille délivrée.

Le spectacle qu'offre la manifestation de joie et de sympathie de

---

(1) J'ai le profond regret de ne pouvoir la reproduire in-extenso et d'être obligé même d'écourter mon récit des derniers mois, limité que je suis (c'était malheureusement à prévoir), par le *manque de papier !*

cette foule qui acclame en agitant des drapeaux, qui crie, pleure, chante et exulte, produit une émotion telle qu'il faut renoncer à la décrire.

Des photographes anglais prennent des clichés de ces scènes. Ils constitueront la plus tangible réponse à opposer aux insinuations, aux mensonges des Allemands.

. . . .

. . . .

Bref ! l'occupation a pris fin.

Le récit des événements locaux va reprendre place dans nos journaux lillois qui réapparaissent successivement dans cet ordre : le *Progrès du Nord*, la *Dépêche*, la *Croix*, l'*Echo*, etc...

Une considération générale formera ma péroraison.

Si un jour, vous lisez les belles pages qu'adressait en octobre 1916, au général allemand, un prélat des pays occupés, Mgr Cholet, archevêque de Cambrai, votre conscience honnête se révoltera aux spectacles décrits, aux récits énumérés des vexations, des injustices, des ignobles et douloureuses souffrances de toute nature imposées aux populations de la région du Nord.

Si vous lisez la *Belgique Martyre*, récit qu'une commission d'enquête a publié dans la *Revue des Deux Mondes* dès janvier 1915, vous verrez comment la forfaiture des Allemands a groupé leurs actes sauvages en chapelets de crimes qu'on ne peut lire sans frissonner.

Pour comprendre ces attentats des Huns, il faut savoir comment, en Allemagne, à tous les degrés de l'enseignement, les intelligences ont été nourries de cette conviction qu'il fallait, pour élever l'Allemagne, écraser la France, lui prendre sa beauté, sa grandeur et la richesse de son sol.

Un homme admirablement placé pour faire cette étude, la décrite dans l'*Allemagne Moderne*, où la mentalité des Allemands et leur rêve fou d'ambition et de domination, sont exposés avec le talent d'un maître.

Cet homme est le député protestataire alsacien au Reischstag, M. l'abbé Wetterlé.

Voici comment, ô Prussiens, il dépeint votre pédant

« *Deutschland über alles* » l'Allemagne au-dessus de tout !)

« Ce chant barbare des Teutons, emprunté à leurs frères d'Autriche, n'est pas seulement l'hymne de la conquête du monde, il est

le programme d'une race qui a monopolisé le génie inventif de tou
tes les vertus. »

Vae Victis ! (Malheur aux vaincus), hurliez-vous en 1870, far·u-
ches Teutons. Les vaincus, c'étaient le traître de Metz et l'homme
de Sedan, mais ce n'était pas la France.

Laissons aujourd'hui la parole à l'Histoire qui saura révéler la
haute puissance morale des vaillants chefs, des glorieux soldats de
notre noble Patrie.

Devant toi, brutal agresseur allemand, devant vous, Puissances
Centrales abattues, à qui il ne reste qu'à supputer le nombre d'années que vous mettrez à payer la lourde note de vos méfaits et de
vos crimes, les peuples des nations meurtries reprennent courage

Les convulsions terrestres et le désastre ont pris fin. Bientôt, leurs
villes renaîtront plus belles, plus prospères ; leurs maisons se relè
veront ; leurs charrues auront nivelé le sol et les moissons recou-
vriront peu à peu les terres ravagées, de leur manteau de verdure
et d'or.

CONCLUSIONS

Maintenant, chers amis, chers lecteurs, laissez-moi vous dire avec quelle indicible joie je termine ce livre, qu'avec autant de patience que d'audace, je suis parvenu à écrire au nez de l'ennemi, risquant mille et mille fois d'être vu, soupçonné, dénoncé peut-être !

Pendant 32 mois, des officiers ont habité la maison voisine de la mienne dont les chambres sont contiguës.

Par prudence, j'ai dû souvent voiler ma lumière ou m'en priver complètement.

Je ne vous dirai pas non plus combien de fois, sous l'empire d'une crainte bien justifiée, de la cave aux mansardes des immeubles dont j'ai la garde, j'ai caché çà et là les feuillets épars de ma narration.

Pour avoir dit en chaire : « Il est visible que la Providence, qui protège le Droit et la Justice, est avec nous et que nous aurons la victoire », des prêtres ont été condamnés à mort.

Leur langage revêtait, paraît-il, un caractère d'offense envers l'armée allemande.

Je vous laisse à penser si pour moi, qui après 47 ans de services rendus à l'Etat français, ai fonctionné pendant l'occupation au-delà de l'âge révolu de la retraite, je vous laisse à penser, dis-je, si un pareil tribunal eût délibéré longtemps pour me la liquider d'office, au pied des remparts de notre citadelle.

Le plus grand foudre de guerre prussien, « le Grand Frédéric », a dit :

« Pour la Prusse, la guerre est un métier où le plus petit scrupule gâte tout, et où il faut avoir le droit de faire des règlements qui permettent le meurtre, le vol, le pillage, le feu, le carnage ! »

Par l'exposé de faits vécus que bien souvent, avec une fatigue réelle, j'ai patiemment élaborés et décrits, je n'aurai pas eu de peine à convaincre les Français d'aujourd'hui et surtout ceux qui, dès demain, veilleront sur nos frontières et assisteront en paix, au relèvement et au glorieux essor de la Patrie, que cet odieux langage, préconisé par les Germains, n'était pas une vaine menace.

J'éprouve donc une très légitime satisfaction de penser, qu'en écrivant ces pages, j'ai fait plus que de laisser un mémoire historique local, j'ai contribué à rendre impérissable le souvenir odieux de la nation maudite et apporté ainsi mon modeste tribut, à une œuvre sincèrement morale et patriotique.

C'en est fait ! les lourdes bottes, les traditionnelles bottes, les bottes prussiennes, en un mot (car l'Allemagne a surtout prouvé qu'elle avait... des bottes), ont cessé de fouler notre sol et les derniers casques à pointe ont disparu dans la brume du matin.

Voyez, là-bas, cet étendard qui s'avance ; c'est notre arc-en-ciel, le drapeau tricolore !

Ecoutez, le clairon sonne !

O joyeux réveil ! Voici les Français ! Voici nos alliés !

Vous voilà enfin, libérateurs attendus.

Après 47 mois, vous nous réapparaissez comme les images visibles de la Famille, de la Patrie, du Devoir et de l'Honneur !

Qu'un vaste cri d'enthousiasme et d'amour vous ovationne !

. . . .

J'ai trop dépeint, hélas ! « Lille en feu », pour que, malgré notre joie délirante à tous, je puisse dire : « Lille en fête ».

J'écrirai donc « Lille ensoleillée dans son deuil ! »

Ville martyre, bombardée, incendiée, saccagée, pillée, ruinée, mais sortie bien française de sa glorieuse détresse.

Lille qui a tant souffert et qui, à 122 ans de distance dans l'Histoire, une fois de plus, a bien mérité de la Patrie et de la République.

Vive Lille ! Vive l'Alsace Lorraine ! Vive l'Armée !
VIVE LA FRANCE !